D1753927

Camelot IDPro
Intelligently Designed Processes AG

Theodor-Heuss-Anlage 12
D-68165 Mannheim
Telefon: +49/621/86298-0
Telefax: +49/621/86298-250

Bernd-Ulrich Kaiser

Unternehmensinformation mit SAP®-EIS

Zielorientiertes Business Computing

Herausgegeben von Stephen Fedtke

Die Reihe bietet Entscheidungsträgern und Führungskräften, wie Projektleitern, DV-Managern und der Geschäftsleitung wegweisendes Fachwissen, das zeigt, wie neue Technologien dem Unternehmen Vorteile bringen können.

Die Autoren der Reihe sind ausschließlich erfahrene Spezialisten. Der Leser erhält daher gezieltes Know-how aus erster Hand. Die Zielsetzung umfaßt:

- Nutzen neuer Technologien und zukunftsweisende Strategien
- Kostenreduktion und Ausbau von Marktpotentialen
- Verbesserung der Wertschöpfungskette im Unternehmen
- Praxisorientierte und präzise Entscheidungsgrundlagen für das Management
- Kompetente Projektbegleitung und DV-Beratung
- Zeit- und kostenintensive Schulungen verzichtbar werden lassen

Die Bücher sind praktische Wegweiser von Profis für Profis. Für diejenigen, die heute in die Hand nehmen, was morgen bereits Vorteile bringen wird. Der Herausgeber, Dr. *Stephen Fedtke*, ist Softwareentwickler, Berater und Fachbuchautor. Er gibt, ebenfalls im Verlag Vieweg, die Reihe „Zielorientiertes Software-Development" heraus, in der bereits zahlreiche Titel mit Erfolg publiziert wurden.

Bisher sind erschienen:

QM-Handbuch der Softwareentwicklung
Muster und Leitfaden nach DIN ISO 9001
von Dieter Burgartz

Client/Server-Architektur
von Klaus D. Niemann

DV-Revision
Ordnungsmäßigkeit, Sicherheit und Wirtschaftlichkeit von DV-Systemen
von Jürgen de Haas und Sixta Zerlauth

Chipkarten-Systeme erfolgreich realisieren
Das umfassende, aktuelle Handbuch
von Monika Klieber

Telearbeit erfolgreich realisieren
Das umfassende, aktuelle Handbuch
von Norbert Kordey und Werner B. Korte

Unternehmensinformation mit SAP®-EIS
Aufbau eines Data Warehouse und einer inSight®-Anwendung
von Bernd-Ulrich Kaiser

Vieweg

Bernd-Ulrich Kaiser

Unternehmensinformation mit SAP®-EIS

Aufbau eines Data Warehouse
und einer inSight®-Anwendung

Herausgegeben von Stephen Fedtke

2., verbesserte Auflage

vieweg

Microsoft®, Word für Windows®, EXCEL®, ACCESS® sind eingetragene Warenzeichen von Microsoft Corporation.
inSight® ist ein Warenzeichen der arcplan Information Services GmbH, Kaistr. 7, D-40221 Düsseldorf.
SAP® R/2, SAP® R/3, SAP®-EIS sind eingetragene Warenzeichen der SAP Aktiengesellschaft Systeme, Anwendungen, Produkte in der Datenverarbeitung, Neurottstr. 16, D-69190 Walldorf. Der Herausgeber bedankt sich für die freundliche Genehmigung der SAP Aktiengesellschaft, die genannten Warenzeichen im Rahmen des vorliegenden Titels verwenden zu dürfen. Die SAP AG ist jedoch nicht Herausgeberin des vorliegenden Titels oder sonst dafür presserechtlich verantwortlich.

1. Auflage 1997
2., verbesserte Auflage 1998

Alle Rechte vorbehalten
© Friedr. Vieweg & Sohn Verlagsgesellschaft mbH, Braunschweig/Wiesbaden, 1998

Der Verlag Vieweg ist ein Unternehmen der Bertelsmann Fachinformation GmbH.

Das Werk einschließlich aller seiner Teile ist urheberrechtlich geschützt. Jede Verwertung außerhalb der engen Grenzen des Urheberrechtsgesetzes ist ohne Zustimmung des Verlags unzulässig und strafbar. Das gilt insbesondere für Vervielfältigungen, Übersetzungen, Mikroverfilmungen und die Einspeicherung und Verarbeitung in elektronischen Systemen.

http://www.vieweg.de

Druck und buchbinderische Verarbeitung: Lengericher Handelsdruckerei, Lengerich
Gedruckt auf säurefreiem Papier
Printed in Germany

ISBN 3-528-15564-7

Vorwort

Zweifellos bleibt die rasante Entwicklung der Informationstechnologie nicht ohne Auswirkung auf unsere Lebensweise. Ob man schon von einer Informationsgesellschaft sprechen kann, wird erst im Rückblick zu beantworten sein.

Bei genauerer Betrachtung entdeckt man neben der Euphorie bei denen, die diese neuen Techniken beherrschen, auch Verängstigung und Verbitterung bei denjenigen, die noch keinen rechten Zugang gefunden haben. Denn trotz anderslautender Versprechungen in manchen Werbebroschüren kann man die neuen „Errungenschaften" nicht so „mal eben" nutzen.

Gefährdet eine zwiespältige Einstellung zu den Informationstechniken bei Sachbearbeitern eines Unternehmens durchaus deren Arbeitsplatz, so bewahrt der höhere Rang die Manager vor solch drastischen Folgen. Dennoch schadet es einem Unternehmen, wenn man sich dort, aus welchen Gründen auch immer, den neuen Entwicklungen nur zögerlich öffnet.

Andererseits erwarten Manager zu Recht von der Informationstechnik eine Hilfe und nicht eine zusätzliche Denksportaufgabe. Sie wünschen sich eine schnelle und übersichtliche Aufbereitung der für sie wichtigen Informationen, ohne dafür zuviel ihrer knapp bemessenen Zeit opfern zu müssen. An technischen Unzulänglichkeiten sind sie nicht interessiert.

Man kann den glücklichen Umstand nicht genug herausstreichen, wenn ein hochrangiger Manager eines großen Unternehmens eine Vision für ein Management-Informationssystem entwickelt und den Vorstand überzeugt, ein entsprechendes Projekt zu unterstützen.

Dieses Umfeld ermutigt auch einen „Artfremden", der als Chemiker zuvor in Forschungs-, Produktions- und Stabsbereichen tätig war, diese Herausforderung anzunehmen und sich für einige Jahre dem Aufbau einer DV-gestützten Unternehmensinformation zu widmen.

Leider erkennt man sehr schnell, daß sich kaum einer für die Schwierigkeiten, die dabei auftreten können, wirklich interessiert: Zu eindruckvoll verharmlosen Anbieter von Soft-, Hardware und Beratungsleistung die möglichen Probleme. So sieht man sich schnell in dem Spannungsfeld zwischen dem, was notwendig und dem, was technisch im Rahmen der DV-Standards machbar ist.

Man kann heute rückblickend sagen, daß sich die Auseinandersetzung mit dem Thema trotzdem gelohnt hat. Manchmal erscheinen einem die neuen Möglichkeiten wie ein „wildes Tier", das gebändigt bzw. gezähmt werden muß. Das gelingt aber nur in einem Team gemeinsam mit Vertretern aus den verschiedensten Fachdisziplinen. Denn es wird recht bald klar, daß die DV-Technik allein nicht zum Erfolg führt.

In diesem Sinne möchte ich mich bei allen bedanken, die diesen Weg unterstützten, begleiteten oder tolerierten.

Die in diesem Buch zusammengefaßten Konzepte entstammen der gemeinsamen Arbeit beim Aufbau und Betrieb eines Management-Informationssystems im Bayer-Konzern. Es ist unter dem Namen ISOM (Informationssystem für das Obere Management) seit Ende 1993 im Einsatz.

Mein besonderer Dank gilt Herrn Münch, der die Entwicklung von Anfang an prägte, sowie den Herren Erich Breitschwerdt und Udo Wollschläger für die vielen konzeptionellen und technischen Diskussionen. Frau Claudia Blumberg, Frau Gudrun Beck, Frau Michaela Hinz und Herrn Jürgen Vermum sei für die kritische Betrachtung des Manuskripts und die vielen Anregungen gedankt.

Leverkusen, im Mai 1997

Bernd-Ulrich Kaiser

Inhalt

1 Einleitung _____ 1
1.1 Ziele des Buches _____ 1
1.2 Begriffsbestimmung _____ 2
1.2.1 Data Warehouse (DWH) _____ 2
1.2.2 Data Marts _____ 3
1.2.3 Informationssysteme _____ 3
1.2.4 Information Broker _____ 7
1.2.5 OLAP _____ 7
1.2.6 Data Mining _____ 8
1.2.7 Internet/Intranet _____ 8

2 Informationsangebot und Informationsqualität ___ 10
2.1 Informationsangebot _____ 10
2.1.1 Strukturierte Informationen _____ 10
2.1.2 Unstrukturierte Informationen _____ 11
2.1.3 Aktualität _____ 11
2.1.4 Detailtiefe _____ 13
2.2 Transaktionssysteme _____ 15
2.2.1 Systeme der SAP _____ 15
2.2.2 Übrige Systeme _____ 16
2.3 Fachinformationssysteme _____ 17
2.3.1 Ergebnisrechnung _____ 17
2.3.2 Planungssysteme _____ 18
2.3.3 Controllingsysteme _____ 19
2.3.4 Sonstige Unternehmenssysteme _____ 20
2.4 Externe Informationsquellen _____ 21
2.4.1 Online-Dienste _____ 21
2.4.2 Internet _____ 21
2.4.3 Sonstige externe Informationsquellen _____ 22

3 Data Warehouse — 23

3.1 Anforderungen — 23
- 3.1.1 Inhaltliche und konzeptionelle Anforderungen — 23
- 3.1.2 Anforderungen an Modellierbarkeit und Datenzugriff — 25
- 3.1.3 Technische Anforderungen — 26

3.2 Informationsversorgung — 27
- 3.2.1 Datenbeschaffung — 27
- 3.2.2 Eingangskontrolle Information — 28

3.3 Aufarbeitung der Informationen — 31
- 3.3.1 Informationsbewertung — 31
- 3.3.2 Ergänzungen, Korrekturen — 33
- 3.3.3 Redaktionelle Überarbeitung — 36

3.4 Business Information Shop — 37
- 3.4.1 Architektur — 37
- 3.4.2 Organisation — 37
- 3.4.3 Business Information Shop: Produktion — 39
- 3.4.4 Business Information Shop: Marketing und Vertrieb — 41
- 3.4.5 Business Information Shop: Entwicklung — 42

3.5 Open Information Warehouse der SAP — 43
- 3.5.1 Konzeption — 43
- 3.5.2 Wertung — 45

3.6 SAP®-EIS — 45

3.7 Business Information Warehouse der SAP — 45

4 inSight® für SAP®-EIS von arcplan — 47

4.1 Grundgedanke — 47

4.2 Objektarten — 50
- 4.2.1 Übersicht Objekttypen — 50
- 4.2.2 Objekte für strukturierte Informationen — 50
- 4.2.3 Steuerungsobjekte — 52
- 4.2.4 Objekte für unstrukturierte Informationen — 52

4.3 Zugriffsmethoden — 53

4.4 Schnittstellen _____ **54**

4.5 Funktionen _____ **57**
    4.5.1 Ereignisse _____ 57
    4.5.2 Berechnungsfunktionen _____ 58
    4.5.3 Layoutfunktionen _____ 58
    4.5.4 Steuerungsfunktionen _____ 59
    4.5.5 Berichtsfunktionen _____ 60

4.6 PC-Plattform _____ **60**

5 Aufbau eines Informationssystems _____ 61

5.1 Projektorganisation _____ **61**
    5.1.1 Auftraggeber _____ 61
    5.1.2 Auswahlkriterien Projektgruppe _____ 62
    5.1.3 Anforderungsprofil Projektleiter _____ 66
    5.1.4 Vorgehensmodell _____ 67

5.2 Ermittlung des Informations- und Kommunikationsbedarfs _____ **69**
    5.2.1 Grundsätzliches Vorgehen _____ 69
    5.2.2 Befragungen _____ 72
    5.2.3 Themenkreise _____ 73
    5.2.4 Themen _____ 74
    5.2.5 Nachrichten _____ 78
    5.2.6 Termine _____ 79
    5.2.7 Kommunikation _____ 79
    5.2.8 Persönliche Informationen _____ 79

5.3 Erstellen eines produktiven Data Warehouses ____ **80**
    5.3.1 Datenmodell _____ 80
    5.3.2 Tabellenstruktur _____ 80
    5.3.3 Aufbau der Tabellen _____ 84
    5.3.4 Metadaten _____ 92
    5.3.5 Hilfsprogramme _____ 93
    5.3.6 Dokumentation _____ 94

5.4 Erstellen eines Prototyps _____ **94**
    5.4.1 Grundkonzeption _____ 94
    5.4.2 Informationsquellen _____ 100
    5.4.3 Aufbau der Anwendungen _____ 104

5.5 Stufenplan Inhalt ___122
5.5.1 Akzeptanz ___122
5.5.2 Terminplan ___123
5.5.3 Informationsebenen ___124

5.6 Stufenplan Ausbreitung ___126

5.7 Hilfsprogramme ___131
5.7.1 Individuelle Einstellungen Anwender ___131
5.7.2 Individuelle Einstellungen PC ___134
5.7.3 Verwaltung der Anwendungen ___135
5.7.4 Erweiterungen und Fehler ___136

5.8 Globales Informationskonzept ___137

5.9 Erfolgskriterien ___140
5.9.1 Layout ___140
5.9.2 Benutzerführung ___140
5.9.3 Aktualität ___141
5.9.4 Geschwindigkeit ___142
5.9.5 Stabilität ___143
5.9.6 Quantifizierbarer Nutzen ___143
5.9.7 Nicht quantifizierbarer Nutzen ___144
5.9.8 Kosten, Wirtschaftlichkeit ___145

6 Betrieb eines Informationssystems ___*147*

6.1 Organisation ___147
6.1.1 „Betriebsleiter" ___147
6.1.2 Inhaltsverantwortlicher ___150
6.1.3 Bereitstellungsverantwortlicher ___150
6.1.4 Einbindung der Sekretariate ___151
6.1.5 Einbindung der Assistenten ___152

6.2 Erstellung einer produktiven Anwendung ___153
6.2.1 Entwicklung neuer Module ___153
6.2.2 Regeln für die Entwicklung von inSight®-Modellen ___156
6.2.3 Austesten der Anwendung ___157
6.2.4 Objektbibliothek ___158
6.2.5 Dokumentation ___158
6.2.6 Anpassungen, Erweiterungen ___159
6.2.7 Verteilung von Programm und Anwendung ___160
6.2.8 Schutzklassen ___162

6.3 Internes Marketing — 163
6.3.1 Markenname — 163
6.3.2 Logo — 164
6.3.3 Benutzerhandbuch — 164
6.3.4 Informationskatalog — 165
6.3.5 Einrichten einer Hotline — 165

6.4 Weiterentwicklung — 166
6.4.1 Erweiterungen, Verbesserungen — 166
6.4.2 Einbau neuer inSight®-Funktionen — 166
6.4.3 Informationsakquirierung — 167
6.4.4 MIS-Marktbeobachtung — 167

6.5 Abrechnung — 168

6.6 Erfolgskontrolle — 169

6.7 Unternehmenszeitung — 170

7 Zusammenfassung — 172
7.1 Leitsätze — 172

8 Anhang — 174
8.1 Verzeichnis der Abbildungen — 174
8.2 Glossar — 176
8.3 Sachwortverzeichnis — 180
8.4 Literaturverzeichnis — 186

1 Einleitung

1.1 Ziele des Buches

Neue MIS-Techniken

Der Aufbau erfolgreicher Management-Informationssysteme (MIS) scheitert häufig an der Akzeptanz der Zielgruppe. Klassische, in der Datenverarbeitung (DV) der Abwicklungssysteme durchaus erfolgreiche Strategien greifen bei der MIS-Entwicklung nur bedingt. Neue Vorgehensweisen sind geprägt durch Begriffe wie Data Warehouse, OLAP (online analytical processing) und Data Mining, wobei nun die Aufgabe darin besteht, diese Ansätze auf die im Unternehmen vorhandenen Organisationsformen und DV-Infrastrukturen bzw. DV-Standards zu übertragen.

SAP®-EIS, inSight

Auf der Basis relationaler Datenbanken bzw. dem Executive Information System der Firma SAP (SAP®-EIS), gekoppelt mit dem Oberflächenprogramm inSight der Firma arcplan beschreibt dieses Buch eine praxiserprobte Methode, ein MIS zu entwickeln und erfolgreich zu betreiben. Dabei werden Wege aufgezeigt, den Informationsbedarf zu ermitteln, die Informationsqualität zu erreichen, ein Data Warehouse einzurichten und eine Benutzeroberfläche zu konzipieren. Weiterhin beschreibt es, in welcher Weise sich die neuen Internet-Techniken effizient einbinden lassen.

Nutzer des Systems

Nutzer eines derartigen Informationssystems sollen vor allem die Manager und Sachbearbeiter sein, die bisher noch keinen Zugang zum Personalcomputer gefunden haben und in der Regel nicht bereit sind, sich in komplexe und unübersichtliche Anwendungen einzuarbeiten. Deshalb stehen die eingängige Benutzerführung, verbunden mit einem Informationsangebot, das verläßliche Rückschlüsse auf die betriebswirtschaftliche Situation und die jeweilige Marktgegebenheit zuläßt, an erster Stelle. Die modulare und damit flexible Systemarchitektur gewährleistet dabei eine günstige Kosten-Nutzen-Relation.

Ideensammlung

Die komplexen und oft unterschiedlichen wirtschaftlichen Zusammenhänge einzelner Unternehmenszweige verbieten einen exakten Fahrplan zum Aufbau eines Informationssystems. Es lassen sich aber anhand von Beispielen allgemeingültige Vorgaben formulieren. Die genaue Vorgehensweise muß nach den im Unternehmen vorherrschenden Rahmenbedingungen festgelegt und im Verlauf des Projektes den jeweiligen Veränderungen angepaßt werden. So ist dieses Buch auch als eine Ideensammlung auf Basis eines seit fast vier Jahren in Betrieb befindlichen, umfangreichen Management-Informationssystems in einem großen deutschen Konzern zu verstehen.

1.2 Begriffsbestimmung

An dieser Stelle sollen nicht die gängigen Definitionen, sondern eher eine kritische Betrachtung der vielfach durch Marketingaspekte geprägten Begriffe folgen.

1.2.1 Data Warehouse (DWH)

Kaum ein Schlagwort taucht in der letzten Zeit im DV-Umfeld so häufig und gleichzeitig so unpräzise auf wie das DWH. Die Anziehungskraft begründet sich wohl darin, daß jeder in Anlehnung an die Vorstellung eines gut gefüllten Warenhauses seine eigene Interpretation einbringen kann. Diese ist in der Regel positiv und erwartungsvoll. So entwickelt sich das DWH schnell zum großen Hoffnungsträger.

Dazu trägt nicht unerheblich die 1993 von ECKERSON abgegebene Definition von Data Warehousing bei, die den Anwendern einen leichten Zugang zu den auf den Servern gespeicherten Daten in Aussicht stellt.

ECKERSON schreibt sinngemäß:[1]

Data Warehousing ist der Prozeß der Extraktion und Konsolidierung von Daten aus zahlreichen Datenquellen in eine Entscheidungsunterstützungs-Datenbank, welche den Endbenutzern leicht zugänglich ist und eine komfortable Suche ermöglicht.

Teufelskreis DWH-MIS

In der Praxis befindet man sich jedoch schnell in einem Teufelskreis, weil sich selten Ressourcen finden lassen, die den Aufbau eines komplexen DWH ohne gleichzeitige Anbindung von MIS-Teilnehmern erlauben. Andererseits ist es kaum möglich, ein MIS-System ohne gleichzeitigen Aufbau eines DWH zu entwickeln. Eine synchrone Vorgehensweise erfordert aber einen unerwartet hohen Koordinierungsaufwand. An dieser Stelle scheiterten in der Vergangenheit viele gut gemeinte Projekte bereits im Ansatz.

1.2 Begriffsbestimmung

1.2.2 Data Marts

Bewußte Redundanz

Der Data Mart stellt einen bewußt redundant gehaltenen Ausschnitt des Data Warehouses für das Gesamtunternehmen dar. Dabei kann es sich z. B. um die Kopie der Daten einer Region, einer bestimmten Produktgruppe oder einen speziellen Zeitausschnitt handeln, der auf eine spezielle Gruppe von Anwendern zugeschnitten ist.[2]

Ein Data Mart entspricht nach dieser Definition einem kleinen Data Warehouse. Er betrat die Szene, als klar wurde, daß größere Unternehmen ein unternehmensweites Data Warehouse nicht in einem Anlauf aufbauen können. Neue Begriffe sollen hier offenbar helfen, Frustration zu überwinden und das Thema trotz Mißerfolgen weiterhin interessant zu gestalten.

1.2.3 Informationssysteme

1.2.3.1 Informationssysteme für das Management

Die Definition des Informationssystems wirkt oft theoretisch

Eine sehr frühe Definition eines Management-Informationssystems findet man bei HABERLANDT, der das MIS als „die Gesamtheit aller untereinander verbundenen personellen Kräfte, sachlichen Mittel und organisatorischen Einrichtungen, die im Rahmen des unternehmerischen Leistungserstellungsprozesses daten- und informationsverarbeitend tätig sind" erkennt.[3]

Diese rein betriebswirtschaftlich orientierte Formulierung macht deutlich, daß der Begriff des Informationssystems keineswegs an die elektronische Datenverarbeitung (EDV) gebunden ist, „wenngleich diese häufig als bedeutsames Hilfsmittel dient."[4]

Die technische Entwicklung in der EDV eröffnete allerdings völlig neue Dimensionen für die rationelle Verarbeitung von sehr großen Datenmengen und bildete in vielen Fällen die Basis für die Erstellung effizienterer Informationssysteme (IS). Da dieses Buch ausschließlich rechnergestützte IS behandelt, wird auf die Definition von MEYER zurückgegriffen:

Ein „rechnergestütztes Informationssystem" ist demnach ein System, „bei dem die Erfassung, Speicherung Übertragung und/-oder Transformation von Informationen durch den Einsatz der EDV teilweise automatisiert ist."[5]

Einen sehr interessanten Ansatz verbreitet BULLINGER bei der heutigen Sicht auf Führungsinformationssysteme (FIS):

3

1 Einleitung

Führungskultur

„FIS sind Bestandteil der Führungskultur. Diese kann sich nicht auf die 'Belange' reduzieren, sondern muß im ganzen Unternehmen gelebt werden." [6]

Der Begriff „Informationssystem" erscheint neben seiner allgemeinen Form auch in einer Reihe von zusammengesetzten Ausdrücken. Einige dieser „Bindestrich"-Systeme werden nachfolgend beschrieben, wobei eine trennscharfe Unterscheidung in vielen Fällen nicht möglich oder sinnvoll ist.

Bereitstellung von Führungsinformation

Unter einem „Executive Information System" (EIS) versteht man ein „Chef, Führungs- oder Vorstandsinformationssystem", mit dessen Hilfe insbesondere die „oberen Führungskräfte direkten Zugang zu erfolgskritischen Daten aus internen und externen Quellen" [7] erhalten sollen.

Mit der Zielvorgabe „System zur Bereitstellung von Führungsinformationen" haben sogenannte „Management Informationssysteme" (MIS) [8] einen nahezu identischen Hintergrund, weshalb in der Folge auch keine weitere Unterscheidung zwischen EIS und MIS gemacht werden soll.

Einen etwas anderen Charakter haben die sogenannten „Decision Support Systems" (DSS; auch Entscheidungsunterstützungssysteme, EUS), die als „Dialogsysteme mit Entscheidungsmodell (...) der Entscheidungsvorbereitung einzelner Führungskräfte" [9] besonders bei schlecht strukturierter Informationsbasis dienen.

Als wesentliche Merkmale der DSS/EUS identifiziert SCHEER die „hohe Interaktion", die „flexible [eigenständige, der Verfasser] Modellierbarkeit durch den Endbenutzer", die „kurze Anfahrtzeit, damit es [das System, der Verfasser] in den Überlegungsprozeß des Menschen eingebettet werden kann" sowie den „Vorrang einer schnellen Informationsbereitstellung vor mathematischer Optimierung".[10]

Operative Systeme - oder Administrationssyteme bei MERTENS und GRIESE [11] - sollen schließlich verstanden werden als Systeme zur „Auftragsabwicklung im weitesten Sinne", wobei das Hauptziel „die Rationalisierung der Massendatenverarbeitung in der Verwaltung" [12] ist. Im folgenden findet der Begriff „Basissysteme" synonym zu „Operative Systeme" (nicht zu verwechseln mit Operativen Informationssystemen, siehe Seite 6) Verwendung.

Vielzahl Softwareprodukte für MIS

So fehlt es nicht an Versuchen, die zahlreichen Informationssystem-Varianten zu strukturieren. Derartige Ansätze mögen lobenswert sein, für die Praxis haben sie nur geringe Bedeutung.

1.2 Begriffsbestimmung

Man findet auf der Softwareseite eine Reihe von Spezialprodukten, die zielgerichtet die jeweiligen Varianten abdecken, denn ein Softwarehaus hat es natürlich leichter, wenn es ein Produkt speziell für EIS oder DSS anbietet. Vielleicht steht gerade die Schwierigkeit, gute, universell einsetzbare Produkte zu entwickeln, für die Vielfalt der Typen Pate.

Unternehmensinformation

In Unternehmen fließen die verschiedensten Informationssysteme ineinander. Dabei ist es schwer vorstellbar, mehrere unterschiedlich aussehende Informationssysteme auf dem Rechner eines Managers einzurichten. Natürlich ist die Sicht der Dinge nicht immer gleich. Ein strategisch denkender Manager erwartet zum gleichen Thema andere Informationen als ein operativ verantwortlicher Mitarbeiter. Dies sollte aber im gleichen System mit unterschiedlichen Betrachtungsweisen und nicht durch den Aufbau voneinander unabhängiger Systeme ermöglicht werden.

Unterstützung Managerarbeitsplatz

Ein Management-Informationssystem soll Manager unterstützen. Also muß es sich mit dem gesamten Informationsumfang eines Managerarbeitsplatzes auseinandersetzen. Natürlich läßt sich dies mit heutiger Technik noch nicht einfach (und fehlerfrei) realisieren, aber zumindest muß ein entsprechender Anspruch bestehen, um den Einsatz unterschiedlicher Systeme mit letztendlich dem gleichen Ziel zu verhindern.

Neben den Management-Informationssystemen, die man auch als „Strategische Informationssysteme" (SIS) bezeichnen kann, verdienen die „Operativen Informationssysteme" (OIS) Beachtung.

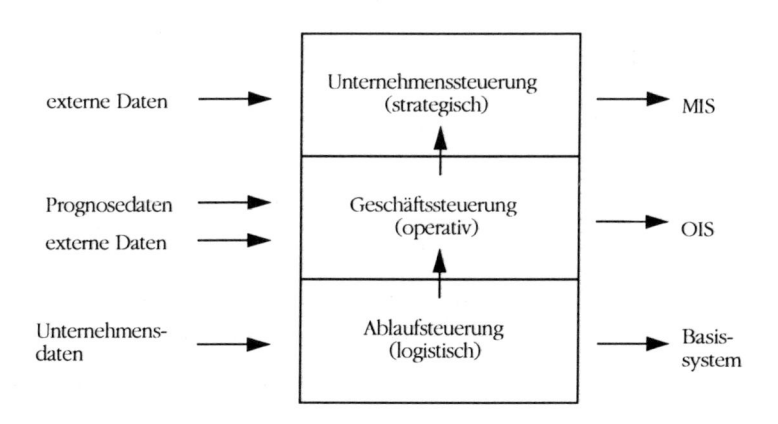

```
externe Daten    ───▶  ┌─────────────────────┐
                       │ Unternehmenssteuerung│  ───▶  MIS
                       │    (strategisch)    │
                       ├─────────────────────┤
Prognosedaten    ───▶  │  Geschäftssteuerung │
externe Daten    ───▶  │      (operativ)     │  ───▶  OIS
                       ├─────────────────────┤
Unternehmens-    ───▶  │   Ablaufsteuerung   │  ───▶  Basis-
daten                  │     (logistisch)    │        system
                       └─────────────────────┘
```

Abb. 1: Informationsstruktur

1 Einleitung

1.2.3.2 Operative Informationssysteme (OIS)

Standardsoftware

Jedes größere Unternehmen betreibt heute eine Reihe von EDV-Programmen, die den verwaltungstechnischen Ablauf unterstützen sollen. Angefangen von den klassischen Personalsystemen über die Logistik-Programme bis zu den betriebswirtschaftlichen Anwendungen zeigt sich ein stabiles, geschlossenes Bild, das mit dem Schritt zu Standardsoftware, hier vor allem SAP, noch optimiert werden wird. Diese EDV-Anwendungen, oft als Basissysteme bezeichnet, haben entscheidend zu dem Erfolg der Datenverarbeitung in den 60er und 70er Jahren beigetragen.

Das Bild verschwimmt jedoch, wenn die sog. „Operativen Informationssysteme" angesprochen werden. Hier liegt der Gedanke zugrunde, daß ein Sachbearbeiter zu einem Thema Zugriff auf alle benötigten Einzelinformationen haben soll. Die heutige Struktur läßt aber ein solches Zusammenspiel unterschiedlicher Basissysteme meist nicht zu.

Im Unterschied dazu leben die Management- oder auch Strategischen Informationssysteme von verdichteten Informationen, deren Aussagen zumeist anhand von Kennzahlen (%-Abweichung zu Plan, Vorjahr usw.) verständlich gemacht werden.

Typische MIS-Information:	Ergebis Produkt A in Region B		
Ergebnis Monat XY:	200 (8 % v.U.)		
Abweichung zu Plan:	+ 6	+ 3 %	
Abweichung zu Vorjahr:	+12	+ 6	------> grafische Darstellung
Typische OIS-Information:	**Profil des Kunden C**		
Letzter Besuch:	3.5.96 (Besuchsbericht)		
Ansprechpartner:	Meier, Müller		
Planung 96:	...		
Aufträge 96:	---> Produkte, Mengen, Preisen, Konditionen		
Offene Aufträge:	---> Liefertermine, Status, Lagerbestände		
Offene Forderungen:	---> Positionen		
Reklamationen:	---> Vorfälle		
Stand Projekte:	---> Projekte		
Kreditlinie:	...		

Abb. 2: Informationssysteme - Unterschied MIS/OIS

Die Abgrenzung zwischen MIS und OIS zeigt sich auch bei der Betrachtung geschäftsorientierter Berichtssysteme, die durchaus unterschiedliche Aufgaben erfüllen. Wichtig ist die Erkenntnis, daß Accounting- und Geschäftsanalysesysteme ein OIS, Strategiesysteme dagegen ein MIS „füttern".

Accountingsysteme	Legal-entity-orientierte Abrechnung
Controllingsysteme	Business-Unit-orientierte Betrachtung
• Geschäftsanalysesysteme	Kunde/Produkt-orientierte Betrachtung
• Strategiesysteme	Unternehmens-/Marktorientierte Betrachtung
OIS	Einbinden der relevanten Aspekte aus Accounting und Geschäftsanalyse
MIS	Einbinden der relevanten Aspekte aus der Strategie in den Manager-Arbeitsplatz

Abb. 3: Geschäftsorientierte Berichtssysteme

1.2.4 Information Broker

Informationsbeschaffung

Wie das Data Warehouse, so ist auch die Institution des Information Brokers vor dem Hintergrund entstanden, daß die „Versorgung" des Managements mit relevanten Informationen in der erforderlichen Qualität, Menge und Zeit von den Unternehmen selbst mit wirtschaftlich gerechtfertigtem Aufwand kaum mehr realisierbar war.[13] Anders als beim Data Warehouse liegt das Betätigungsfeld des typischen Information Brokers in der Auswertung bzw. Beschaffung unternehmensexterner Quellen, jedoch erscheint eine vergleichbare Einrichtung für die unternehmensinterne Informationsversorgung durchaus sinnvoll (siehe Seite 171).

1.2.5 OLAP

Multidimensionaler Ansatz

OLAP ist „(...) eine multidimensionale Server-Datenbank, die Managementinformationen interaktiv auf dem PC des Endbenutzers zur Verfügung stellt. Der Zugriff kann erfolgen über eine rechenblattähnliche graphische Oberfläche, eine maßgeschneiderte Anwendung, ein EIS-System oder ein vergleichbares Tool. In allen Fällen können die Anwender die Informationen über einfache Dialoge und Navigationsfunktionen bei kurzen Antwortzeiten abrufen. Die Anwender können je nach ihren persönlichen Erfordernissen eigene Auswertungen erstellen, und die DV-Abteilungen brauchen sich um die Anwenderwünsche keine Gedanken mehr zu machen."[14]

Wie E. F. CODD, der Vater des relationalen Datenmodells, 1993 ausführt, „(...) fehlt den relationalen Systemen die Fähigkeit zur Konsolidierung, Ansicht und Analyse der Daten entsprechend der realen multiplen Dimensionen".[15]

Mit OLAP wird dem Benutzer eine mehrdimensionale Sicht auf die Daten, die sich als sog. „Hyperwürfel" darstellen, geboten. So werden Analysen quer über jede mögliche Dimension der Daten erlaubt.[16]

1.2.6 Data Mining

Data Mining findet Zusammenhänge selbständig

Unter Data Mining versteht man das automatische Aufzeigen von bis dahin unbekannten und wichtigen Auffälligkeiten innerhalb eines sehr großen Datenbestandes, die zu ansonsten nicht erkennbaren wirtschaftlichen Vorteilen verhelfen.

Unternehmen erzeugen und speichern riesige Datenmengen über das tägliche Geschäft. Allein die US-amerikanische Warenhauskette Wal-Mart legt täglich über 20 Millionen Datensätze an. Selbst Mittelständler speichern monatlich mehrere hunderttausend Einzelschreibungen. Kaum ein Unternehmen vermag die darin für das Geschäft wirklich wichtigen Informationen zu erkennen.

Traditionelle Analysemethoden verhalten sich gegenüber diesen Datenmassen zu passiv. Ohne eine genaue Vorstellung vom Untersuchungsergebnis benötigt der Anwender eine Vielzahl von Annahmen, die er dann mit Datenbankabfragen auf ihre Richtigkeit prüft. Es besteht durchaus die Gefahr, daß er die wirklich wichtigen Zusammenhänge einfach übersieht.

Im Gegensatz dazu generiert Data Mining die Annahmen selbständig, prüft relevante Muster und präsentiert dem Anwender die Ergebnisse in verständlicher Form.

So interessant das Data Mining aus wissenschaftlicher Warte auch ist: Im betrieblichen Umfeld muß ein damit erreichbarer Nutzen im Vordergrund stehen. Obwohl bereits erzielte Ergebnisse einiges versprechen, muß sich diese Methode auf breiter Basis allerdings noch bewähren, bevor Data Mining zu einem festen Bestandteil der Analyse wird.[17]

1.2.7 Internet/Intranet

Technologieschub Internet

Internet ist ein weltweiter Zusammenschluß einer großen Anzahl unterschiedlicher Teilnetze, die viele Rechner mit der Möglichkeit, Daten auszutauschen, verbinden. Das Internet ist das weltweit größte Datennetz, das grundsätzlich jedem PC-Nutzer offensteht.

Die Teilnetze werden von verschiedenen Organisationen unabhängig verwaltet, und obwohl einzelne bestimmte Aufgaben für

1.2 Begriffsbestimmung

das gesamte Internet erfüllen, gibt es keine Stelle, die für das komplette Internet zuständig und verantwortlich ist, d. h.:

- es gibt keine Gewährleistung der Verfügbarkeit eines bestimmten Dienstes bzw. Servers im Internet
- es gibt derzeit keine Gewährleistung der Vertraulichkeit und Integrität für übertragene Informationen

Innovation HTML

Nach 20 Jahren, in denen vor allem Spezialisten das Internet nutzten, trug das World Wide Web (WWW) als wohl populärster Internet-Informationsdienst mit der Seitenbeschreibungssprache HTML (Hyper Text Markup Language) ausschlaggebend zu der explosionsartigen Verbreitung in den letzten drei Jahren bei.

HTML bot völlig neue Möglichkeiten und etablierte sich schnell zum heimlichen Standard des Internets. Als Stärken von HTML gelten:

- extrem eingängige Benutzeroberfläche (Spaß)
- „Hyperlink"-Möglichkeiten
- Bearbeitung unstrukturierter Informationen
- Kombinierbarkeit mit Bild, Ton, Video usw.
- Plattform-unabhängig
- einfache Installation

Nach der vergleichsweise kurzen Lebensgeschichte weist HTML verständlicherweise heute noch einige Schwächen auf:

- keine dynamischen Abläufe
- „eindimensional"
- Handhabung strukturierter Daten (Tabellen, Arrays)
- keine datengetriebenen Update-Lösungen

Dennoch darf man davon ausgehen, daß HTML in Verbindung mit dem Internet-Kommunikationsprotokoll TCP/IP unsere künftigen DV-Strategien entscheidend beeinflußt. Beispielsweise ist ein Informationssystem ohne HTML-Einbindung in absehbarer Zeit nicht mehr denkbar.

2 Informationsangebot und Informationsqualität

2.1 Informationsangebot

2.1.1 Strukturierte Informationen

Die klassischen Informationssysteme konzentrieren sich auf das Zahlenmaterial, welches bei der Abwicklung von Geschäftsprozessen und der Aufbereitung zur Ergebnis- und Kostenrechnung bis hin zur Bilanz anfällt. Mit der Drilldown-Technik, die von einer Ebene gezielt in die darunter liegende Ebene verzweigt und so gleichsam wie unter einer Lupe Details präsentiert, soll der Manager Einblicke in die Geschäftsstruktur erhalten und somit Möglichkeiten bzw. Notwendigkeiten zum gezielten Eingriff erkennen.

Betriebliche Daten

Die Informationsbasis setzt sich dabei fast immer aus Zahlen zusammen, die einen multidimensionalen Datenwürfel ausfüllen. In Abhängigkeit von Produkt, Zeitraum, Planungszustand und Kunde möchte der Anwender z. B. Umsatz, Ergebnis, Deckungsbeitrag und weitere vergleichbare betriebswirtschaftliche Größen sehen. Die Zahlenangaben der einzelnen Dimensionen lassen sich, oft über mehrere Stufen, bis zur Gesamtsicht auf das Unternehmen verdichten.

Solche Datensammlungen können sehr groß und komplex sein. Wenn man allein die Dimension Zeit betrachtet, stellt sich die Frage, ob bei neuen Monatszahlen die Daten der Vormonate ggf. korrigiert werden sollten. Es kann vorkommen, daß Fehlbuchungen vom vorigen Monat im neuen Monat gegengebucht werden. Das hat natürlich Auswirkungen auf die Vergleichbarkeit von Informationen aus unterschiedlichen Zeiträumen. Andere Verfahren gehen z. B. davon aus, Korrekturen nur im Quartalsergebnis zu berücksichtigen. Dies bedeutet, daß die Einzelmonate eines Quartals nicht zum Quartalsergebnis addiert werden können.

Wenn strukturierte Informationen in einem Informationssystem ausgewertet werden sollen, wird eine Data Warehouse-Architektur erforderlich. Nur sie ermöglicht eine wirksame Überwachung der Informationsqualität. Die Frage, ob es sich hierbei um ein

2.1 Informationsangebot

offenes, jedem Anwender zugängliches Data Warehouse handeln oder nur dem Informationssystem zur Verfügung stehen sollte, wird an anderer Stelle dieses Buches (Seite 27) behandelt.

Strukturierten Daten haftet der vermeintliche Ruf an, von guter Qualität zu sein. Ihr Wert für eine spätere Auswertung muß jedoch ständig geprüft und eventuell gesteigert werden.

2.1.2 Unstrukturierte Informationen

Suchsysteme

Unter unstrukturierten Informationen werden im einfachsten Fall formatierte Textinformationen, Grafiken und Bilder verstanden. Im Gegensatz zu den strukturierten Informationen lassen sich deren Inhalte naturgemäß nicht in eine Datenbanktabelle einordnen. Eine mit SQL vergleichbare Abfragesprache fehlt. Deshalb haben hier Suchsysteme, die Begriffe, Teile von Wörtern oder Wortkombinationen innerhalb der gesamten Tabelle aufspüren, ihre Berechtigung. Aber auch Suchsysteme auf der Basis von Schlüsselbegriffen erfreuen sich großer Beliebtheit.

Objektorientierte Datenbanken

Manche moderne Datenbanksysteme bieten Instrumente an, die das Ablegen und Auffinden unstrukturierter Informationen noch weiter erleichtern. Zunächst definiert man Informationsobjekte, die sich dann in die Datenbank in sog. BLOBs (binary large objects) einstellen lassen. Die Beschreibung der Objekte kann man relational abspeichern. Auf diese Weise steht eine leistungsfähige Datenbankarchitektur zur Verwaltung und zur Navigation zur Verfügung.

In den Management-Informationssystemen ist diese Technik bisher nur wenig eingesetzt worden. Kaum ein Hersteller derartiger Systeme sieht hier einen Schwerpunkt. Das gilt auch für das SAP®-EIS, bei dem sich Textinformationen wie Besprechungsprotokolle (noch) nicht ausreichend flexibel einbinden lassen. Dies erscheint besonders vor dem Hintergrund eines rasanten Anwachsens der Internet-Technik, bei der man Texte sehr einfach handhaben kann, wenig zukunftsorientiert.

Unstrukturierte Informationen lassen sich kaum einer automatischen Qualitätskontrolle unterziehen, weil die Behandlung der BLOBs durch eine Datenmanipulationssprache bei den heutigen Implementierungen stark eingeschränkt ist.

2.1.3 Aktualität

Heute ist Information „Bringschuld"

Ein Informationssystem lebt von der Aktualität der Daten. Besonders die großen Firmen haben ausgeklügelte Mechanismen entwickelt, aktuelle Informationen schnell an die entscheidende Stelle zu bringen. Dabei scheint der dafür notwendige Aufwand unwichtig zu sein. Die Palette der Maßnahmen erstreckt sich von persönlichen Botendiensten über Mailing-Techniken bis zum Fax. Auf diesen wertvollen Komfort will natürlich niemand bei der Einführung eines MIS verzichten. Andererseits sollte es das Ziel eines MIS sein, die bisherigen, sicherlich nicht optimalen Informationswege zu ersetzen.

Deshalb muß das Thema Aktualität im Forderungskatalog an ein MIS an erster Stelle stehen.

Neuigkeiten werden gebracht, nicht geholt. An dieser, zumindest in deutschen Unternehmen anzutreffenden Kultur kommt niemand vorbei. Ein Heer von Sekretärinnen und Assistenten sorgt sich täglich darum, diese Bringschuld „einzulösen".

Drilldown-Technik ist „Holschuld"

Es soll an dieser Stelle nicht über Bringschuld und Holschuld diskutiert werden, denn nur über die Einführung eines Informationssystems läßt sich daran nichts ändern. Es klingt möglicherweise trivial, aber ein auf Holschuld abgestelltes System wird keine Akzeptanz in einem auf Bringschuld ausgerichteten Unternehmen finden. Das hat natürlich erhebliche Konsequenzen für die Architektur eines Informationssystems. Viele Softwareanbieter betonen ihre Drill-Down-Techniken, mit denen man auch an die entlegensten Informationen gelangen kann. Es stellt sich aber die Frage, ob und wie lange an Informations-Bringschuld gewöhnte Manager eine langweilige Drill-Down-Technik zu bedienen bereit sind. Will man sie auch langfristig erfolgreich nutzen, muß es gelingen, sie geschickt in die Anwendung zu integrieren.

Oft nutzen Mitarbeiter das Überbringen der Information, um sich ihren Vorgesetzten „in Erinnerung zu bringen". Sie verwenden diese gute Gelegenheit, die Informationen zu kommentieren oder andere, für sie wichtige Punkte anzusprechen. Ein auf Aktualität ausgerichtetes, automatisches Informationssystem wird dem Mitarbeiter diese Möglichkeit weitgehend nehmen. Das führt nicht selten zu einer Ablehnung des Systems und dessen Betreiber, wobei, kommt es zu einer Kontroverse, diese nicht selten zu Gunsten des Mitarbeiters ausgeht. Die Entwickler eines Informationssystems sind daher gehalten, Strategien zu entwickeln, diese Mitarbeiter in das neue Informationskonzept einzubeziehen (siehe hierzu auch Seite 95).

2.1.4 Detailtiefe

Nicht alle Daten zeigen

Nur auf den ersten Blick erscheint es sinnvoll, alle Daten zu zeigen, die im Data Warehouse des Informationssystems vorliegen. Dieses kann aus mehreren Gründen zu einer teuren Angelegenheit werden.

Entgegen mancher Aussagen in einschlägigen Veröffentlichungen soll vor dem Hang zur Perfektion, dem Anwender einen vollständigen Zugriff auf alle Daten des Warehouses und möglicherweise noch den Durchgriff auf die dahinterliegenden, operativen Systeme zu gestatten, eindringlich gewarnt werden. Ganz im Gegenteil: Man muß bei dem Informationsangebot im Rahmen eines MIS sehr vorsichtig sein und sollte nicht alles, was technisch machbar ist, anbieten.

Als Beispiel soll eine monatliche Berichterstattung eines weltweit tätigen Unternehmens dienen. Der entsprechende Datenwürfel zeigt 7 Dimensionen:

	------------------Verdichtungsstufen--------------------			
Dimensionen	0	1	2	3
1. Lieferant	Gesellschaft	Land	Region	alle Lieferanten
2. Empfänger	Gesellschaft	Land	Region	alle Empfänger
3. Produkt	GF	GB	AB	alle Produkte
4. Position				
5. Zeit				
6. Planungszustand				
7. Währung				

Anm.: Gesellschaft = Konzerngesellschaft, GF = Geschäftsfeld, GB = Geschäftsbereich, AB = Arbeitsgebiet

Abb. 4: Struktur einer Berichterstattung

Beispiele für:
- **Position**: Umsatz, Ergebnis
- **Zeit**: Monat, Monat kumuliert
- **Planungszustand**: Ist laufendes Jahr, Ist Vorjahr, Plan, Erwartung
- **Währung**: DM, Landeswährung.

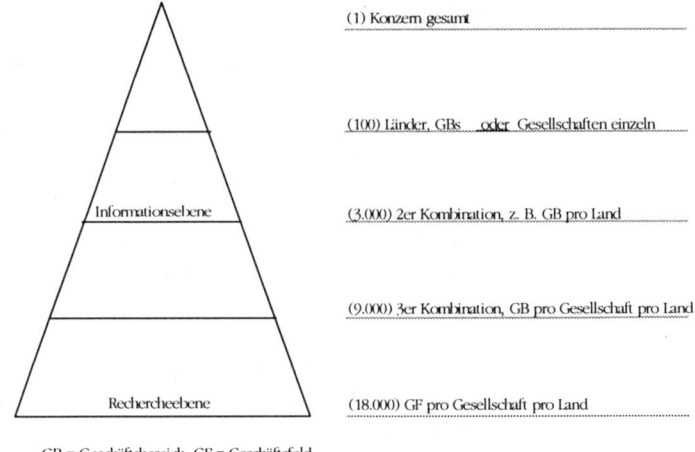

2 Informationsangebot und Informationsqualität

```
              (1) Konzern gesamt

              (100) Länder, GBs  oder  Gesellschaften einzeln

Informationsebene   (3.000) 2er Kombination, z. B. GB pro Land

              (9.000) 3er Kombination, GB pro Gesellschaft pro Land

Rechercheebene   (18.000) GF pro Gesellschaft pro Land
```

GB = Geschäftsbereich, GF = Geschäftsfeld

Abb. 5: Verdichtungsebenen

18.000 Einzeldaten

Zum Beispiel ergeben bei dieser Konzernberichterstattung ca. 18.000 Einzeldaten die Konzernsumme. Den dabei auftretenden Verdichtungsstufen lassen sich Informationsebenen zuordnen.

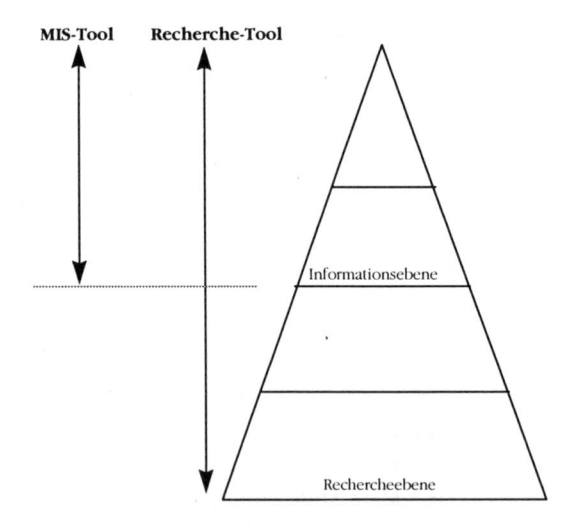

Abb. 6: Tools (DV-Werkzeuge)

Unterschiedliche Tools

In die Mitte der Pyramide wird die Informationsebene plaziert. Dies ist der Bereich, mit dem der Anwender eines Management-Informationssystems mit der sog. Drill-Down-Technik von oben vorstoßen kann. Die beiden darunter liegenden Ebenen bleiben mathematischen Auswertungsverfahren bzw. den für die be-

2.2 Transaktionssysteme

triebswirtschaftliche Interpretation verantwortlichen Mitarbeitern vorbehalten. Dazu können, mit der gleichen DV-Technik, diesem Personenkreis Recherche-Tools zur Verfügung gestellt werden (siehe auch Seite 124).

Bessere Datenqualität, leichtere Recherchierbarkeit

Diese Einteilung zeigt mehrere Vorteile. Zum einen brauchen nur die Daten ab der Informationsebene dem hohen Qualitätsstandard, den besonders Führungskräfte an Informationssysteme stellen, zu entsprechen. Die Daten unterhalb der Informationsebene stehen nur den Mitarbeitern zur Verfügung, die über ein gewisses Hintergrundwissen verfügen und imstande sind, unplausible Abweichungen zu erkennen.

Stellt nun eine Führungskraft eine inhaltliche Frage zu einem Datenwert auf der Informationsebene, so kann diese von einem Mitarbeiter mit Zugriffsmöglichkeit auf den gesamten Datenbestand meist schnell und ausgiebig beantwortet werden. Dies ist nicht möglich, wenn eine Führungskraft Zugriff bis zur Recherche-Ebene hat und dann dazu eine Frage stellt. Aufwendige Nachforschungen, teilweise in anderen Unternehmensbereichen und Beteiligungsgesellschaften, sind die Folge. Das erhöht die versteckten Kosten für die Informationsbeschaffung erheblich. Viele Führungskräfte bestätigen, daß sie die sehr detaillierten Informationen der Recherche-Ebene eigentlich nicht benötigen. Lägen aber solche Daten vor, würde man auch Fragen stellen.

2.2 Transaktionssysteme

2.2.1 Systeme der SAP

Standardsoftware

Die SAP AG bietet zwei Produkte an: SAP® R/2 für Großrechneranlagen und SAP® R/3 für Client/Serverstrukturen. SAP® R/2 und SAP® R/3 zeichnen sich durch folgende Vorzüge aus:[18]

- umfassende betriebswirtschaftliche Funktionalität
- modularer Aufbau
- Branchenneutralität
- klare Strukturierung
- internationale Einsetzbarkeit

Weltweit ersetzen derzeit viele große Unternehmen ihre eigenerstellten Transaktionssysteme durch Standardsoftware von SAP. Sie versprechen sich davon eine höhere Integration und langfristig niedrigere Softwarewartungskosten. Oftmals begleiten Reengineering-Prozesse die Umstellungen, die in großen Unternehmen zwei- bis dreistellige Millionenbeträge pro Jahr für Softwarelizenzen, Installationen und Schulungen verschlingen können.

Dennoch sehen diese Firmen derzeit keine wirkliche Alternative zu den SAP-Systemen.

Aus Sicht eines Informationssystems kann eine Standardsoftware wie SAP nur von Vorteil sein, weil sie einheitliche Strukturen und Register unterstützt und, eingebettet in das betriebswirtschaftliche Konzept der SAP, konzernweit gleiche Begrifflichkeiten schafft.

2.2.1.1 SAP® R/2

Das (ältere) SAP® R/2-System wurde für Großrechneranlagen konzipiert. Folgende Transaktionsmodule stehen u.a. zur Auswahl:

- RV - Vertrieb, Fakturierung, Versand
- RM-PPS - Produktionsplanung und -steuerung
- RM-MAT - Materialwirtschaft
- RM-QSS - Qualitätssicherung

2.2.1.2 SAP® R/3

Seit der Markteinführung im Jahre 1992 ist es dem System SAP® R/3 in der vergleichsweise kurzen Zeit gelungen, zum weltweit führenden Client/Server-Produkt aufzusteigen. Seitdem wurde das System SAP® R/3 mehr als 4.000 mal installiert. Das Release 3.0 enthält bereits eine wesentlich erweiterte und verbesserte Funktionalität als SAP® R/2.

2.2.2 Übrige Systeme

Trotz des rasanten Erfolges von SAP erledigen heute eigenentwickelte Basissysteme den größten Teil des „Tagesgeschäftes". Diese meist in der Programmiersprache COBOL geschriebenen, teilweise sehr alten Anwendungen verdanken ihre hohe Komplexität nicht zuletzt dem „Geschick" der Programmierer, die auch auf älteren Rechnern gute Antwortzeiten zu garantieren vermochten. Die seinerzeit segensreichen kleinen „Tricks" erschweren heute, nachdem der „last living expert" oft nicht mehr verfügbar ist, Wartungs- und Pflegeaufgaben. Größeren Änderungen an den laufenden Programmen steht meist ein zu hohes Risiko entgegen.

2.3 Fachinformationssysteme

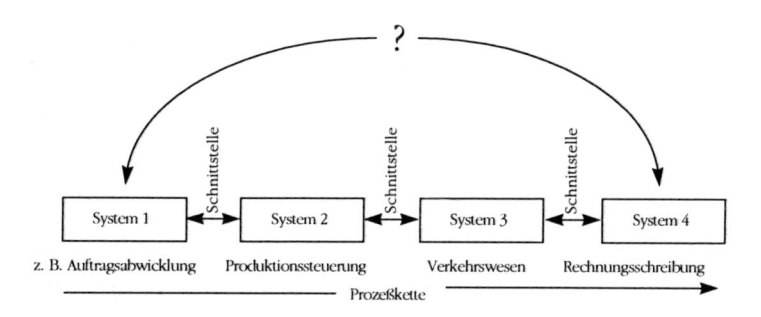

Abb. 7: Prozeßketten

Der erste „versteht" den letzten nicht

Für ein Informationssystem, das sich auf diese Daten stützen will, kommt erschwerend hinzu, daß es sich bei den älteren Transaktionssystemen durchweg um aufgabenbezogene, unabhängig voneinander entwickelte Systeme handelt. Die Kommunikation mit vor- oder nachgelagerten Systemen der Prozeßkette erfolgt über Schnittstellen (als Ersatz für fehlende Integration über geeignete, gemeinsame Datenstrukturen). Nicht selten wandeln Hilfsprogramme Schlüsselinformationen so um, daß sie nur noch im nachfolgenden System verstanden werden.

2.3 Fachinformationssysteme

2.3.1 Ergebnisrechnung

Ergebnisrechnung nicht immer optimal

Die Ergebnisrechnung eines Unternehmens zählt zu den wichtigsten Datenquellen eines MIS. Meistens findet man bei ihr alle positiven Merkmale eines Data Warehouses: überarbeitete, redundanzfreie Datenbestände mit oftmals vergleichsrichtig eingestellter Historie. Allerdings richtet sich die Ergebnisrechnung in vielen Firmen mehr nach der zentralen Finanzabteilung als nach den Interessen der Geschäftsbereiche aus. Als Steuerungsinstrument für die Optimierung von Geschäftsprozessen läßt sie sich meist nur teilweise heranziehen. Dabei hat sie es allerdings auch nicht immer leicht: Beispielsweise befürworten die meisten Produktionsbereiche eine Kostenabrechnung auf Ist-Basis, während das Marketing nach einer mehr kalkulatorischen Abrechnung verlangt. Beides gleichzeitig läßt sich mit nur einer Ergebnisrechnungsart nicht darstellen, und kaum ein Unternehmen ist bereit, zwei oder sogar mehrere parallele Ergebnisrechnungen durchzuführen.

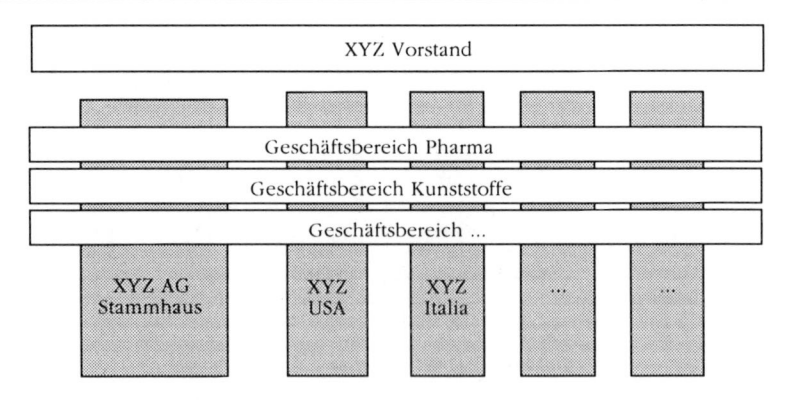

2   Informationsangebot und Informationsqualität

Abb. 8: Konzernstruktur

Fehlende Konsolidierung

In großen Unternehmen mit vielen Beteiligungen tritt ein weiteres Problem auf. Der Gesetzgeber verlangt für jede „rechtliche Einheit" eine eigene, separate Ergebnisrechnung. Diese entstanden zu Zeiten, als die einzelnen Gesellschaften noch weitgehend selbständig und ergebnisverantwortlich agierten. Im Zuge der Globalisierung des Marktes übertrugen nun viele Unternehmen die weltweite Ergebnisverantwortung auf die einzelnen Geschäftsbereiche. Das geschah weitgehend ohne entsprechende Anpassung der Ergebnisrechnungen, so daß es heute nicht verwundert, wenn z. B. unternehmensweit konsolidierte Zahlen auf Produktebene fehlen.

2.3.2   Planungssysteme

Unterschiedliche Planungsansätze

Die Bandbreite der Planungssysteme erstreckt sich über Vertriebsplanung, Bedarfsplanung, Produktionsplanung, Kostenplanung, Ergebnisplanung bis zur Finanzplanung, um nur einige wichtige zu nennen. Je nach Zielsetzung fließen Risiken in die Planungen mit ein. Eine Vertriebsplanung, meist mehr eine Zielvorgabe, wirkt durchweg optimistisch. Wahrscheinlichkeiten, die die Risiken abdecken, lassen sich in den üblichen Systemen nicht abbilden. Ähnlich positiv gibt sich die Kostenplanung, die auch deutlichen Vorgabecharakter besitzt. Fließen nun beide, Vertriebs- und Kostenplanung, automatisch in eine Ergebnis- und sogar in eine Finanzplanung, darf man sich über eine zu hohe Gewinnerwartung nicht wundern.

Die übliche Praxis, die auf verdichteter Stufe möglichen Risiken manuell zu planen, ist trotz ihrer Notwendigkeit eher zufällig.

2.3 Fachinformationssysteme

2.3.3 Controllingsysteme

Brauchbarkeit von Daten

In MIS-Systemen erwachen Daten aus unterlagerten EDV-Systemen erst dann zum Leben, wenn sie der Empfänger mit eigenen Erfahrungen zu Informationen kombiniert. Das führt zu dem Begriff der Brauchbarkeit. Daten sind jeweils im Zusammenhang mit der zu treffenden Aussage brauchbar. Sie können richtig, d. h. fehlerfrei, sein, ihre Interpretation dennoch zu falschen, in manchen Fällen sogar gefährlichen Aussagen führen.

Am besten läßt sich das mit den Begriffen „stimmend" und „stimmig" beschreiben, wobei für die Interpretation von Geschäftszahlen dem Begriff „stimmig" eine weitaus größere Bedeutung zukommt.

	stimmend: buchhalterisch stimmend	**stimmig:** im Kontext zur Aussage stimmend
• Accountingsysteme	+	
• Controllingsysteme		
- Geschäftsanalysesysteme		+
- Strategiesysteme		+

Abb. 9: Unterschied stimmend/stimmig

So ist es durchaus nicht ungewöhnlich, daß die für Controlling zuständigen Fachabteilungen die meist in Datenbanken vorliegenden Daten in positivem Sinne anpassen („veredeln") oder zumindest mit Fußnoten versehen.

Basis	meistens gleiche Quelle (Urbelege)
Regeln	
• Begriffe	nicht eindeutig vergleichbar
• Bewertung	begründbar unterschiedlich
• Konsolidierung	begründbar unterschiedlich
• Verteilung	begründbar unterschiedlich
Überleitungen	nicht automatisch erzeugbar

Abb. 10: Überleitungen zu Controllingsystemen

Alle marktorientierten Berichtssysteme greifen meist auf dieselben Zahlenquellen (Urbelege) in den Basissystemen zurück.

2 Informationsangebot und Informationsqualität

Üblicherweise erfolgt die Aufbereitung dieser Zahlen in den jeweiligen Accountingsystemen und den Programmen der Betriebsergebnisrechnung.

Eigenleben der Controllingsysteme

Die verschiedenen Berichtsvarianten und Controllingsysteme haben aber dann, jeweils abhängig von ihrer Aufgabenstellung, ihr Eigenleben entwickelt, was sich in unterschiedlichen Begriffen, Bewertungen, Konsolidierungen und Kostenverteilungen äußert. Dabei sind die Unterschiede begründbar, auch wenn sie damit zu der kaum noch überschaubaren Komplexität beitragen. Die Überleitungen zu den Varianten entstehen meist manuell, so daß sie nicht nachvollziehbar sind. Diese Tatsache erklärt, warum zu einer Fragestellung oft mehrere unterschiedliche Zahlen vorgelegt werden.

Unterschiedliche Begriffsdefinitionen

Ein einfaches Beispiel möglicher Begriffsunterschiede zeigt die regionale Untergliederung. „Europa" ist durchaus nicht in allen Systemen gleich definiert. Man unterscheidet nicht nur den politischen Europabegriff vom Wirtschaftsraum Europa, sondern es kommt vielmehr darauf an, das Geschäft richtig abzubilden. Und das kann in den verschiedenen Geschäftsbereichen eines Unternehmens durchaus unterschiedlich strukturiert sein, so daß man mit einer Reihe von verschiedenen Europadefinitionen leben muß.

Beispiele für regionale Betrachtungsweisen

- nach geographischen Gesichtspunkten (eindeutig)
- nach unternehmenseinheitlichen Berichtseinheiten (eindeutig)
- nach Zuständigkeiten (mehrfach, Business-Unit-abhängig)
- nach Wirtschaftsräumen (marktabhängig)
- nach Verbundstruktur (zulieferabhängig)

Abb. 11: Unterschiedliche Regionendefinitionen

2.3.4 Sonstige Unternehmenssysteme

Neben den „klassischen" DV-Systemen für Logistik, Verwaltung und Controlling gibt es in den Unternehmen eine Vielzahl weiterer DV-Programme, die sich als Basis für Informationssysteme nutzen lassen. Gute Voraussetzungen liegen bei einer sachgemäßen Betreuung durch die DV-Abteilung des Unternehmens vor, da man dann meistens von sauberen Dateistrukturen und eindeutigen Schlüsselregistern ausgehen kann. Allerdings haftet die dienstleistende Datenverarbeitung nicht für inhaltliche Belange. Das ist Angelegenheit der auftraggebenden Fachabteilung.

Hat man Glück, dann öffnet sich hier eine wahre Fundgrube. Doch die Erfahrung lehrt, keinen übertriebenen Optimismus zu verbreiten. „Fertige" Systeme, die sich ohne Überarbeitung in ein Informationssystem einbinden lassen, kommen nur äußerst selten vor.

2.4 Externe Informationsquellen

2.4.1 Online-Dienste

Die Betreiber von Online-Diensten gehören seit Jahren zu den führenden Anbietern von Informationen in elektronischer Form. Die Palette reicht von Börseninformationen über Wirtschaftsdaten bis hin zu aktuellen Nachrichten. Die Qualität der Information genügt professionellen Ansprüchen. Allerdings gelingen automatische Übertragungen in Informationssysteme aufgrund unterschiedlicher Strukturen äußerst selten.

Gewöhnungsbedürftige Oberflächen

Auch für den relativ klein gebliebenen Teilnehmerkreis lassen sich technische Gründe anführen: Es fehlt eine leicht zu bedienende Benutzeroberfläche, die man über die teils an Großrechnertechnik erinnernden Oberflächen der verschiedenen Anbieter setzen kann.

So bleiben die Online-Dienste eine hervorragende Quelle für unternehmensinterne Bereiche wie Marktforschung, Öffentlichkeitsarbeit und Finanzabteilung, die dann ihrerseits als Datenlieferanten für ein unternehmensweites Informationssystem auftreten.

2.4.2 Internet

Derzeit läßt sich noch nicht abschätzen, inwieweit das Internet als Basis für ein Management-Informationssystem taugt. Betrachtet man die Internet-Technik, so werden sich alle Online-Dienste bald dieser Technik bedienen. Das Internet als solches versteht sich als Anbieter kostenloser, weltweit abrufbarer Informationen. Bei dieser Definition überwiegen sicherlich reklameorientierte Angebote mit nur mäßigem Informationswert.

Einige Softwareanbieter stellen recht interessante Produkte wie z. B. Pointcast vor, die brandaktuelle Informationen auf den

Bildschirm „zaubern". Es bleibt abzuwarten, wie schnell sich hierfür ein breiter Markt findet.

2.4.3 Sonstige externe Informationsquellen

Neben den über ein Datennetz verfügbaren Informationen kann man von Instituten, Verlagen, Beratern usw. Datensammlungen und Texte auf Datenträgern oder in Papierform käuflich erwerben. Die unterschiedlichen Formate der Anbieter, die sich meist auch gegen Datenextraktion schützen, machen diese Produkte bestenfalls zu einer Sekundärquelle für Informationssysteme.

3 Data Warehouse

3.1 Anforderungen

3.1.1 Inhaltliche und konzeptionelle Anforderungen

Stimmende und stimmige Daten vorhalten

Welche inhaltlichen und technischen Anforderungen sollte man an ein Data Warehouse stellen? Zuerst muß eine Unterscheidungsmöglichkeit zwischen **stimmenden und stimmigen Daten** (siehe Seite 19) bestehen. Stimmende Daten entsprechen dem tatsächlichen buchhalterischen Vorgang, der aber nicht unbedingt die richtigen Schlüsse auf den betriebswirtschaftlichen Zusammenhang oder die Situation des Marktes zuläßt. Auch die Vergleichbarkeit mit Historiedaten kann bei stimmenden Daten verloren gehen. Dagegen bieten stimmige Daten die betriebswirtschaftlich korrekte Sicht, sie lassen die richtigen Rückschlüsse zu. Sicherlich wäre es nicht optimal, stimmende Daten durch stimmige Daten zu ersetzen. Das Data Warehouse muß beide Werte vorhalten. Die MIS-Anwendung entscheidet (in der Regel zu Gunsten der stimmigen Variante), was auf dem Bildschirm gezeigt wird.

Das Data Warehouse muß **die Möglichkeit unterschiedlicher Sichten auf Daten** bieten. Die Frage bleibt, ob dies nicht besser von einer MIS-Anwendung erfüllt wird. Jedenfalls müssen die Daten so abgelegt sein, daß dies mit Auswertungswerkzeugen leicht und mit guter Antwortzeit möglich ist.

Mobile Computing versus Online-Zugriff

Eine wichtige Forderung besteht in der **Ortsunabhängigkeit der Daten**. Innerhalb eines unternehmensweiten Intranets läßt sich dies heute sicherstellen. Für den Zugriff während einer Dienstreise von einem Hotelzimmer konkurriert das „mobile computing", das gezielt Datenauszüge bereithält, mit der online-Anbindung und damit Zugriff auf den gesamten Datenbestand (z. B. über das Internet). Bei beiden Verfahren sind sicherheitstechnische Aspekte zu beachten. Liegen die Daten auf der Festplatte des Portables, muß diese wirkungsvoll gegen ungesicherten Zugriff (bei Diebstahl, Verlust oder Reparatur) geschützt werden. Die Online-Anbindung verlangt ebenfalls eine eindeutige

Identifizierung, um das Eindringen von Unbefugten in die DV-Netze des Unternehmens zu verhindern. Wenig praktische Erfahrungen liegen bisher bei drahtloser Anbindung z. B. über MODACOM, dem Datenpaketdienst der Deutschen Telecom, vor.

Entscheidend für einen ordnungsgemäßen Betrieb ist die **geklärte Verantwortlichkeit für Bereitstellung und Richtigkeit der Daten**. Die dazu notwendigen organisatorischen Maßnahmen lassen sich allerdings nicht immer leicht durchsetzen. In einer konkreten Anwendung wurden zu jedem Thema ein „Inhaltsverantwortlicher" und ein „Bereitstellungsverantwortlicher" (siehe Seite 150) benannt.

Bedeutung von Kommentaren

Die Notwendigkeit der **Kommentierbarkeit der Daten** liest sich leicht, die Umsetzung erweist sich in der Praxis als um so schwieriger. Kommentare zu Einzelheiten sollten auch in allen höheren Verdichtungsstufen erscheinen, sonst gehen sie in der großen Informationsmenge verloren. Zumindest ein Hinweis auf eine Kommentierung wäre sinnvoll, wobei man bei Auswahl dieses Hinweises an die kommentierte Stelle springt. Dafür fehlt aber ein DV-Programm, das dies wirksam unterstützt und das, fast noch wichtiger, eine unkomplizierte Eingabe der Kommentare an den verschiedenen Stellen des Unternehmens ermöglicht.

Der durchaus sinnvolle Wunsch nach einer **unternehmenseinheitlichen Nomenklatur mit konsistenten Begriffsinhalten** übersteigt, besonders bei großen Firmen, die Möglichkeiten der Verantwortlichen eines Data Warehouses. Er ist auf die Unterstützung aller Bereiche im Unternehmen angewiesen. Im Zusammenhang mit dem Betrieb des Data Warehouses sollte man sich die Wichtigkeit ständig vor Augen halten, weil eine saubere Begriffsdefinition die Basis für kostengünstig erstellbare Informationsstrukturen ist. Aber erfahrungsgemäß sind die notwendigen Abstimmprozesse langwierig und so teuer, daß sie sich kaum von einem Data Warehouse-Manager anstoßen lassen.

Problem „vergleichsrichtig"

Recht einfach läßt sich die **Verfügbarkeit historischer Daten** erreichen, wobei sie aber nur „vergleichsrichtig" aussagekräftig sind. Das sicherzustellen gestaltet sich oftmals problematisch.

Kaum ein bekanntes System ermöglicht **die Dokumentationen von nachträglichen Datenänderungen** auf der feinsten Ebene. Das Fehlen dieser Funktion wird aber nach den bisherigen Erfahrungen kaum zu nennenswerten Risiken führen.

Die Möglichkeit der **Integration externer Daten** gewinnt bei einem physisch eigenständigen Data Warehouse an Bedeutung.

3.1 Anforderungen

Die moderne MIS-Software gestattet den gleichzeitigen Zugriff auf verschiedene Informationsquellen, so daß externe Daten auch ohne Integration dem Anwender zur Verfügung stehen. Sie können aber, falls erforderlich, auch außerhalb des Warehouses entsprechend aufbereitet werden.

DWH kann weitgehend redundanzfrei aufgebaut werden

Das Thema der **kontrollierten Redundanz** verliert mehr und mehr an Bedeutung. Datenbankserver und Datennetze entwickeln sich ständig weiter, so daß der „Idealfall" der redundanzfreien Datenhaltung heute schon zur geübten Praxis gehört. Bewußte Redundanz findet man beim Data Mart (siehe Seite 3).

3.1.2 Anforderungen an Modellierbarkeit und Datenzugriff

Die immer wieder eingeklagten **endnutzerverständlichen unternehmensweiten Datenverzeichnisse** sollten nur den DV-Fachleuten, z. B. den Entwicklern von Informationssystemen, zur Verfügung stehen. Sobald die Datenmengen etwas größer und komplexer werden, können normale Anwender mit diesen Verzeichnissen kaum etwas anfangen. Themenorientierte Informationsmodule (siehe Seite 68) sprechen die Endbenutzer weit mehr an.

Bedienungsfreundliche Oberfläche

Die **einheitliche, bedienungsfreundliche Oberfläche** zählt zu den wichtigsten Erfolgsfaktoren. Aber rechnet man sie zum Data Warehouse oder ist sie Bestandteil des Informationssystems? Diese mehr organisatorische Frage spielt beim Ansatz des Business Information Shops (siehe Seite 37) keine Rolle mehr.

Die **Integrierbarkeit mächtiger Analysetools**, eindeutig eine Data Warehouse-Funktionalität, steht derzeit in der Priorität eher weiter hinten. Zwar eröffnen sich mit ihnen neue, ungeahnte Möglichkeiten, doch zunächst sollte der Aufbau eines „normalen" Data Warehouses Vorrang haben.

Dem häufig geäußerten Wunsch nach **flexibler Modellierungsmöglichkeit** kommt der Anbietermarkt bisher kaum nach. Die oftmals hier angebotenen, bei der Datenbankmodellierung bewährten Produkte erfüllen die weitergehenden Data Warehouse-Anforderungen nur zu einem geringen Teil.

Ampelfunktion sollte sparsam eingesetzt werden

Die Forderung nach **weiteren Funktionalitäten (automatisches Exception Reporting, Warnfunktionen, ...)** ist mehr an die MIS-Tools adressiert. Über den Wert dieser Funktionen kann man allerdings geteilter Meinung sein. Die blumigen Aussagen in Marketingbroschüren und Softwarepräsentationen decken sich kaum mit den praktischen Erfahrungen.

3.1.3 Technische Anforderungen

Zentrale Bedeutung relationaler Datenbanken

Besonders die DV-Manager achten auf die **nahtlose Integration verschiedener Rechner- und Datenbankwelten** in die jeweils vorhandene DV-Infrastruktur. Während die DV-Verantwortlichen die Produkte der IBM, SAP oder Microsoft auch außerhalb von Standards akzeptieren, begegnen sie kleineren Anbietern mit einer gewissen Distanz. Diese haben oft kaum eine Chance, flächendeckend in einem Unternehmen Fuß zu fassen. Aber nicht nur deswegen überwiegen die relationalen Datenbanken, die weitgehend einem gemeinsamen Standard folgen, gegenüber den nicht uninteressanten mehrdimensionalen Ansätzen: Die sehr robusten relationalen Datenbanken haben sich besonders bei großen Datenmengen („Massendaten") bewährt.

Die Notwendigkeit zur **Reduzierung der Komplexität des Systemmanagements** kann nicht genug hervorgehoben werden. Anderenfalls bleibt das Data Warehouse auf Dauer eine Domäne der DV-Abteilung, die sich aber ihrerseits für seinen Inhalt nicht verantwortlich fühlt. Langfristig sind die informationsverantwortlichen Fachbereiche die richtige Stelle für den Data Warehouse-Betrieb. Doch nur eine geringere Komplexität ermöglicht es, dort ohne hochspezialisiertes DV-Fachpersonal auszukommen.

Abfragen an das Data Warehouse kapseln

Sicher sollte vom Data Warehouse **keine Leistungsbeeinträchtigung operativer Systeme** ausgehen. Dazu müssen aber die Abfragen an das System gekapselt sein, am besten durch ein entsprechendes Informationssystem, das fehlerfrei und zeitoptimiert die Daten abruft. Auf der anderen Seite ist es genauso wichtig, den Data Warehouse-Betrieb nicht durch operative Systeme zu beeinträchtigen. Ein Ergebnisrechnungslauf beispielsweise kann die Antwortzeiten im Data Warehouse schnell vervielfachen.

Die **Zugänglichkeit der Rohdaten für flexible Auswertungen** läßt sich leichter bewerkstelligen, wenn relationale Datenbanken zur physikalischen Speicherung zum Einsatz kommen. Auch SAP®-EIS greift auf relational abgelegte Daten zu, die man von außen z. B. über die von Microsoft propagierte ODBC-Schnittstelle ansprechen kann.

3.2 Informationsversorgung

3.2.1 Datenbeschaffung

Der grundsätzliche Ansatz, die umfangreichen Daten der Abwicklungssysteme eines Unternehmens als Basisquelle zu verstehen, findet sich in allen Vorgehensweisen für den Aufbau eines Data Warehouses wieder. Mit gleicher Übereinstimmung befürwortet man eine physikalische Trennung zwischen den operativen und den Data Warehouse-Daten. Niemand versucht heute ernsthaft, ein Management-Informationssystem mit direktem Zugriff auf die Abwicklungssysteme zu realisieren. Als Vorzüge eines separaten Data Warehouses erweisen sich u. a. ein definierter Berichtsstand und die Möglichkeit, ebenfalls Historiedaten abzulegen.

„Offenes" Data Warehouse - eine Utopie?

Bei der Realisierung eines Data Warehouses scheiden sich dann die Geister. Das „offene" Data Warehouse, bei dem jeder Anwender mit eigenen DV-Werkzeugen Abfragen kreiert und Analysen anstößt, erscheint mehr und mehr als Utopie. Die Zahl derjenigen, die sich trotz guter Metadaten in der Tabellenvielfalt eines umfangreichen Data Warehouses auskennen, bleibt klein und meist auf engagierte Controller beschränkt.

Die folgende Abbildung zeigt eine für große Unternehmen typische Situation:

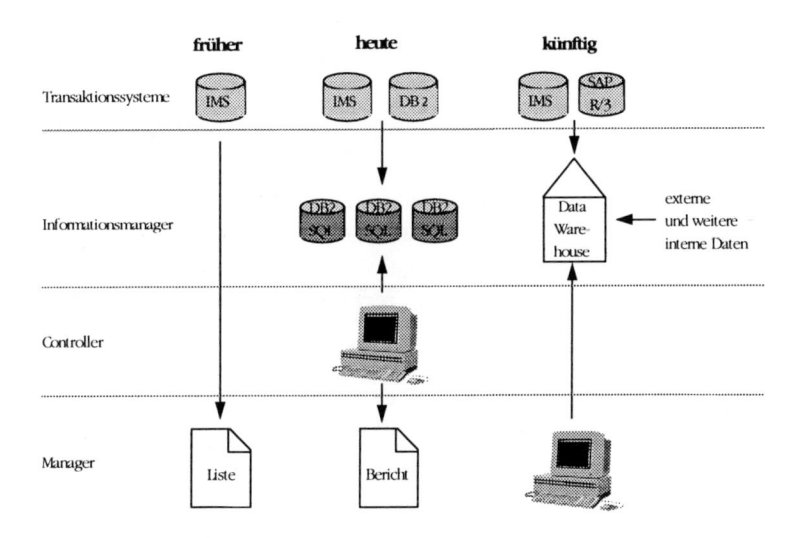

Abb. 12: Zugriffsvarianten auf zentrale Daten

3 Data Warehouse

Wie haben Manager in den letzten Jahren Informationen über ihre Geschäftsvorgänge erhalten? Am Anfang standen die Logistik-Systeme, oft Entwicklungen mit COBOL und Daten in IMS-Datenbanken, die dem direkten Zugriff durch die Manager entzogen waren. Als „Verbindung" zu den Systemen diente die altbewährte Computerliste, eigentlich gedacht als Arbeitsunterlage für den Sachbearbeiter. Die Listen in ihrer starren Form konnten übergeordnete Informationswünsche jedoch nicht befriedigen.

Trennen von operativen und Berichtsdaten

Als revolutionärer Schritt erwies sich das Kopieren operativer Daten in relationale Datenbanken wie etwa DB2 der IBM, aus denen dann mittels der mächtigen SQL-Sprache die gewünschten Informationen abgefragt werden konnten.

Allerdings weiß man inzwischen, wieviel Erfahrung man braucht, um mit der SQL-Sprache umgehen zu können. Sie blieb aus diesem Grunde nur wenigen Spezialisten vorbehalten, die im Laufe der Zeit ihr Aufgabenspektrum um die Erstellung von Berichten, basierend auf Daten der relationalen Tabellen, erweiterten. Der „DV-gestützte Controller" war geboren.

Data Warehouse-Problematik wird unterschätzt

Jetzt glauben nicht wenige, alle Anforderungen mit einem Data Warehouse lösen zu können. Doch das ist bisher nicht viel mehr als Wunschdenken. Bis dahin sind noch eine Menge Probleme zu lösen.

3.2.2 Eingangskontrolle Information

3.2.2.1 Haftung

Der Anbieter eines Informationssystems haftet in den Augen der Anwender auch für den Inhalt, selbst wenn ein anderer Bereich die Informationen aufgearbeitet und bereitgestellt hat. Dies ist vergleichbar mit einer Zeitung, die auch für den Wahrheitsgehalt ihrer Informationen geradesteht, selbst wenn sie nicht alles eigenständig recherchieren kann. Sie übernimmt viele Informationen von Presseagenturen, kann sich aber bei einer Falschmeldung nicht mit einem Hinweis auf die Quelle aus der Verantwortung stehlen. Aus Sicht des Lesers hat die Zeitung den Wahrheitsgehalt ihrer Meldungen zu überprüfen.

Redaktionelle Aufgabe MIS

Sinngemäß gilt das gleiche für ein MIS, jedoch mit dem Unterschied, daß Zeitungen über einen Stab an Redakteuren verfügen, ein MIS aber nach gängiger Meinung fast ganz ohne Personal auskommen muß (so sehen es zumindest die Marketingabteilungen von Data Warehouse-Anbietern).

Doch nur die angemessene personelle Ausstattung stellt eine wirkungsvolle Eingangskontrolle für die Informationen sicher.

3.2.2.2 Vollständigkeit

Systemtechnische Verfahren überwachen die korrekte und vollständige Übertragung der Daten. Fehler in diesem Bereich sind zum Glück selten. Eine Kontrolle auf inhaltliche Vollständigkeit ist dagegen nicht so leicht. Zunächst setzt sie klare Beschreibungen voraus. Danach muß man mangels geeigneter Softwareprodukte eigene Prüfregeln erstellen und sie entsprechend in einen Programmcode umsetzen. Es bewähren sich Vorgehensweisen, die anhand bestimmter Kennzahlen, z. B. der Anzahl der Kunden bzw. Produkte, Plausibilitäten prüfen und so verläßliche Aussagen über den Datenbestand zulassen.

Datenlieferanten machen wenig Fehler

Bei unvollständigen Daten ist man geneigt, zunächst Fehler bei einem der vorgelagerten Bereiche zu vermuten. Aber nach den bisher gemachten Erfahrungen traf das in der Vergangenheit meist nicht zu. Selbst die Aktualisierungen der Schlüsselregister erfolgten in der Regel pünktlich. Die Datenlieferanten erledigten ihre Arbeit sehr zuverlässig. Fehlten tatsächlich einmal Daten, weil z. B. eine kleinere Beteiligungsgesellschaft die Werte zum vereinbarten Zeitpunkt nicht liefern konnte, meldete sich unverzüglich der Bereitstellungsverantwortliche und unterbreitete Vorschläge, die Datenlücke zu schließen.

3.2.2.3 Struktur

Leider zeigen die Datenlieferanten für Strukturänderungen eine geringere Sensibilität als für mangelnde Vollständigkeit. Änderungen werden fast regelmäßig nicht mitgeteilt. Vielleicht liegt die Ursache darin, daß die Datenlieferanten schlecht einschätzen können, welche Strukturänderungen für das Data Warehouse und das Informationssystem entscheidend sind und welche nicht. Das hohe Engagement und die selbstauferlegte Verantwortung der Datenlieferanten enden leider an der „black box" Data Warehouse. Hier fehlt es an gegenseitiger Aufklärung.

Mangelnde Absprache

Beispielsweise bereiteten die Betreiber eines Vorsystems schon sechs Monate vor Einführung einer neuen Unternehmensstruktur die neue Berichtsform vor, indem sie zahlreiche, mit Nullen (statt „leer") gefüllte Datensätze der neuen Bereiche testweise einfügten. Bei den meisten nachfolgenden Systemen und Auswertungen spielte das keine Rolle. Das datengetriebene Informationssystem hingegen „spielte verrückt".

Die Suche nach Softwarewerkzeugen, die Strukturänderungen aufzeigen, verlief bisher enttäuschend. Die Betreiber eines Informationssystems sollten sich besser auf stichprobenartige Kontrollen und umfassende Aufklärung der Kollegen aus den datenliefernden Bereichen konzentrieren.

3.2.2.4 Termin

Die Übergabe der meisten Daten erfolgt zu festgelegten Zeitpunkten. Dieses läßt sich technisch leicht überwachen, wobei man sich in einfacher Weise eine Anwendung erstellen kann, bei der grüne bzw. rote „Ampeln" den jeweiligen Lieferzustand anzeigen. Darüber hinaus empfiehlt es sich für spätere Diskussionen, alle Übergabezeiten zu protokollieren.

Die Erfahrung lehrt, daß sich die Bereitstellungsverantwortlichen erfreulicherweise nach einer kurzen Eingewöhnungszeit aktiv um die termingerechte Übergabe kümmern.

Aktuelle Daten müssen schnell übertragen werden

Oft verstreichen zwischen der Bereitstellung der Datei bis zur Ankunft im Data Warehouse einige Minuten, weil manche Gateway-Funktionen oder Kopierprogramme, wie z. B. der Data Propagator von IBM, nicht ereignisgesteuert, sondern in festen Zeitabständen übertragen. Bei bestimmten Themen, wie z. B. den tagesaktuellen Devisenkursen, liegen 15 Minuten Verspätung schon deutlich außerhalb des Toleranzbereiches. Deshalb müssen Daten mit hoher Aktualität auf möglichst kurzen Wegen übertragen werden.

Aber es können noch schwerwiegendere Probleme auftreten: Bei einem Informationssystem gelang es beispielsweise nicht, die Daten zeitgleich auf dem zentralen Rechner und einem speziellen Server, auf den nur der Vorstand des Unternehmens zugriff, bereitzustellen. Teilweise erhielten die Vorstandsmitglieder die Konzernergebnisse erst am folgenden Tag, weil große Datenmengen nur nachts, wenn niemand das Informationssystem nutzte, übertragbar waren. Der verständliche Ärger führte zur Aufgabe des Vorstandsservers, trotz der Vorteile eines eigenen, vor störenden Fremdeinflüssen geschützten Umfeldes. Heute greifen alle Vorstandsmitglieder (wie die übrigen Teilnehmer auch) direkt auf die Daten des Zentralrechners zu. Nur das gewährleistet eine wirklich zeitgleiche Information an verschiedenen Stellen des Unternehmens.

3.3 Aufarbeitung der Informationen

3.3.1 Informationsbewertung

Brauchbarkeit der Daten

Die Informationsbewertung sieht ihre Aufgabe nicht darin, Fehler aufzuspüren. Man kann davon ausgehen, daß sich die Anzahl der wirklichen Fehler in Grenzen hält. Hier interessieren mehr logische Informationsbrüche, die zu einer völlig falschen Bewertung des Sachverhaltes führen. Ein Beispiel soll dies erläutern: Bei der Produktion eines wichtigen Vorproduktes in einer ausländischen Beteiligungsgesellschaft muß, so will es die Steuerbehörde des Erzeugerlandes, ein Gewinn ausgewiesen werden. Die Ware gelangt zu Kosten, die bereits diesen Vorgewinn enthalten, in die Inlandsgesellschaft, die dann weitere Veredelungsstufen vornimmt und das Endprodukt an die Kunden verkauft. Das Rechnungswesen der Inlandsgesellschaft setzt, aus seiner Sicht völlig korrekt, das Vorprodukt zu den erhöhten und bereits gewinnenthaltenden Kosten als Rohstoff in die betriebliche Abrechnung ein. Die kundenorientierte Erfolgsrechnung der Inlandsgesellschaft muß zwangsläufig zu schlecht ausfallen. Bei ungeschütztem Zugriff auf diese Daten wird ein Manager folgerichtig das an sich hochprofitable Produkt als Verlustbringer einstufen und es im schlimmsten Fall vom Markt zurückziehen.

Beteiligungs-Gesellschaft Ausland
↓ Verkauf mit Gewinn: 3.0 Mio DM

Beteiligungs-Gesellschaft Inland
↓ Verkauf mit Verlust: -1.0 Mio DM
(Grund: Vorgewinn bei "Rohstoffen")

Kunde

Ergebnis **richtig** (konsolidiert): 2.0 Mio DM

Abb. 13: Probleme bei der Gewinnzuordnung

Im Laufe der Zeit lernt man als Betreiber eines Informationssystems sehr viele solcher Beispiele kennen. Der richtige Weg im obigen Falle wäre eine durchgehende Konsolidierung, aber das ist leichter gesagt als getan. Zweifellos rückt ein Informationssystem diese Zusammenhänge deutlicher ins Bewußtsein als die herkömmliche Berichtsart, bei der man sich, so scheint es manchmal, mit diesen Gegebenheiten abgefunden hat und statt dessen die Daten manuell korrigiert bzw. mit erklärenden Fußnoten versieht.

Brauchbarkeit der Daten

Daher kann die Bewertung der regelmäßig aus den Basissystemen extrahierten Daten durchaus einen Schock bei den Betreibern dieser Vorsysteme auslösen. Irgendwie ahnt man dort die nicht immer optimale Brauchbarkeit der Daten für eine spätere Auswertung. Aber das führt selten zu ernsten Problemen, weil die Assistenten und Controller der Bereiche, die diese Information nutzen, im Normalfall über ein ausgeprägtes Hintergrundwissen verfügen und entsprechend gegensteuern können. Bei der Berichterstattung in Papierform korrigieren bzw. kommentieren sie die unplausiblen Sachverhalte.

Zur Ehrenrettung derartiger Vorsysteme sei angemerkt, daß bei deren Aufbau ganz andere Zielsetzungen galten. Heute verlangt man dem System Leistungen ab, für die es niemals vorgesehen war und um die es dann mehr schlecht als recht aufgestockt wurde. So entstand eine völlig überzogene Erwartungshaltung, die dem Ruf des Systems schadet und die Betreiber um eine gerechte Würdigung ihrer Arbeit bringt.

Bis vor kurzem waren manche Spitzenmanager nicht bereit, diese Sachlage zu akzeptieren. Sie gingen von aussagekräftigen Datenbeständen aus und realisierten dabei nicht die Arbeit vieler Controller im Unternehmen, die sich fast ausschließlich mit dieser Art der Datenkorrektur beschäftigen.

Praxisbeispiel

Die folgenden Beispiele der Probleme eines Planungssystems zeigen die Brisanz der Thematik auf. Die **fett** gedruckten Punkte bereiten dabei besondere Schwierigkeiten.

- Konsolidierungsregeln:
  - Kostenarten:
    - Umsatzerlöse enthalten keine Provisionen
    - Indent-Umsatzwert beinhaltet nur provisionspflichtige Umsätze
    - Ergebnis vor und nach Steuern nur pro Gesellschaft
    - **Ergebnis und Kosten zwischen Konzerngesellschaften werden nicht konsolidiert**
  - Sitz/Verbleib:
    - Ergebnis bei „Ist" und „Vorjahr" nur Sitzzahlen

- **Plan- und Erwartung nur Sitzzahlen**
- Historie nur Sitzzahlen
- Registerzuordnung:
  - Sektoren, Geschäftsbereiche (GB), Geschäftsfelder (GF):
    - Abgrenzungen in Sektor „Abrechnung" mit fiktiven GBs
    - in kleinen Beteiligungsgesellschaften nicht immer 100 %ige GB-Zuordnung
    - einer der GBs hat inoffizielle GFs
    - **einige Gesellschaften berichten im Sammel-GF statt richtigerweise pro GF**
  - Regionen, Gesellschaften:
    - Regionendefinition der GBs nicht immer offiziell
    - Ein GB definiert den Gesellschaftskreis anders
    - Ein GB und eine Gesellschaft werden nur anteilig berücksichtigt
- Inhalte:
  - Vorjahresdaten:
    - keine Bereinigung Historie bei Aufnahme B-Kreis-Gesellschaften in A-Kreis
    - kein „Umhängen" bei Strukturänderungen (GB/GF, Fusion, Kauf, Verkauf)
  - Aktuelle Daten:
    - monatliche Ergebniszahlen werden geschätzt, Differenz zu Quartalsdarstellung im jeweils letzten Quartalsmonat, teilweise aber auch unter „Anpassung" verbucht
    - keine Korrektur der Umsatzdifferenzen zur Quartalsdarstellung
  - Plan und Erwartung:
    - fehlende Monats-Planzahlen werden aus der Quartalsplanung gedrittelt

3.3.2 Ergänzungen, Korrekturen

3.3.2.1 Informationstreppe

Der Ablauf der Datenbeschaffung für ein Planungssystem läßt sich am besten anhand einer sog. Informationstreppe beschreiben. Quelle aller (Ist)-Daten sind die Logistik-Systeme der einzelnen Konzerngesellschaften (Legal Entities). Die dortigen Ergebnisrechnungen werten die Daten monatlich aus und übersenden einen Datenextrakt in die Zentrale, in der die Daten zusammengefaßt und konsolidiert werden.

3 Data Warehouse

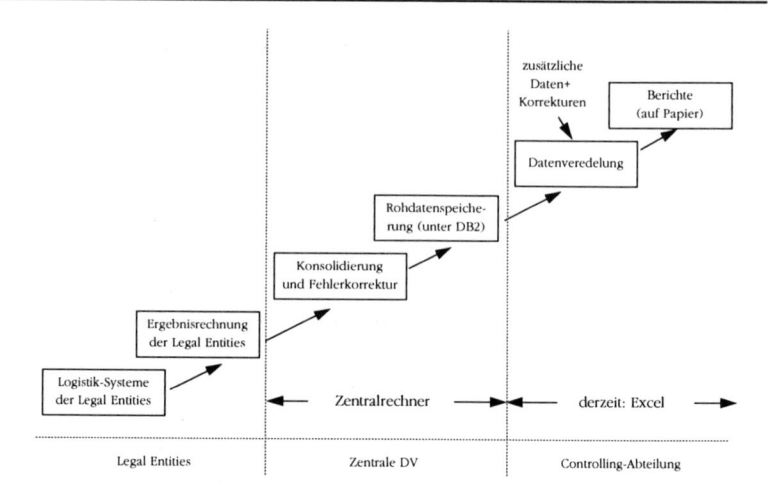

Abb. 14: Informationstreppe

Wechselnde Verantwortung

Das Ergebnis steht dann auf dem Zentralrechner allen Zugriffsberechtigten in Form relationaler Tabellen zur Verfügung („Rohdatenspeicherung"). Anschließend findet oftmals eine Nachbearbeitung („Veredlung") einzelner Daten statt, meist dezentral im Unternehmenscontrolling oder in den Unternehmensbereichsstäben. Die geänderten Daten lassen sich naturgemäß nicht in das zentrale System zurückschreiben. Eine einheitliche Datei unter Berücksichtigung aller geänderten Werte liegt demnach nicht vor. Die Folge sind divergierende Datenbestände, teils zentral und teils dezentral, aus denen heraus Ergebnisberichte für die Konzernleitung erstellt werden.

3.3.2.2 DV-Werkzeuge

Datenveredlung

Verständlicherweise benutzen die Controlling-Fachabteilungen zur Datenkorrektur („Datenveredlung") die DV-Werkzeuge, die sie beherrschen, und das sind in der Regel keine Großrechner-Datenbanken. Die Folgen eines solchen Medienbruches sind fatal: Die Berichterstattung, meist auf Spreadsheets basierend, hat nicht selten andere Inhalte als die zugrundeliegenden zentralen Tabellen.

Auf der anderen Seite kennen sich die Mitarbeiter der DV-Abteilungen meist nicht mit PC-Rechenblättern aus. Das fehlende gemeinsame Fachwissen hat zur Folge, daß die Verständigung nur noch formalisiert abläuft, nämlich über Lasten- und Pflichtenhefte. Das dauert für die meisten Probleme zu lange.

3.3 Aufarbeitung der Informationen

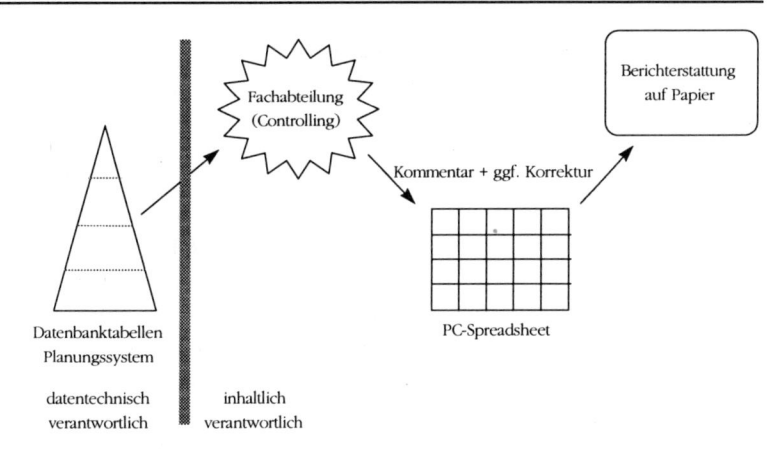

Abb. 15: Medienbrüche bei der Berichterstattung

Mehrdimensionale Datenbanken

Die Situation scheint festgefahren. Ein möglicher Ausweg könnte darin bestehen, auch für Controller handhabbare DV-Werkzeuge einzusetzen, die sowohl dem Datenbank- als auch dem Rechenblatt-Charakter nahekommen. Dabei fällt der Blick zwangsläufig auf die mehrdimensionalen Datenbanken, die sehr komplexe und mächtige mathematische Verarbeitungen erlauben. Leider fehlt den traditionellen DV-Bereichen noch der direkte Bezug zu dieser mehrdimensionalen Technik. Das neuerdings große Interesse der Anbieter relationaler Datenbanken an mehrdimensionalen Lösungen läßt für zukünftige Lösungen hoffen (beste Beispiele: Der Aufkauf der mehrdimensionalen Tools IRI-Express durch den Anbieter der relationalen Datenbank ORACLE bzw. vergleichbar der Aufkauf von MetaCube durch Informix).

3.3.2.3 Datenveredlung

Was veranlaßt nun die Controller, die Daten zu „veredeln"? Es gelingt meist nicht, die Gründe zu schematisieren, weil sie von der jeweiligen Geschäftslage und den aktuellen Fragestellungen des Managements abhängen. Eine „Momentaufnahme" mag einen Eindruck vermitteln:

- Planung auf höheren Verdichtungsstufen
- Darstellung von Planungsalternativen
- Darstellung von Szenarien
- Korrekturen:
  - Korrektur von Fehlern, z. B.:
    - Ergänzungen (Daten zu bestimmtem Zeitpunkt noch nicht vorhanden)

- Fehlbuchungen
- unvollständige Dateneingaben
- nicht ausreichende Konsolidierungen
- keine „Vergleichsrichtigkeit"
• gezielte „Eingriffe", z. B.:
- zeitpunktbezogene Buchungen bei zeitraumbezogenem Sachverhalt (z. B. Gutschrift)
- Fixkosten Produktion (z. B. Urlaubszeiten in Fabrikation, Betriebsstörungen)
- Produktionsverlagerungen
- Beseitigen von Sondereinflüssen
• Kommentare, Fußnoten
• zusätzliche Sortierkriterien (möglicher Grund: geänderte Verantwortlichkeiten)

Zeitdruck der Controlling-Aufgaben

Natürlich können alle diese Probleme an der Datenquelle bzw. auf den unteren Treppenstufen der Informationstreppe (s. o.) bearbeitet werden, aber hier spielt der Faktor Zeit eine entscheidende Rolle. Bis neue Punkte systematisch eingearbeitet sind, kann schon einmal ein Jahr vergehen. Diese Zeit wird aber dem Controller nicht gelassen. Ist das Thema endlich abgearbeitet, sind bereits schon wieder neue Schwierigkeiten aufgetaucht. Die traditionelle Großrechner-DV läuft den aktuellen Problemen praktisch immer hinterher.

3.3.3 Redaktionelle Überarbeitung

Virtuelle Zeitung

Dem Gedanken einer virtuellen Zeitung folgend, sprechen Schlagzeilen zu bestimmten Ereignissen, z. B. zum Monatsergebnis, die Nutzer eines Informationssystem direkter an und vermitteln unbewußt einen höheren Grad an Aktualität. Bei Aufruf einer Überschriftszeile kann dann die entsprechende Detaildarstellung erscheinen.

Außerdem wäre es sinnvoll, standardmäßig eine Berichterstattung mit viel Kommentierung anzubieten. Die redaktionellen Tätigkeiten fallen in das Aufgabengebiet der zuständigen Fachabteilung. Kommentare sind genauso Bestandteil des Data Warehouses wie reine Zahlen. Allerdings reicht die herkömmliche Datenbanktechnik vermutlich hier nicht ganz aus. Sie ist um Internet-Techniken, allen voran HTML, zu ergänzen.

3.4 Business Information Shop

3.4.1 Architektur

inSight®: verschiedene Datenquellen einbindbar

In vielen Unternehmen ist heute ein Großteil der Unternehmensinformationen in relationalen Datenbanken gespeichert. Das MIS-Programm inSight® ermöglicht einen direkten Zugriff auf die Daten über die ODBC-Schnittstelle. Außerdem kann es auf die Berichte des SAP®-EIS zugreifen (siehe Seite 55). Weiterhin besteht die Möglichkeit, Dokumente im HTML-Format, die auf Internet- bzw. Intranet-Servern abgelegt sind, innerhalb der inSight®-Oberfläche anzuzeigen, wobei die URLs (die Adressen, unter denen die HTML-Dokumente gespeichert sind), auch aus relationalen Datenbanken stammen können (siehe Seite 91).

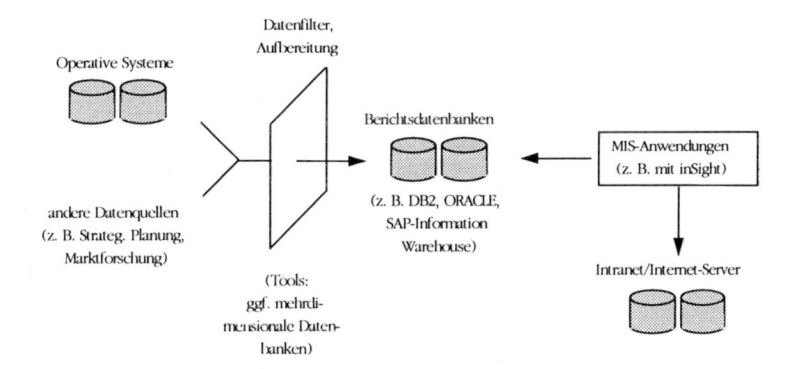

Abb. 16: Business Information Architecture

Datenfilter

Üblicherweise durchlaufen die Daten aus den Datenquellen, d. h. den operativen Systemen und den externen Quellen, einen Datenfilter, in dem vielfältige Aufgaben realisiert werden können. Bisher lag hier das Schwergewicht auf einem Filter, der nach festen Regeln die Daten aufbereitet. In jüngster Zeit wird aber von Seiten der Anwender der Wunsch nach einem zusätzlichen Filter, der ohne feste Regeln nach den jeweiligen Erfordernissen ausgerichtet werden kann, immer lauter. Als am besten geeignete Werkzeuge für diese Art des individuellen Filters empfehlen sich derzeit die multidimensionalen Datenbanken.

3.4.2 Organisation

Kann der Begriff „Data Warehouse" die Aufgabenstellung einer Informationsversorgung umfassend beschreiben? Die Nutzer eines Informationssystems sollen und können nicht aus dem Warehouse Informationen einfach „abholen". Bleibt man bei dem Vergleich, so gibt es keine „Selbstbedienung", sondern der Teilnehmer gibt über die Anwendung eine „Bestellung" auf. Der Zugriff erfolgt dabei in klaren, vordefinierten Bahnen. Der Anwender hat also niemals direkten Kontakt zu den Tabellen des Data Warehouses, ja er weiß im Normalfall noch nicht einmal von dessen Existenz.

Business Information Shop

Gerechter wird der Situation der Begriff des „Business Information Shops". Der Einkaufszettel ist die Anwendung, die dann die entsprechenden Daten „aus dem Lager" holt.

Nach dieser Begriffsbestimmung ist das Data Warehouse ein Teil des Business Information Shops.

Der Business Information Shop wird nach folgenden Grundregeln „geführt":

- Der Business Information Shop ist nicht zwingend auch eine organisatorische Einheit. Die einzelnen Funktionalitäten können durchaus in verschiedenen Bereichen angesiedelt sein. Vorzugsweise sollten diese Bereiche auch die entsprechende Angebotsübersicht im Business Information Shop betreuen.
- Daten und kürzere Texte werden in relationalen Datenbanken, längere, strukturierte Texte im HTML-Format (der populären Sprache des Internet/Intranet) abgelegt.
- Die MIS-Anwendungen rufen die Informationen ausschließlich aus separaten Berichtstabellen ab. In keinem Fall wird auf operative Systeme zugegriffen.
- Der Informationsabruf erfolgt ausschließlich über die MIS-Anwendungen, d. h. niemals durch direkten SQL-Zugriff auf die Datentabellen. Es sind keine Query-Tools zugelassen.
- Der Betreiber des Business Information Shops ist der Eigentümer („Owner") der Datentabellen. So lassen sich Zugriffsrechte einfacher verwalten.
- Die MIS-Anwendungen des Business Information Shops werden hinsichtlich der Performance optimiert. Das bedeutet, daß ggf. zusätzliche Tabellen aufgebaut werden (= gezielte Redundanz).

Information als „Ware"

- Bisher wurde die Bezahlung der Informationen ausgeklammert. Von seiten der Technik sind Vorbereitungen zu treffen, zu einem späteren Zeitpunkt eine Informationsabrechnung nachrüsten zu können.

Zum Business Information Shop zählen alle Komponenten von der Rohdatenerfassung bis zur Bereitstellung der Anwendungsmodule. Die Rohdaten sind dabei häufig definierte Abzüge aus operativen oder betriebswirtschaftlichen Systemen. Die Anwendungsmodule werden mit inSight® erstellt.

Produktion		
Rohdaten-Beschaffung und Kontrolle (Data Capture)	Rohdaten-Aufbereitung (Information Factory)	Informationsbereitstellung und -verteilung (Information Storage and Distribution)

Marketing und Vertrieb		
Informationskatalog	Technische Hilfestellung	Individuelle Einstellungen, Abrechnung

Entwicklung		
Akquirieren neuer Informationen	Optimieren des Business Information Shop	Erstellen von Anwendungsmodulen

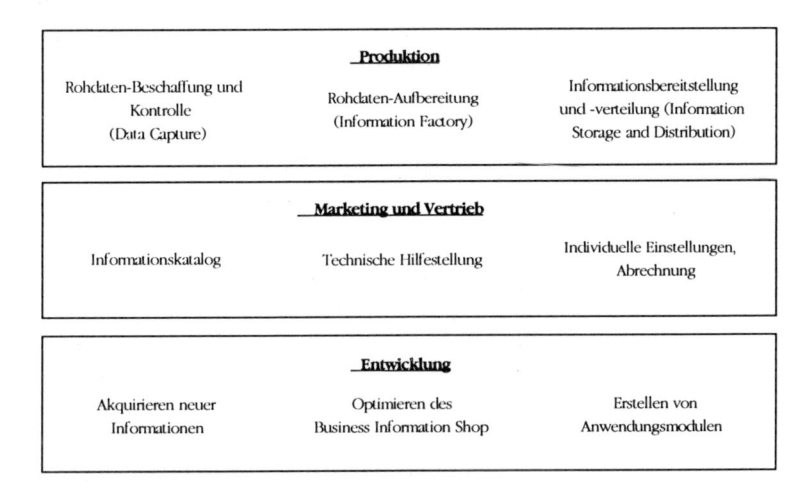

Abb. 17: Komponenten des Business Information Shop

3.4.3 Business Information Shop: Produktion

3.4.3.1 Rohdatenbeschaffung und Kontrolle

Termindatei

Dieser Aufgabenbereich stellt sicher, daß die sog. Rohdaten pünktlich, vollständig und in der erwarteten Struktur bereitgestellt werden. Es ist anzustreben, alle Daten automatisch zu übernehmen. Dazu muß eine Termindatei geführt werden, die die Solltermine enthält und in die die datenliefernden Bereiche Lieferdatum und -zeit schreiben. Über einen automatischen Soll-Ist-Vergleich mit Alarmierung kann ein „Meßwarten-Programm" realisiert werden. Es sind Prüfroutinen zu erstellen, die die Daten auf Vollständigkeit kontrollieren.

Leider werden Änderungen an den Basisdaten nicht immer mitgeteilt (siehe auch Seite 29). Die Modifikationen können vielfältiger Natur sein, z. B. Änderung von Spaltennamen, neue Felder, „Platzhalter" für neue, noch nicht berichtende Geschäftsbereiche, andere Zusammenfassungen von Ergebnispositionen usw. Optimal wäre eine diesbezügliche, möglichst programmgestützte Informationspflicht der abgebenden Bereiche. Bis dies umgesetzt ist, gilt es, Programme zu entwickeln, die die Plausibilitäten überprüfen.

3 Data Warehouse

Manuelle Eingaben Einige Informationen werden von zuliefernden Bereichen in eigener Regie manuell in die Datenbank eingestellt oder dort verändert. Das gilt in erster Linie für Nachrichten und Kommentare, aber auch für Informationen über Märkte und Länder. Der Business Information Shop hilft hier mit der Bereitstellung komfortabler Eingabetools.

3.4.3.2 Rohdaten-Aufbereitung

Für die Aufbereitung, die die Daten zu Informationen machen soll, müssen weitere Plausibilitätsprogramme eingebaut werden, die auf „inhaltliche Ausreißer" prüfen.

Vergleichsrichtigkeit In der heutigen Berichterstattung kontrollieren und korrigieren Controller die Werte, die zwar buchhalterisch richtig sind, den betriebswirtschaftlichen Zusammenhang aber verzerrt darstellen. Das kann z. B. bei nicht vergleichbaren Historiedaten auftreten. Hier wäre es eine gute Strategie, zusätzlich zu den Originaldaten einen zweiten Datensatz mit „vergleichsrichtigen" Daten zu erstellen, auf die dann die MIS-Anwendungen zugreifen. Im Bereich der Aufbereitung, der recht komplex ist und deren Bedeutung oft nur schwer verständlich gemacht werden kann, liegen die größten Risiken für einen erfolgreichen Business Information Shop. Die oft konkurrierende Berichterstattung zu Papier zeigt nämlich die korrigierten Daten. Bisher liegen lediglich Erfahrungen mit Programmen vor, die nach festen Regeln die Daten aufbereiten. Leistungsfähige Softwarewerkzeuge, mit denen man ad hoc ändern kann und die dabei so einfach zu bedienen sind, daß auch Controller mit ihnen umgehen können, sind dagegen kaum bekannt (siehe auch Seite 34).

Gezielte Redundanz Nicht immer sind die Tabellenstrukturen für einen optimalen und schnellen Zugriff durch die MIS-Anwendungen geeignet. Deshalb werden bei Bedarf zusätzliche Tabellen erzeugt und darin die Daten gezielt redundant abgelegt. Auch kann es vorteilhaft sein, spezielle Berechnungen wie Summen, Abweichungen, Regressionen, besondere Konsolidierungen usw. an dieser Stelle vorzunehmen, um einerseits den Client-PC zu entlasten und andererseits häufig benötigte Auswertungen datenbankseitig bereitzuhalten.

Fehlende Tools für Informationsfreigabe Am Ende der Aufbereitung erfolgt eine Endkontrolle mit expliziter Freigabeprozedur, die bisher nur rudimentär durch Tools gestützt wird.

3.4 Business Information Shop

3.4.3.3 Informationsbereitstellung und -verteilung

Die Daten können zentral verbleiben, aber auch, vollständig oder in Ausschnitten, lokal bereitgestellt werden. Der Punkt umfaßt auch die Verfügbarkeit von Datenausschnitten auf portablen PC´s (Notebooks).

3.4.4 Business Information Shop: Marketing und Vertrieb

3.4.4.1 Informationskatalog

Betriebswirtschaftliche Zusammenhänge

Die Informationsinhalte sollten, nach Themen geordnet, in einem Informationskatalog angeboten werden. Der Katalog muß elektronisch verfügbar sein. Sinnvollerweise wird ein derartiger Katalog in zwei Varianten, einmal für Manager und einmal für Controller/Sachbearbeiter, erstellt. Letzterer enthält deutlich mehr Detail- und Quellinformationen. Dafür zielt der Managerkatalog mehr auf die betriebswirtschaftlichen Zusammenhänge. Es empfielt sich, ein eindeutiges, betriebswirtschaftlich ausgerichtetes Begriffsregister zu hinterlegen.

Handbuch und Online-Hilfe

Handbuch und/oder Online-Hilfe sind ebenfalls ein fester Bestandteil des Business Information Shop.

3.4.4.2 Technische Hilfestellung

Der Business Information Shop ist für die technischen Belange auf der Client-Seite mitverantwortlich. Dazu gehören das Installieren und Verteilen der Anwendungs- und Kommunikationsprogramme sowie das Verteilen der Anwendungsmodule. Das kann nur über ein strenges Versionsmanagement sowohl für das Programm als auch für die Anwendung erfolgen. Dabei ist ein stets aktuelles MIS-Teilnehmerverzeichnis natürlich Grundvoraussetzung.

Help-Line

Eine Help-Line steht auch nach den Bürozeiten beratend zur Verfügung. Sie sollte nicht nur bei technischen, sondern auch bei inhaltlichen Fragestellungen helfen können. Bis die vielen unterschiedlichen Komponenten wirklich störungsfrei zusammenarbeiten, ist es notwendig, alle technischen Probleme in einer Störungsdatei zu sammeln und regelmäßig auszuwerten.

3.4.3.3 Individuelle Einstellungen, Abrechnung

Der Business Information Shop lebt von individuellen, auf den Anwender zugeschnittenen Informationen. Ihrem Aufgabenbereich entsprechend interessieren sich Manager bevorzugt für den

Bereich, den sie verantworten. Hier wollen sie sinnvolle Sortierungen und Zusammenfassungen sehen. Erfahrungsgemäß ändern sich die Verantwortlichkeiten durch interne Umorganisation recht häufig. Der Business Information Shop muß diesem Umstand Rechnung tragen können. Dazu empfielt es sich, individuelle Metadaten zentral zu pflegen und die Anwendung hierauf einzugerichten.

Individueller Service Der individuelle Service berücksichtigt darüber hinaus die folgenden Punkte:

- Zugriffsrechte
- Mehrsprachigkeit
- lokale Datenverfügbarkeit
- Workflow-Komponenten
- gezielter Informationshinweis
- persönliche Einstellungen
- spezielle Sichten, Sortierungen, Berichte
- Kostenabrechnung

3.4.5 Business Information Shop: Entwicklung

3.4.5.1 Akquirieren neuer Informationen

Eine sehr zeitaufwendige Tätigkeit des Business Information Shops ist das Beschaffen neuer Informationen. Drei Vorgehensweisen sind denkbar:

- Handeln im Auftrag des Kunden
- Vermitteln im Auftrag des Kunden
- Beschaffen aus Eigeninitiative

Im ersten und dritten Fall müssen Informationsmodule (siehe Seite 68) erstellt und Dateien angelegt werden. Im zweiten Fall wird diese Aufgabe einem anderen DV-Bereich übertragen.

Das Anlegen von Tabellen, Vergeben von Alias-Bezeichnungen (siehe Seite 57) sowie die Pflege einer verbindlichen Kommunikationsdatei erfolgt dabei nach festen Regeln.

3.4.5.2 Optimieren des Business Information Shop

„Road Map" Der Business Information Shop muß ständig auf Verbesserungsmöglichkeiten hin überprüft werden. In diesen Bereich fällt die sog. „Road Map", die einen Zusammenhang zwischen Themen und den Tabellen aufzeigt.

Auch die Technik, d. h. die Auswahl der Tools, untersteht einer ständigen Prüfung. Das gilt nicht nur für die Tools zur Verwaltung des Business Information Shops, sondern auch für die Programme und Kommunikationsprodukte auf der Client-Seite. Die „Standardkonfigurationen" müssen soweit optimiert werden, daß sie fehlerfrei laufen und problemlos installiert werden können.

3.4.5.3 Erstellen von Anwendungsmodulen

Styleguide

Nicht zuletzt besteht die Aufgabe, geeignete Anwendungsmodule zu erstellen. Um ein einheitliches Erscheinungsbild zu gewährleisten und die Pflegbarkeit der Module zu erhöhen, werden Styleguides (siehe Seite 106) sowohl für das optische Erscheinungsbild als auch für die Programmierung benötigt.

Die Freigabe der Module bzw. neuer Modulversionen kann erst nach einer intensiven Diskussion aller MIS-Modulentwickler und angemessenen Tests erfolgen. Transparenz und möglichst einfache Lösungsansätze sind höher anzusetzen als noch so effektive, aber komplexe und „akrobatisch" anmutende Programmierroutinen. Eine begleitende Dokumentation ist hierbei unverzichtbar.

3.5 Open Information Warehouse der SAP

3.5.1 Konzeption

Open Information Warehouse der SAP

Das Open Information Warehouse (OIW) kombiniert das SAP®-EIS mit anderen Informationssystemen der SAP, z. B. mit dem Logistikinformationssystem, dem Finanzinformationssystem und dem Personalinformationssystem. Innerhalb des OIW sind Durchgriffe aus dem EIS heraus auf operative, detaillierte Daten (z.B. Logistik, Finanzen, Personal) möglich. Es ist insofern ein integriertes Anwendungskonzept, das operative und strategische Informationssysteme so verknüpft, daß Informationen und kritische Erfolgsfaktoren eines Unternehmens zur richtigen Zeit am richtigen Ort der richtigen Person zur Verfügung gestellt werden können.

Überwachung kritischer Erfolgsfaktoren

Das SAP Open Information Warehouse stellt entscheidungsunterstützende Informationen zur Überwachung kritischer Erfolgsfaktoren für unterschiedliche Typen von Anwendern bereit:

3 Data Warehouse

- Auf der Fachbereichsebene werden detaillierte Informationen für unterschiedliche fachliche Sichten, z. B. Logistik, Rechnungswesen, Personalwesen oder für Anwendungsbereiche, die nicht durch SAP abgedeckt werden, in den entsprechenden Informationsdatenbanken abgelegt.
- Auf der oberen Ebene läßt sich mit Hilfe des Führungsinformationssystems SAP®-EIS die Gesamtunternehmenssicht (auch konzernweit) abbilden. Im Gegensatz zu den fachbezogenen Infosystemen wird hier nicht die thematische Sicht abgebildet. Statt dessen verknüpft das Führungsinformationssystem Daten aus den vorgelagerten Systemen sowie externe Daten funktionsübergreifend miteinander. Damit lassen sich aus der Perspektive der Geschäftsleitung die kritischen Erfolgsfaktoren überwachen.

Freie Navigation

Innerhalb eines Open Information Warehouse kann der Anwender frei navigieren. Beispielsweise ist es möglich, aus einer EIS-Recherche auf das Logistiksystem (LIS) oder das Finanzinformationssystem (FIS) zuzugreifen.

Zum Füllen der Infodatenbank stehen automatische Verfahren zur Verfügung:

- Die Datenversorgung der fachbezogenen Informationssysteme erfolgt über ALE (Application Link Enabling) zur Echtzeit aus den Transaktionen der operativen Systeme (SAP® R/3, SAP® R/2, nicht-SAP). Dies ermöglicht eine sofortige Auskunftsfähigkeit im Tagesgeschäft (Push-Verfahren).
- Das Füllen des Führungsinformationssystems erfolgt über die Mittel der EIS-Datenbeschaffung, die auf die speziellen Anforderungen eines Führungsinformationssystems eingeht. Hier geht es vor allem darum, auch bei einer automatischen Datenbeschaffung aus verschiedenen heterogenen Anwendungen und Systemen die Vergleichbarkeit dieser Daten sicherzustellen. Die Datenversorgung muß sich, der Sicht des SAP®-EIS entsprechend, nach den organisatorischen Rahmenbedingungen steuern lassen. Diese Art der Datenanlieferung erfolgt deshalb mit periodisch automatisiertem Copymanagement (Pull-Verfahren).

Business Intelligence

Mit inSight® gelingt der Zugriff direkt auf die Objekte des SAP®-EIS per RFC (Remote Function Call). Anders als Softwarewerkzeuge, die auf einer tiefen Ebene nur die Grunddaten im Open Information Warehouse erreichen, nutzt inSight® direkt die „Business Intelligence" der SAP Analysetools. So werden bei einer

Navigation im mehrdimensionalen EIS-Datenbestand auch die Rechenalgorithmen (Aggregation, Deaggregation, Währungsumrechnung, Kennzahlumrechnung usw.) genutzt.

3.5.2 Wertung

Es bleibt zu wünschen, daß SAP-Kunden dieses weitreichende Konzept erfolgreich umsetzen können. Im Unterschied zu anderen Softwarehäusern mit Data Warehouse-Lösungen findet man hier einen wirklich integrierten Ansatz, sofern man SAP-Standardsoftware einsetzt. Man wird davon ausgehen können, daß sich SAP zu einer der führenden Kräfte im Data Warehouse-Markt entwickelt.

3.6 SAP®-EIS

SAP®-EIS ist mehr ein Controller-Werkzeug

SAP siedelt sein Führungsinstrument EIS (Executive Information System) im Bereich Unternehmenscontrolling an. Insgesamt umfaßt letzteres die Komponenten PCA (Profitcenterabrechnung), EIS und ab der Version 4.0 CA (Consolidation). Es läßt sich nur schwer beurteilen, ob das eine sinnvolle Zuordnung ist. Zwangsläufig tritt so die Controller-Sicht in den Vordergrund, die möglicherweise nicht alle unternehmensweiten Perspektiven erfaßt. Denn die meist zentralen Controlling-Abteilungen leben in einem Unternehmen nicht im luftleeren Raum, sondern stehen nicht selten in Konkurrenz zu anderen Bereichen wie Bilanzen, Finanzen und den Stäben der Unternehmensbereiche, so daß sie sich oft nur einem eingegrenzten Aufgabensegment widmen dürfen.

Man hat auch derzeit nicht unbedingt den Eindruck, daß SAP ihrem EIS eine strategisch bedeutsame Rolle zumißt. Die für ein Informationssystem gewöhnungsbedürftige Oberfläche (SAP-GUI) trägt nicht gerade dazu bei, eine breite Anwenderschicht anzusprechen. Dies hat man bei SAP offenbar erkannt und unterstützt deshalb das Fremdprodukt inSight® (siehe auch Seiten 47 und 54) als attraktive Alternative zur Präsentation der Daten. Eine Schnittstelle ermöglicht online den Zugriff auf ein SAP® R/3-System. Anschließend stehen die Elemente der einzelnen Rechercheberichte in inSight® zur Verfügung. Die inSight®-Oberfläche ist dabei über RFC (Remote Function Call) mit SAP® R/3 verbunden.

Integrationsmöglichkeiten

SAP®-EIS kann unternehmensindividuell Datenpools anlegen, die Informationen aus den verschiedensten Bereichen des Unternehmens und seiner Umwelt sammeln. Als besondere Stärke

45

3 Data Warehouse

wertet SAP die Integrationsmöglichkeit mit den verschiedenen partiellen SAP-Informationssystemen (Finanzinformationssystem, Personalinformationssystem, Logistikinformationssystem, Kostenrechnung usw.), sowie die Versorgung mit externen Daten.

Die oftmals sehr heterogen strukturierten Ausgangsdaten gliedert das SAP®-EIS in betriebswirtschaftlich abgeschlossene Datenbereiche (Aspekte). Pro Aspekt lassen sich Berichte erstellen, um diese Daten auszuwerten. Dabei bietet SAP neben einer „ad hoc Auswertung" auch die Möglichkeit, formalisierte Berichte sowie individuelle Berichtshefte zu erstellen. Mit Hilfe einer View-Technik lassen sich auch die Inhalte unterschiedlicher Aspekte in einem Bericht zusammenstellen.

inSight® als Frontend für SAP®-EIS

Dieses Buch geht nicht weiter auf SAP-GUI ein, weil sich in Sight® für das hier vorgestellte Informationskonzept besser eignet. Die Inhalte der beiden Lösungen sind identisch, da inSight® und SAP-GUI auf die gleiche Datenquelle zugreifen. Genau in dieser Kombination, Informationsversorgung mit SAP®-EIS, Präsentation mit inSight®, liegt die Stärke dieser richtungsweisenden Konzeption.

Die von arcplan erhältliche inSight®-Version gestattet den gleichzeitigen Zugriff auf SAP®-EIS und relationale Datenbanken, mit dem unschätzbaren Vorteil, Informationen aus beiden Welten auf einer Bildschirmseite nebeneinander darstellen und beliebig kombinieren zu können.

3.7 Business Information Warehouse der SAP

SAP plant, seine verschiedenen Berichts- und Auswertungsstrategien (Open Information Warehouse, SAP®-EIS) unter dem neuen Dach des Business Information Warehouses zu vereinheitlichen. Das Konzept bedeutet einen großen „Schritt nach vorn", allerdings werden derzeit noch keine entsprechenden Produkte angeboten.

4 inSight® für SAP®-EIS von arcplan

4.1 Grundgedanke

Viele herstellereigene Frontends

Viele Hersteller von Datenhaltungssoftware für Informationssysteme, besonders die Anbieter mehrdimensionaler Varianten, vertreiben eigene Anwendungsprogramme (Frontend), die oftmals nur mit dem jeweiligen Basisprodukt zusammenarbeiten. Sie sind somit herstellerabhängig (proprietär). Als typisches Beispiel mag hier die Grafische Benutzerschnittstelle (GUI) des SAP®-EIS dienen, das unter SAP® R/3 läuft und sich somit nur mit den „hauseigenen" Produkten verträgt. Daraus ergeben sich für den Anwender zwei nicht zu unterschätzende Probleme. Zum einen weisen die proprietären Endbenutzer-Tools meist eine unterschiedliche Qualität auf, wobei in der Regel der Eindruck entsteht, daß die Controller und nicht die Manager eines Unternehmens die Zielgruppe stellen. Dementsprechend trifft man oft auf sehr gewöhnungsbedürftige Oberflächen und Benutzerführungen. Zum anderen bindet einen das Frontend an die herstellerspezifische Datenhaltung. Ein Mischen mit anderen Informationen stellt ein kaum lösbares Problem dar. Man ist gezwungen, ein zweites oder drittes System mit jeweils unterschiedlicher Benutzerführung auf einem Managerarbeitsplatz zu installieren; ein nur schwer vorzustellender Gedanke.

Auch MS Excel® kann hier keine befriedigende Lösung bieten. Zwar kennen es die meisten Controller, so daß sie recht schnell mit entsprechenden Anwendungen zurechtkommen und in gewohnter Weise die angebotenen Daten auf dem PC weiterbearbeiten können. Ein Informationssystem, das sich an Endanwender ohne MS Excel®-Vorkenntnisse richtet, läßt sich auf dieser Basis allerdings kaum erstellen.

Leider sprechen auch die bekannten SQL-Abfragewerkzeuge (Query-Tools), die zumindest mit der großen Familie der relationalen Datenbanken problemlos zusammenarbeiten, eher den Controller als den Manager an. Das gilt auch für die Produkte, die zwischen den Tabellen und der Anwendung eine virtuelle Ebene einziehen, in der die schwer lesbaren Strukturen relationaler Datenbanken in eine leichter verständliche Form mit den im Geschäftsleben gebräuchlichen Begriffen umgesetzt werden.

Neuartiger Ansatz

inSight® der Düsseldorfer Firma arcplan geht einen anderen Weg. Dort versteht man sich als Oberflächenspezialist, dessen Produkt sich auch bewußt an Manager wendet. Dabei setzt man einen Anwendungsentwickler voraus, der schlüsselfertige Applikationen erstellt. Die hohe Flexibilität des auf Windows- und APPLE Macintosh-Rechnern einsetzbaren Programmes ermöglicht den Aufbau sehr variabler Anwendungen, die auch komplexe Sachverhalte einfach erscheinen lassen. Trotzdem fühlt sich der Nutzer nicht „eingeengt". Im Gegenteil, die Praxis hat gezeigt, daß eher zu viele Variationsmöglichkeiten angeboten werden.

Dabei bleibt eine Anwendung mit inSight® einfach erstellbar, und, noch wichtiger, auch einfach veränderbar. Denn ein Informationssystem für Manager lebt von seiner flexiblen Anpassung an neue Wünsche und veränderte Zustände. Diesem Grundsatz muß ein erfolgreiches Produkt Rechnung tragen.

Als „Frontend-Spezialist" verfügt inSight® nur über eine kleine interne Datenbank. Man bedient bevorzugt Schnittstellen zu datenhaltenden Systemen. Neben zwei direkten und einer allgemeinen Anbindung über ODBC an relationale Datenbanken kann auch die Verbindung zu den Berichten des SAP®-EIS hergestellt werden.

Objektorientierung

inSight® ist objektorientiert aufgebaut. Die Palette reicht vom Einzelfeld über Spalten, Zeilen, Tabellen, Options- und Auswahlfeldern bis hin zu Texten, Bildern und Grafiken. Als spezielle Objekte stehen OLE und HTML-Browser zur Verfügung. Die Objekte lassen sich auf einem Arbeitsblatt plazieren, das als Datei abgelegt werden kann. Die Möglichkeit, aus einer Anwendung auch andere inSight®-Arbeitsblätter aufzurufen, gestattet die Entwicklung komplexer und sehr umfangreicher Anwendungen.

Man kann die Objekte in Bibliotheken verwalten, wobei ihre Eigenschaften, Inhalte und Plazierungen ganz oder teilweise „vererbt" werden können. Ähnlich verhalten sich Layout-Vorlagen, die nach gleichen Schemata verschiedene Objekte zusammenfassen (siehe auch Seite 158).

Keine Programmiersprache

Eine Programmiersprache im herkömmlichen Sinn wird nicht geboten. Statt dessen steht eine Vielzahl an Funktionen zur Verfügung, die an verschiedene Ereignisse gekoppelt werden können. Die Funktionen werden z. B. beim Drücken eines Schaltknopfs, beim Umschalten eines Menüs, beim Eingeben neuer

4.1 Grundgedanke

Werte und ähnlichem wirksam. Es lassen sich auch Timerfunktionen einbinden, die in regelmäßigen Zeitabständen bestimmte Aufgaben starten. Sogar die einzelnen Zellen einer Tabelle sind hierbei direkt und auch indirekt adressierbar, wodurch sich recht leicht sehr effektive Konstruktionen aufbauen lassen. Als nützlich erweist sich auch die Möglichkeit, Objekte unsichtbar zu machen. Das gestattet unterschiedliche Layouts auf einem einzigen Anwendungsblatt, die dann mit direkter oder indirekter Steuerung wechselweise dargestellt werden können.

Automatisch erzeugte Abfragesyntax

Das Kernstück bildet jedoch die Zugriffsmöglichkeit zu den eigentlichen Datenquellen, die in einem separaten Datenbankfenster dem Anwendungsentwickler zur Bearbeitung angeboten werden. Die Felder der dort dargestellten Tabellen lassen sich in die inSight®-Objekte einbinden. Sie bieten die Möglichkeit, über den eingebauten Abfragegenerator automatisch erzeugte Queries für SQL-Datenbanken oder für SAP®-EIS zu generieren. Der Anwendungsentwickler hat dabei keinen direkten Einfluß auf die erzeugte Abfrage, ja er braucht noch nicht einmal die SQL-Sprache zu beherrschen, um eine anspruchsvolle Anwendung auf einer relationalen Datenbank zu erstellen.

Interne Datenbank

Die interne, im RAM des Rechners aufgebaute und mit gleicher Logik ansprechbare Datenbank gestattet, Performance-Optimierungen durchzuführen. Es ist in vielen Fällen sinnvoll, die Zugriffshäufigkeit auf den Datenserver zu reduzieren und Daten, zwischen denen mehrfach umgeschaltet wird, für die Dauer der Sitzung lokal vorzuhalten. Dabei kann die Anwendung auch dafür sorgen, daß diese Daten auf die Festplatte geschrieben werden, um dann über diese Informationen ohne Anbindung an den Server verfügen zu können (mobile Computing, siehe Seite 57).

Eine Reihe von Verwaltungs- und Dokumentationsfunktionen runden das Tool ab. Erwähnenswert sind noch die drei Hilfsebenen pro inSight®-Arbeitsblatt, auf denen sich, für den Endanwender unzugänglich, notwendige Hilfsobjekte ablegen lassen (siehe Beispiel Seite 159).

Raum für Kreativität

Es ist bezeichnend, daß die Entwicklung mit inSight® Spaß bereitet. Es bleibt genügend Raum für Kreativität, wobei man allerdings anläßlich der vielfältigen Möglichkeiten auch eine gewisse Zurückhaltung üben muß.

Die folgende Beschreibung der inSight®-Elemente soll kein Handbuch ersetzen. Sie erhebt daher keinen Anspruch auf Vollständigkeit. Vielmehr soll aus der Sicht einer mehrjährigen praktischen Erfahrung über den Nutzen und die Notwendigkeit der verschiedenen Optionen berichtet werden.

4.2 Objektarten

4.2.1 Übersicht Objekttypen

14 Objekttypen

Beim Start des Programmes erscheint ein leeres Arbeitsblatt. Dieses bietet den Rahmen für den Aufbau der inSight®-Anwendung. Im Unterschied zu MS Word® oder MS Excel® lassen sich, mit Ausnahme von Hintergrundfarben und -mustern, keine Informationen direkt auf der Arbeitsseite ablegen. Dies bleibt 14 Objekttypen überlassen, die u. a. Beschriftungen und Formeln aufnehmen bzw. Datenbankinhalte und Ergebnisse anzeigen. Neben den vier Objekten Einzelfeld, Zeile, Spalte und Tabelle, die strukturierte Informationen handhaben, dienen fünf weitere Objekte hauptsächlich der Auswahl von Begriffen und der Steuerung einer Anwendung. Zu dieser Gruppe zählen Menü-, Options-, Kontroll-, Schalt- und Tastenfelder. Dabei verschwimmen die Unterschiede zu den vier erstgenannten Objekten, weil sich auch mit ihnen Steuerfunktionen ausführen lassen. Die letzten fünf Objekte können die komplexeren Strukturen wie formatierten Text, Bild, Grafik, OLE und HTML aufnehmen.

Wie auch bei anderen Windows-Programmen üblich, kann man die Größe der Objekte und ihre Positionierung auf dem Arbeitsblatt beliebig wählen. Eine Farbpalette sowie weitere optische Gestaltungsmöglichkeiten gehören ebenfalls zum Windows-Standard. Wenn die Inhalte nicht mehr in das inSight®-Objekt passen, erscheinen Rollbalken, außer bei den Typen Bild und OLE, die keine programmgesteuerte Wahlmöglichkeit zur Anpassung der Objektgröße bieten. Zu lange Texte im Spalten- und Tabellenobjekt werden (leider) abgeschnitten.

Die Objekte besitzen eine Reihe von Eigenschaften, wobei die Möglichkeit, sie programmgesteuert unsichtbar zu machen, besonders hervorsticht.

4.2.2 Objekte für strukturierte Informationen

Tabelle, Zeile, Spalte, Einzelfeld

Zu den Objekten für strukturierte Informationen zählen die eigentliche Tabelle und die aus ihr abgeleiteten Fragmente Zeile, Spalte und Einzelfeld. Sie eignen sich bevorzugt zur Darstellung von Zahlen und kurzen, beschreibenden Texten. Eine typische Kombination besteht aus einer Zeile mit Spaltentiteln, einer Spalte mit Zeilenbeschriftungen und einer Tabelle mit Zahlenwerten, ergänzt ggf. um weitere Spalten und Zeilen mit den jeweiligen Summen. Nur die Objekte, die jeweils am weitesten rechts und am weitesten unten stehen, erhalten Rollbalken. Diese steuern die anderen Objekte synchron. Es empfiehlt sich nur in begründeten Einzelfällen, auf diese automatische Koppelung zu verzichten.

Corporate Identity

Anders als bei MS Excel®, das die Informationen in seinem starren Rechenblattmuster ablegt, erhält man mit inSight® eine erstaunliche gestalterische Freiheit. Es gelingt, die gestalterischen Vorgaben im Sinne einer Corporate Identity zu erfüllen. Mögliche, gelegentlich auch beobachtete Layout-„Auswüchse" lassen sich wirkungsvoll mit Styleguide-Vorgaben abfangen.

Mathematische Operationen, wie z. B. eine Summierung, beziehen sich immer auf das gesamte Objekt, wobei ein Spaltenobjekt die Zeilensummen und ein Zeilenobjekt die Spaltensummen einer zu berechnenden Tabelle ausgibt. Folgerichtig steht in einem Einzelfeld die Gesamtsumme aus Spalten und Zeilen (das Tabellenobjekt enthält weiße Zahlen vor schwarzem Hintergrund). Bei der Änderung einer Zahl im Tabellenobjekt aktualisiert das Programm, vergleichbar zu MS Excel®, alle durch Formeln abhängige Werte.

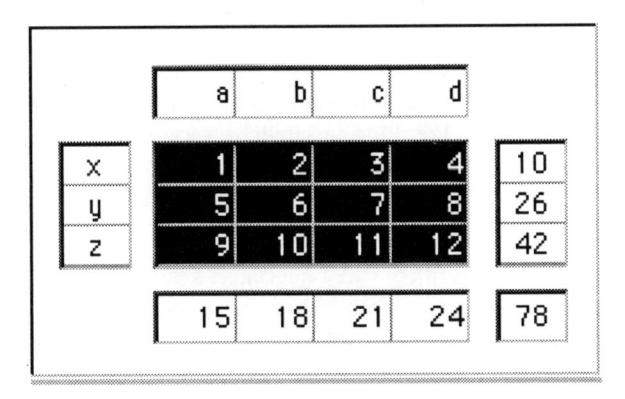

	a	b	c	d	
x	1	2	3	4	10
y	5	6	7	8	26
z	9	10	11	12	42
	15	18	21	24	78

Abb. 18: inSight®-Tabellenobjekte

Direkte und indirekte Adressierung

Die interessanteste Option besteht darin, daß sich jede einzelne Zelle gezielt direkt oder indirekt ansprechen läßt. Aber auch Bereiche sind anwählbar. Einzelne Daten können programmgesteuert eingegeben, abgefragt und die Zellen davon abhängig individuell eingefärbt werden. Die weitgehende Gestaltungsfreiheit erlaubt es auch, auf schwierige, aber oft verständliche Wünsche einzugehen. Beispielsweise sollten in einer Terminliste die Änderungen, getrennt für Datum, Uhrzeit, Ort und Titel, farbig deutlich abgesetzt erscheinen. Über die Änderungsinformationen, die wie die Termindaten in einer zentralen Datenbanktabelle abgelegt waren, ließ sich das mit inSight® recht einfach umsetzen (siehe Beispiel Seite 109). Zur Steuerung eignet sich auch die Nummer einer Spalte oder Zeile, die beim Anklicken mit der Maus erfaßt wird und für die dann folgende Aktion als Steuerungsparameter verwendbar ist.

OLAP-Datentyp geplant

Ein mehrdimensionales Tabellenobjekt fehlt leider noch. Damit ließen sich möglicherweise Navigationen in den OLAP-Datenräumen noch einfacher erstellen. Die Firma arcplan denkt derzeit konkret über einen derartigen Objekttyp nach.

4.2.3 Steuerungsobjekte

Wie bereits beschrieben eignen sich die Tabellenobjekte auch zur Steuerung einer Managementanwendung, aber hierauf spezialisierte Objekte eröffnen zusätzliche Möglichkeiten.

Menü- und Optionsfeld

Menü- und Optionsfeld gestatten, einen Begriff aus einer Reihe anderer auszuwählen, z. B. ein Land aus einer Länderliste. Sie unterscheiden sich nur durch ihre optische Form. Beim Menüfeld wird die Auswahlliste erst beim Anklicken mit der Maus sichtbar. Verfügt man auf dem Bildschirm über genügend Platz, empfiehlt sich das Optionsfeld, das alle Wahlmöglichkeiten ohne Aufklappen zeigt. Ein schwarzer Punkt vor dem Begriff markiert die durch Mausklick getroffene Auswahl (siehe Beispiel Seite 112). Eine zusätzliche Option erlaubt beiden Menüobjekten, alle Ausprägungen gemeinsam auszuwählen und somit auch die übergeordnete Verdichtungsebene anzuzeigen.

Kontrollfeld

Das Kontrollfeld-Objekt offenbart eine Reihe von Ja/Nein-Schaltern, die in beliebiger Kombination einstellbar sind. Die Schalt- und Tastenfeldobjekte schließlich starten die gewünschte Aktion, wobei beim letzteren eine gedrückte Taste den eingeschalteten Zustand anzeigt.

4.2.4 Objekte für unstrukturierte Informationen

Formatierte Texte, Bilder, Grafiken

Die Objekte dieser Gruppe können unstrukturierte Informationen wie formatierte Texte, Bilder, Grafiken usw., aber auch PC-Dateien aufnehmen. Sie lassen sich in einer relationalen Datenbank speichern und von dort auch wieder abrufen („Pseudo-BLOB"). Die PC-Dateien können allerdings in inSight® nicht angezeigt werden. Man kann sie jedoch auf die Festplatte zurückschreiben, eine für das Aktualisieren der Arbeitsblätter wichtige Funktionalität.

Die Grafikobjekte zeigen das Leistungsspektrum, das man heute von entsprechenden Programmen erwarten darf. Sie decken den Business-Bereich ab, nicht zuletzt auch aufgrund der dreidimensionalen Portfolio-Darstellungen.

Objekte für strukturierte Texte, die bezüglich Schriftart, -größe, -farbe und -typ variieren dürfen und in begrenztem Maße Tabulatoren unterstützen, zeigen bei Überlauf automatisch Rollbalken. Leider lassen sich keine Bezüge zu anderen Objekten herstellen, die eine variable Gestaltung des Textes erlauben würde. Das ist nur in mit Textpassagen gefüllten Einzelfeldern möglich, deren Formatierungsmöglichkeiten sich dann aber auf den gesamten Text und nicht auch auf einzelne Buchstaben beschränken.

OLE- und HTML-Objekte

OLE- und HTML-Objekte stellen interessante Verbindungen zu anderen PC-Techniken dar. OLE-Objekte lassen nicht nur eine Überarbeitung mit dem jeweiligen Microsoft-Programm wie MS Word® und MS Excel® zu, sondern man kann sie auch über inSight® in relationalen Datenbanken abspeichern und sie, ohne die Microsoft-Programme installiert zu haben, direkt in einer Anwendung einbinden. Dieses erstaunliche Leistungsmerkmal hat enorme praktische Bedeutung. So können z. B. in MS Excel® angefertigte Portfolio-Grafiken, mit den guten Mechanismen einer Serverdatenbank geschützt, in leicht abrufbarer Form zur Verfügung gestellt werden.

Die Inhalte der bisher beschriebenen Objekte für unstrukturierte Informationen lassen sich auch dann zentral speichern, wenn die relationale Datenbank keine speziellen Felder für diese Objekttypen vorhält. Es genügen normale Textfelder, in die inSight® die Objekte, in einzelne Zeichenketten zerlegt, ablegt.

4.3 Zugriffsmethoden

Als Spezialist für die Darstellung von Informationen verfügt inSight® über ausgezeichnete und leicht einzurichtende Möglichkeiten, seine Objekte mit den Inhalten der zentralen Informationsträger zu füllen. Je nach Art der Schnittstelle erzeugt inSight® die für die Informationsversorgung erforderlichen Befehle. So braucht der Anwendungsentwickler nicht selbst auf die verschiedenen Varianten einzugehen. In einem Datenbankfenster sieht er die entsprechenden Tabellen mit ihren Tabellenspalten, die er mit der PC-Maus auf die inSight®-Objekte ziehen kann. Eine Formelsprache wie OLE oder SQL muß er nicht benutzen. Noch weniger sichtbar zeigen sich die Unterschiede der Informationsquellen für den Endanwender, der nur dann, wenn verschiedene Anwenderpaßwörter einzugeben sind, Rückschlüsse auf die dahinter liegenden Systeme ziehen kann.

Abfragesprache-Generator

inSight® entpuppt sich als mächtiger „Abfragesprache-Generator" für verschiedene Datenhaltungssysteme. Die relativ einfache Art, im Rahmen der Anwendung Informationen aus diesen Systemen anzuzeigen, reduziert Fehlerquellen und ermöglicht eine unkomplizierte Anpassung und Erweiterung. Dabei lassen sich, im Gegensatz zu den meisten Query-Werkzeugen auf SQL-Basis, Daten kaskadenartig abrufen. So liefert das Ergebnis des ersten Abrufs Eingabewerte für den zweiten Aufruf usw. Auf diese Weise kann man z. B. automatisch die Daten des aktuellen Monats anzeigen. Komplexere Anwendungen senden bis zum eigentlichen Datenaufruf fünf und mehr Vorabfragen, die im allgemeinen dazu dienen, den Anwendungskomfort zu erhöhen. Dennoch bleibt die Antwortzeit durchaus akzeptabel.

Zumischen von Registertexten automatisch

Die Anweisungen, die die Objekte mit Dateninhalten füllen, können im sog. Verbindungsmodus ohne Formeleingabe, d. h. nur durch das Ziehen von Feldern und Verbindungslinien mit der PC-Maus eingegeben werden. Im Falle der relationalen Datenbanken erfolgt das Zumischen von Registertexten automatisch, sogar über kombinierte Schlüssel. Aus einer oft sehr großen Registerdatei erscheinen, bei einer entsprechenden, leicht zu erstellenden Verknüpfung, in einem Menü nur die Texte, zu denen auch Werte in der Datentabelle vorliegen.

inSight® bietet umfassende Möglichkeiten, auch sehr komplizierte Konstruktionen ohne direktes Eingeben von Datenbank-Abfragebefehlen z. B. mit SQL, zu erstellen. Allerdings benötigt ein Entwickler eine gewisse Zeit, bis er alle Möglichkeiten des Programmes kennt. Dann aber kann er Anwendungen in wenigen Tagen erstellen. Die von inSight® erzeugten Datenbankabfragen lassen sich anzeigen, aber nicht verändern. Bei den vielseitigen Möglichkeiten des Systems ist das eher ein Vorteil, zumal für ganz außergewöhnliche Konstruktionen Datenbankstatements auch direkt eingegeben werden können.

4.4 Schnittstellen

Idealerweise formuliert ein Entwickler die Datenbankaufrufe in grafischer Form auf der Objektebene von inSight®, das dann je nach Datenhaltungssystem automatisch die notwendigen Befehle

4.4 Schnittstellen

absetzt. Verständlicherweise kann inSight® diesen Anspruch nicht ganz vollständig erfüllen, da sich die Datenhaltungssysteme zu unterschiedlich verhalten. Innerhalb einer Typfamilie, wie z. B. die der relationalen Datenbanken, kommt inSight® der selbstgestellten Vorgabe sehr nahe. Das Übertragen einer Anwendung auf eine andere relationale Datenbank gelingt, vergleichbare Tabellenstrukturen vorausgesetzt, mit Hilfe eines Konvertierungsskripts sehr einfach. Leider lassen sich Name und Ort des Datenbanksystems sowie dessen Tabellen und Tabellenspalten (noch) nicht als Parameter übergeben, so daß man eine anwendungsgetriebene Umschaltung nicht realisieren kann.

Zahlreiche Schnittstellen werden unterstützt

inSight® unterstützt derzeit den Verbindungsaufbau zu den Berichten im SAP®-EIS, zum Open Information Warehouse der SAP (ab SAP Release 3.1 G), zu relationalen Datenbanken, zu einer mehrdimensionalen Datenbank der MIS-AG, zu den mehrdimensionalen Würfeln von Informix und ORACLE sowie zum Datenwürfel der MIK, einem in Deutschland ansässigen Softwarehaus für Planungs- und Controllingsoftware. Besonders die Zugriffsart auf SAP®-EIS verdient Erwähnung, weil inSight® nicht über die ODBC-Schnittstelle auf die Basisdaten im SAP®-EIS, sondern auf die Berichte in aggregierter Form zugreift (siehe auch Seite 45). Die schnellere Verbindung über SAP-OLE-Controls löst den ursprünglichen Zugriff über den SAP Automation Server (3.0 B-D) ab.

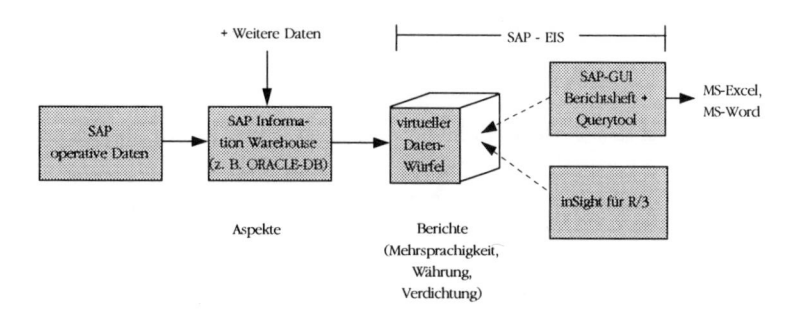

Abb. 19: Zugriff von inSight® auf SAP®-EIS

Ab dem SAP-Release 3.0 D unterstützt inSight® beim Zugriff auf SAP®-EIS folgende Eigenschaften und Leistungsmerkmale:

- gleichzeitiger Zugriff auf mehrere SAP®-EIS-Berichte
- Abfrage beliebiger Verdichtungsstufen
- Darstellung von Kreuztabellen

- Verwendung von Sortierkriterien
- Top N Ermittlung
- Darstellung von Hierarchien
- Verwendung von Variablen

Im allgemeinen können SAP® R/3-Berichte nicht wie beispielsweise SQL-Datenbanken verknüpft werden. Eine Verknüpfung mit Stammdaten erfolgt bereits bei dem Aufbau des Berichtes und ist somit nicht mehr erforderlich. Dennoch kann es in manchen Fällen sinnvoll sein, Objekte, die aus einem Bericht stammen, mit Objekten eines anderen Berichtes zu verbinden. Beispielsweise kann man mit nur einem Kundenmenü Informationen aus zwei Berichten nebeneinander anzeigen. inSight® läßt die Verbindung von Objekten in dieser Weise zu.

Bei Hierarchien muß man zwischen inSight®- und SAP-Hierarchie unterscheiden. Letztere kennt keine fest definierte Hierarchietiefe, so daß beispielsweise bei einer Region direkt die Länder, bei einer anderen zunächst Ländergruppen und dann erst die Länder erscheinen.

inSight® unterstützt im Rahmen der SAP-Schnittstelle auch Operatoren, mit denen sich sog. „TOP N" Abfragen erzeugen lassen. Auf die Weise kann man z. B. die zehn größten, die zehn kleinsten oder alle Kunden, die zusammen 80% des Umsatzes ausmachen, anzeigen.

inSight® hält einige speziell auf die SAP® R/3-Schnittstelle abgestimmte Funktionen bereit, die die besonderen Leistungsmerkmale berücksichtigen.

Positive Erfahrungswerte

Bezüglich des Zugriffs auf relationale Datenbanken über die ODBC-Schnittstelle liegen inzwischen so viele Erfahrungswerte vor, daß man getrost von einer ausgereiften, stabilen Technik sprechen kann. Als Datenbank eignen sich ebenso zentrale Systeme wie DB2 unter VTAM von IBM, ORACLE, Informix und SAS, um nur einige zu nennen, als auch dezentrale, lokale Tabellen auf Basis DBase oder MS Access®. Ausgesprochen performant verhält sich der lokal installierte SQL-Server von Microsoft unter Windows NT. Die übrigen Schnittstellen sind neueren Datums und deshalb noch nicht so umfassend erprobt. Sie zeigen aber, welchen Stellenwert andere Softwarehäuser dem Programm inSight® derzeit einräumen. Dazu trägt nicht zuletzt die positive Haltung von SAP bei, die unter ihrem Namen für inSight® wirbt.

Lokale Datenhaltung	inSight® verfügt über eine lokale Datenhaltung, die sich im Hauptspeicher des PCs befindet. In ihr kann man Daten zwischenlagern und sie mit normalen SQL-Befehlen abfragen. Derzeit nutzen Entwickler die lokale Datenhaltung zur Verbesserung des Antwortzeitverhaltens, weil damit größere Datenblöcke auf einmal geladen und dann, ohne weitere Befragung des zentralen Servers, in die gewünschten Sichten zerschnitten werden können. Weil sich die Daten der lokalen Datenhaltung auch auf die Festplatte schreiben lassen, besteht die Möglichkeit, mobile Anwendungen zu erstellen, die bei Bedarf mit zentralen Daten aktualisierbar sind.
Verbindung	inSight® legt pro Verbindung zwei zusätzliche Dateien an: eine Verbindungsdatei mit technischen Daten und eine Repositorydatei mit Beschreibungen zu Datenbanktabellen und -spalten. Letztere verwaltet beispielsweise Aliasnamen für das automatische Abmischen von Tabellenspalten und Beschreibungen. Man kann dort z. B. ablegen, in welcher Form inSight® eine bestimmte Zeichenkombination in ein Datumsformat umwandeln soll.

4.5 Funktionen

4.5.1 Ereignisse

Keine Programmiersprache	inSight® verfügt über keine Programmiersprache im üblichen Sinne. Für Berechnungen und zur Steuerung von Abläufen steht ein umfangreiches Funktionsangebot zur Verfügung. Den in Sight®-Objekten lassen sich, von bestimmten Ereignissen gesteuert, diese Funktionen zuordnen. Diese Ereignisse können sein:

- Berechnung
- nach Aktualisierung
- nach Eingabe
- nach Bestätigung
- bei Anklicken
- bei Ausgabe
- Cursor innerhalb
- Cursor außerhalb

Komplexe Abläufe darstellbar	Die Steuerung über Ereignisse eröffnet ein breites Spektrum, um auch komplexe Abläufe darstellen zu können. Konsequenterweise bieten die Objekte nur die jeweils sinnvollen Ereignismöglichkeiten an. Die letzten beiden Punkte steuern Aktionen beim Überfahren von Objekten mit der Maus, was ermöglicht,

daß sich z. B. die Cursorform ändert oder ein Informationstext erscheint.

inSight®-Arbeitsblätter selbst unterscheiden noch vier weitere Ereignisse:

- bei Öffnen
- bei Schließen
- nach Druckseite
- bei Tastendruck

Ein interner Optimierungsprozeß sorgt für eine sinnvolle Reihenfolge bei der Abarbeitung der einzelnen Funktionen.

4.5.2 Berechnungsfunktionen

Rechenblatt-Funktionen

Diese Funktionsgruppe findet man in ähnlicher Form in jedem Rechenblatt wieder. Die mathematischen Funktionen liegen im heute üblichen Rahmen. Die Formeln gelten jeweils für das ganze Objekt, wobei sich die Mächtigkeit darin zeigt, daß in den Mehrzellenobjekten Zeile, Spalte und Tabelle auch einzelne Zellen direkt und indirekt adressierbar sind. Statistische und betriebswirtschaftliche Formeln ergänzen in sinnvoller Weise die normalen Rechenoperationen.

Ein besonderes Augenmerk richtet sich auf die Behandlung von Zeiten und die Bearbeitung von Textstrings. Es fehlen aber auch nicht die Exoten wie Arcus Tangens usw., deren praktischer Nutzen für betriebswirtschaftliche Anwendungen allerdings sehr nahe bei Null liegen dürfte.

4.5.3 Layoutfunktionen

Hierzu zählen leistungsfähige Funktionen zur ereignisgesteuerten Hervorhebung wichtiger Sachverhalte. Diese gehen weit über die bekannte Ampelfunktionalität hinaus. Beispielsweise begrüßten die Anwender die Möglichkeit, innerhalb einer Liste, die aus Gründen der besseren Lesbarkeit zweifarbig gestaltet war, einzelne Felder in Farbe und Schriftfarbe ereignisgesteuert zu markieren (siehe Beispiel Seite 109).

Breites Spektrum an Grafikmöglichkeiten

Das breite Spektrum der Grafikmöglichkeiten bietet dem kreativen Entwickler genügend Handlungsspielraum. Die meisten Funktionen lassen sich hierbei allerdings nicht ereignisgesteuert einsetzen. Sie müssen dem Grafikobjekt über einen besonderen Dialog fest zugeordnet werden.

4.5.4 Steuerungsfunktionen

Sämtliche Funktionen des Programmes aufzuzählen und zu erläutern ist im Rahmen dieses Buches nicht möglich und erscheint auch nicht sinnvoll. Lesern, die sich intensiver mit inSight® beschäftigen wollen, sei an dieser Stelle das Handbuch empfohlen.

Sehr mächtiges Werkzeug

Die Mächtigkeit dieser Funktionen, so begrüßenswert sie einerseits ist, macht es andererseits für den Anwendungsentwickler erforderlich, sich intensiv mit dem Werkzeug inSight® zu beschäftigen. Viele Optionen kamen im Laufe der Zeit hinzu, und wie so oft fehlt den inSight®-Entwicklern die Zeit, die ständig wachsende Komplexität wieder einzuschränken. Dies soll aber nicht als Vorwurf verstanden werden, denn oft genug drängen Anwendungsentwickler auf eine schnelle Implementierung bestimmter Funktionalitäten. Wer auch immer für diese Spirale verantwortlich sein mag: Tatsache ist, daß mit inSight® zunächst einmal nahezu jede Art von Steuerung möglich wird. Manchmal beschreiten nur die erfahrenen Entwickler die richtigen Lösungswege, während Unerfahrene eher zu aufwendigen, kaum nachvollziehbaren Konstruktionen greifen. Für eine (noch) einfachere und damit wirtschaftlichere Entwicklung wünscht man sich Bausteine, mit denen sich bestimmte Funktionsabläufe sinnvoll zusammenfassen lassen.

Interaktive Steuerungsmöglichkeiten

Die interaktiven, d. h. direkt vom Anwender auszulösenden Steuerungsmöglichkeiten erweisen sich als sehr leistungsstark, weil sich auf flexible Weise Parameter z. B. über die Zeile oder die Spalte eines entsprechend angeklickten Objektes übergeben lassen. Das ermöglicht eine vollständig menüorientierte Benutzerführung, bei der man auf die PC-Tastatur weitgehend verzichten kann. Zur Unterstützung trägt in nicht unerheblichem Maße die Funktion SICHTBAR/UNSICHTBAR (siehe Seite 49) bei, die es gestattet, völlig neue Sichten im gleichen Arbeitsblatt anzubieten, ohne ein anderes Blatt aufrufen zu müssen. Das führt zu kompakteren Anwendungen und verringert redundante Entwicklungsschritte.

Die indirekten Steuerungen schalten ereignisgesteuert Menüs um, starten periodische oder zu festen Zeiten wiederholbare Aktionen, verzweigen nach verschiedensten Auswahlkriterien, speichern Werte und Bilder in Datenbanken, rufen Fremdprogramme auf, um nur einige zu nennen. Die Möglichkeit, Funktionsgruppen zu bilden und sie mit dem Befehl AUSFÜHREN anzustoßen, erlaubt, nur die wirklich spezifischen Anweisungen direkt in den Objekten zu plazieren. Das erleichtert die Fehlersuche und Pflege spürbar.

4.5.5 Berichtsfunktionen

Die im Programm enthaltene Reportfunktion, mit der man Papierberichte aus inSight® heraus erstellen kann, darf als guter Kompromiß zu den am Markt verfügbaren Spezialprodukten gesehen werden. Für nicht allzu anspruchsvolle Berichte reichen diese Funktionalitäten aus.

4.6 PC-Plattform

Lauffähig auch auf APPLE Macintosh-Rechnern

Mit inSight® erstellte Anwendungen laufen sowohl auf Windows- als auch auf APPLE Macintosh-Rechnern. Lediglich die Verbindungsdatei (siehe Seite 57) muß jeweils betriebssystemspezifisch erstellt werden.

Auf der Windows-Seite können NT, Windows 9x und bei Installation von WIN32S auch Windows 3.1x zum Einsatz kommen. Beim Macintosh gibt es neben der 68xxx-Version auch eine (deutlich schnellere) Variante für die Geräte mit Power-PC-Prozessor. Von minimalen Unterschieden abgesehen verhält sich eine Anwendung auf allen Systemen identisch. Das kommt besonders Unternehmen zu Gute, die über eine größere Anzahl von APPLE Macintosh-Rechnern verfügen. Dagegen ist inSight® wegen der fehlenden Windows 9x-Emulation unter dem Betriebssystem OS/2 nicht verfügbar. Eine spezielle OS/2 Version von inSight® ist ebenso wie eine UNIX-Variante nicht geplant.

Fehlende Unterstützung älterer Betriebssysteme

Das ältere Betriebssystem Windows 3.1x und die Macintosh-Rechner mit 68xxx-Prozessoren laufen aber Gefahr, bei künftigen Entwicklungen von Microsoft nicht mehr ausreichend berücksichtigt zu werden. Das gilt insbesondere für die ActiveX-Technologie (inSight® Internet Edition, siehe Seite 161) und die zum Einbinden von HTML-Objekten (siehe Seite 53) notwendigen Tools.

Das Programm inSight® kann ebenso wie die inSight®-Anwendung entweder auf dem PC oder auf einem Programmserver installiert sein. Das gilt sowohl für die Entwicklungs- als auch für die Runtime-Version, mit der die Anwendung nicht verändert werden kann. Im Runtime-Modus läßt sich aus der Anwendung heraus die Menüleiste beliebig ändern sowie zentrale Funktionsknöpfe einrichten.

5 Aufbau eines Informationssystems

5.1 Projektorganisation

5.1.1 Auftraggeber

Projekte einer bestimmten Größenordnung sollten von einem ranghohen Entscheidungsträger des Unternehmens begleitet werden. Das gilt in besonderem Maße für den Aufbau eines umfangreichen Informationssystems, der sich oft als schwieriger und langwieriger als ursprünglich geplant herausstellt.

Sponsor

In diesem Zusammenhang hört man immer wieder von der Notwendigkeit eines Sponsors für ein solches Projekt. Dabei muß dieser Befürworter dem Vorstand oder mindestens einer sehr hohen Führungsebene des Unternehmens angehören, um ein entsprechendes Projekt auch wirkungsvoll unterstützen zu können.

Sicherlich ist diese Forderung richtig. Aber sie versperrt möglicherweise den Blick auf die richtige Organisatonsform beim Aufbau eines Informationssystems.

Ein Sponsor läuft Gefahr, über keine breite Zustimmung für das Projekt im Vorstand oder auf den anderen Führungsebenen zu verfügen, so daß sehr leicht der Eindruck einer „Privatangelegenheit" entsteht. Verliert der Sponsor das Interesse (was durchaus vorkommen kann), oder wechselt er seine Position im Unternehmen, mangelt es dem Projekt an der notwendigen Unterstützung. In der Vergangenheit bedeutete das für viele hoffnungsvolle Informationssystem-Projekte ein schnelles Ende. Es zeigte sich, daß ein stabiles organisatorisches Fundament fehlte.

„Sponsor"-Modell zweitbeste Lösung

Das „Sponsor"-Modell ist sicherlich gut, aber bei der langen Zeitspanne, die der Aufbau eines umfassenden Informationssystems benötigt, wahrscheinlich nur die zweitbeste Lösung. Als möglicher Schwachpunkt erweist sich immer wieder der scheinbare Vorteil einer persönlichen Zuordnung des Projekts an einen einzelnen Entscheidungsträger. Mit dieser Person ist die Aufgabenstellung auf Gedeih und Verderb verbunden.

5   Aufbau eines Informationssystems

Auftrag durch den Vorstand

Besser läßt sich das Projekt organisieren, wenn die Verantwortung für den Aufbau eines Informationssystems einem hohen Entscheidungsträger übertragen wird, der dann in regelmäßigen Abständen dem Auftraggeber, z. B. den Vorstand des Unternehmens, über den Fortgang informiert. Diese Konstruktion sichert das Projekt auch gegen Personalwechsel ab, weil die Verantwortung auf den Stellennachfolger übergeht. Anders als beim Sponsor, der bezüglich des Projektes niemandem gegenüber verantwortlich ist, muß ein vom Vorstand beauftragter Entscheidungsträger diesem Rechenschaft ablegen. Das wirkt sich erfahrungsgemäß spürbar positiv auf das Vorhaben aus.

5.1.2   Auswahlkriterien Projektgruppe

Information und System

Ein Informationssystem zeigt schon mit seinem Namen, daß es aus zwei unterschiedlichen Komponenten, der Information und dem System besteht. In großen Unternehmen vermißt man derzeit Bereiche, die durchgängig für die Aufbereitung von internen Informationen verantwortlich sind. Statt dessen geschieht dies in den unterschiedlichsten Abteilungen, die meist ihre Ergebnisse auf Papier ausgeben und verteilen. Zu diesen Abteilungen zählen Controlling- und Stabsstellen, sowie Fachbereiche wie Finanzabteilung und Ergebnisrechnung. Ihre Klientel sind die künftigen Adressaten eines DV-gestützten Informationssystems. Eine Konkurrenzsituation mit den Betreibern eines Informationssystems ist vorprogrammiert.

Download

Die berichtenden Fachabteilungen nutzen als Datenquelle heute mehr und mehr zentrale, in der Regel relationale Datenbanken, die von der DV-Abteilung in regelmäßigen Abständen mit Daten aus den unterlagerten Basissystemen gefüllt werden. Das sehr beliebte Herunterladen („Download") der Daten auf einen lokalen PC mit ihrer anschließenden „Bearbeitung", z. B. mit einem MS Excel®-Rechenblatt, offenbart ein häufig anzutreffendes Problem: Die zentralen Daten werden, aus wohlgemeinten Gründen, lokal geändert, kommentiert, mit Anmerkungen versehen usw. Diese Korrekturen, oft auf einer hohen Verdichtungsebene, lassen sich naturgemäß nicht zurückschreiben, so daß ein klassischer Medienbruch vorliegt. Die Papierberichte der Fachabteilung unterscheiden sich daher in oft wichtigen Punkten von den Ausgangsinformationen der zentralen Datenbank. Dies bedeutet eine schlechte Ausgangslage für ein DV-gestütztes Informationssystem, das sich gewöhnlich aus zentralen Daten speist.

Die Mitarbeiter der Fachabteilungen beherrschen, teilweise sogar recht gut, PC-Programme wie Rechenblätter, Text- sowie Grafikprogramme (siehe auch Seite 34). Wenn es über einfache Datenbankabfragen hinausgeht, zeigen sie sich aber eher reserviert. Möglicherweise liegt die Ursache in der notwendigen Fachkenntnis, die besonders der Aufbau zentraler Tabellen erfordert. Vielleicht liegt es auch einfach daran, daß die zentrale DV-Abteilung „Außenstehenden" entsprechende Datenbank-Administration oft verwehrt.

Datenbankkenntnisse

Datenbankkenntnisse gehören unbestreitbar zu den Stärken zentraler DV-Abteilungen größerer Unternehmen. In vielleicht noch stärkerem Maße gilt dies für Standardsoftware auf dem Gebiet der Transaktions- und Auswertungssysteme, bei denen SAP mit seinem SAP® R/3-System den Marktführer stellt. Das Wissen über Rechenblätter wie MS Excel® und um die Informationsbedürfnisse der oben erwähnten Fachabteilungen hält sich dagegen oft in Grenzen. Bezeichnenderweise finden kleinere, externe Beraterfirmen leichter den Zugang zu diesen Fachabteilungen, weil sie deren Sprache verstehen. Allein den Begriff „operativ" interpretiert die Fachabteilung anders als die DV-Abteilung. Bei der ersteren dient er zur Unterscheidung von der strategischen Betrachtungsweise, die DV-Abteilung dagegen kennzeichnet ein im Einsatz befindliches DV-System als operativ im Gegensatz zu den Systemen, die nicht oder noch nicht eingesetzt werden. Diese und ähnliche Probleme mit Begrifflichkeiten, verbunden mit dem oft übertriebenem Gebrauch der eigenen Fachsprache, erschweren die Kommunikation zwischen den Partnern.

Fehlende Erfahrung

Wie soll sich nun vor diesem Hintergrund eine Projektgruppe, die die Aufgabe zum Aufbau eines Informationssystems erhalten hat, zusammensetzen? Wer soll sie leiten, wer soll sie beaufsichtigen? Ernüchtert stellt man häufig fest, daß kaum jemand konkrete Erfahrungen für eine derartige Aufgabe mitbringt. So direkt wird das aber nur in den seltensten Fällen ausgesprochen. Der Aufbau eines Informationssystems gilt immer noch als leichte Aufgabe, die oftmals von einem alles verharmlosenden Marketing entsprechender Produktanbieter heruntergespielt wird. Sie empfehlen, zunächst den Bedarf zu ermitteln und dann ein System und eine Software zu kaufen. Alles andere gehe angeblich von selbst.

Anspruchsvolle Tätigkeit

Genau das Gegenteil ist der Fall. Der Aufbau eines effizienten Informationssystems zählt zu den anspruchsvollsten Tätigkeiten, die ein Unternehmen zu vergeben hat. Leider erfolgt eine entsprechende Würdigung nur selten. In den Unternehmen fehlen bezeichnenderweise entsprechende Bewertungskriterien ebenso wie das Berufsbild des Betreibers eines Informationssystems oder des Data Warehouse-Managers.

Kritische Anmerkungen

Diese kritischen, sicherlich nicht sehr populären Anmerkungen unterstreichen die Schwierigkeit, eine allgemeine Empfehlung für die Leitung und die Zusammensetzung einer Projektgruppe zum Aufbau eines Informationssystems auszusprechen.

In vielen diesbezüglichen Projektgruppen dominieren die DV-Experten. Teilnehmer aus den Fachabteilungen erhalten eine Nebenrolle, die sich oft darauf beschränkt, die Anforderungen zu formulieren (was übrigens meist so gar nicht möglich ist). Eine alternative Form, vielleicht als Folge der Dominanz der zentralen DV-Abteilung, beobachtet man bei Versuchen, die DV-Kompetenz über externe Berater zu beziehen. Hierbei gewinnen zwangsläufig die Fachabteilungen an Gewicht, weil die externen Berater sie tatsächlich wie „Kunden" behandeln. Die Externen bemühen sich, sicherlich als Folge einer starken Wettbewerbssituation, um ein tieferes Verständnis der Problemstellungen. Selten kommen sie mit Forderungen nach Lasten- und Pflichtenheft. Vielmehr stellen sie eine auf Prototyping ausgerichtete Vorgehensweise in den Vordergrund. Es darf jedoch aus zwei Gründen bezweifelt werden, ob diese zugegebenermaßen angenehmere Projektform auch langfristig die erfolgreichere sein wird. Zum einen verfügen die meisten Berater noch nicht über wirkliche praktische Erfahrungen mit umfangreicheren Informationssystemen, zum anderen läuft langfristig ohne die Unterstützung der eigenen DV-Abteilung nichts. Dazu legt die DV-Technik noch zu viele Stolpersteine in den Weg.

Leiter Projektgruppe

Eine allgemeingültige Empfehlung für die Besetzung einer Projektgruppe gibt es, wie gesagt, leider nicht. In besonderem Maße gilt dies für den Leiter der Projektgruppe, dem die schwere Aufgabe zufällt, die Richtung vorzugeben und die Gruppe der Spezialisten zusammenzuschweißen. Denkbar wäre als Leiter ein erfahrener Mitarbeiter aus einer Fachabteilung, der bereit ist, sich intensiv mit den Problemen der Datenverarbeitung auseinanderzusetzen. Das ist notwendig, weil es eine schlüsselfertige Technik zur Zeit noch nicht gibt.

Kaum erfahrene Mitarbeiter

Im Normalfall verfügt kaum ein Unternehmen über Mitarbeiter, die bereits erfolgreich ein Unternehmens-Informationssystem aufgebaut und betrieben haben. Dazu kommt, daß die Mehrzahl der Entscheidungsträger im Unternehmen keinen wirklichen

5.1 Projektorganisation

Bezug zu komplexen DV-Projekten mitbringen, so daß Bewertungen des Anspruches der Aufgabe und Fähigkeiten der Mitarbeiter nicht selten von zufälligen Konstellationen abhängen. Mitarbeiter, die einen PC elegant bedienen können, gelten nicht selten allein auf Grund dieser technischen Fertigkeit als „geeignet". Dabei bringen sie aber nicht immer die erforderlichen konzeptionellen Voraussetzungen mit.

Babylonische Sprachverwirrung

Projektgruppen zum Aufbau von Informationssystemen werden oftmals paritätisch besetzt. Viele Organisationseinheiten, z. B. Controlling, Finanzen, Geschäftsbereiche, DV, interne Organisationsabteilung stellen jeweils einen Vertreter, meist den im vorigen Abschnitt beschriebenen. Die ersten Sitzungen kennzeichnet dann meistens eine „babylonische Sprachverwirrung".

Man beobachtet in der Praxis immer wieder, daß z. B. Informatiker über hervorragende Datenbankkenntnisse verfügen, mit einem Spreadsheet-Programm wie MS Excel® aber wenig anzufangen wissen. Umgekehrt sind Controller versierte Spreadsheet-Nutzer, denen aber die Erfahrung mit Datenbanken fehlt. Aber nicht nur mit diesem persönlichen Wissen werden Claims abgesteckt. Auch bei den Informationsinhalten liegt viel Spezialwissen vor, mit dem jeder der „Fachleute" Tabus aufbaut. Alle verteidigen ihr Interessensgebiet als standhafte Vertreter ihrer Abteilung, und andere Meinungen zu ihrem Wissensgebiet werden nicht zugelassen. Meist laufen die Ergebnisse einer solchen Gruppe auf eine Art Kompromiß heraus, da sich ihre Mitglieder verständlicherweise nicht objektiv und unabhängig mit der Lösung der anstehenden Probleme beschäftigen können bzw. dürfen. Das Führungsgeschick und die Sachkenntnis des Projektleiters beeinflussen hier entscheidend die erreichbaren Ziele.

Kann es erfolgreich sein, eine Projektgruppe aus hinsichtlich der Aufgabenstellung unerfahrenen Mitgliedern zusammenzustellen? Reicht es aus, einen organisationserfahrenen, aber sachunkundigen Mitarbeiter zum Leiter dieses Teams zu machen? Die Antworten lauten: nein. Bisher sind nur wenige Beispiele für erfolgreiche Informationssysteme aus der Praxis bekannt, vielleicht weil es zu viele Versuche mit Projektgruppen in der oben beschriebenen Art gegeben hat. Das scheint auch für die großen Anbieter entsprechender Informationssystem-Software zu gelten, denn auch dort sucht man erfolgreiche Implementierungen vergebens.

Sorgfalt bei Auswahl der Projektgruppe

Die Zusammenstellung der Projektgruppe muß deshalb mit besonderer Sorgfalt geschehen. Verfügt man über keine entspre-

65

chend qualifizierten Mitarbeiter, sollte man im Rahmen kleiner, überschaubarer Projekte versuchen, die notwendigen Erfahrungen zu sammeln und entsprechende Kenntnisse aufzubauen.

5.1.3 Anforderungsprofil Projektleiter

Anforderungen ändern sich

Es gibt einen weiteren Grund, warum der Projektleiter neben seinem Inhaltswissen auch ein großes technisches Verständnis mitbringen sollte. Eine unbequeme Begleiterscheinung derartiger Projekte ist es, daß sich die Anforderungen im Vorfeld nicht klar beschreiben lassen. Sie wachsen während der Entwicklung, erst recht aber bei der Inbetriebnahme. Die Erwartungen an ein MIS lassen sich nicht einfrieren (siehe dazu auch Seite 168). Die Anwender werden ständig neue technische Möglichkeiten in ihren Wunschkatalog aufnehmen. Z. B. kann eine lokale, vom Server abgekoppelte Verfügbarkeit (mobile Computing), die anfangs keine Rolle spielte, während des Projektes zu der zentralen Aufgabenstellung werden. Ein Projektleiter wäre schlecht beraten, auf eine früher getroffene Vereinbarung zum Umfang des Projektes zu pochen. Er muß abschätzen können, inwieweit die gewünschte Funktionserweiterung sinnvoll und mit welchem Aufwand sie möglich ist. Das gelingt nur, wenn er sich immer offen für neue Aspekte zeigt.

Projektausschuß

Die groben Zielsetzungen sollten von einem mit hohen Führungskräften, im Idealfall mit Vorstand oder Geschäftsleitung, besetzten Projektausschuß vorgegeben und überwacht werden. Dieser auch politische Rückhalt kann besonders wichtig sein, wenn technische Rückschläge oder Streitigkeiten den Fortgang des Projektes gefährden. Dabei muß der Lenkungsausschuß würdigen, daß oftmals keines der Projektmitglieder über konkrete Erfahrungen auf dem Gebiet eines Informationssystems verfügt, selbst nicht die Mitglieder der DV-Abteilung, deren Stärke oft bei den Abwicklungssystemen (Transaktionssysteme) liegt. Diese unterscheiden sich in Art und Aufbau erheblich von den Informationssystemen. Meistens führt gerade die von der DV-Abteilung vorgeschlagene, für Transaktionssysteme durchaus erfolgreiche Vorgehensweise mit Lastenheft, Pflichtenheft und Datenmodell nicht weiter. Deshalb wird im folgenden Kapitel die Frage behandelt, ob die Entwicklung von Informationssystemen ein grundsätzlich anderes Vorgehen erfordert.

5.1.4 Vorgehensmodell

Jede DV-Abteilung eines mittleren oder größeren Unternehmens erstellt und führt Software nach einer fest definierten und allgemein bewährten Regel ein. Kernstücke derartiger Strategien sind das Lastenheft, mit einem Datenmodell als wichtigem Bestandteil und das Pflichtenheft.

Lastenheft

Im Lastenheft beschreibt, vereinfacht ausgedrückt, der Anwender seine Anforderungen an das zu programmierende System (Systemdefinition). Bestandteile sind das Fachkonzept, das Entity-Relationship-Diagramm, der Funktionenbaum und das Informationsflußdiagramm sowie Vorgaben für die DV-technische Lösung. Ein Datenmodell hilft dabei, die Relationen zwischen den einzelnen Begriffen (Entitäten) zu verdeutlichen.

Pflichtenheft

Das dann folgende Pflichtenheft (Systemspezifikation) legt die technischen Einzelheiten fest und ist somit die Programmiervorgabe.

Nach diesen „Vereinbarungen" zwischen Anwender und Entwickler kann das Vorhaben in Programmcode umgesetzt werden. Heute geht man allerdings mehr und mehr dazu über, an Stelle umfangreicher Eigenprogrammierung Standardsoftware einzusetzen, die für die Belange des Anwenders durch parametrierbare Einstellungen konfiguriert wird. Im Hause SAP wird hierfür der Begriff „Customizing" verwendet. Allerdings erfordert der Customizing-Prozeß eine vergleichbare Abfolge. Bei der verbleibenden Eigenprogrammierung wird man in Zukunft verstärkt sog. RAD-Tools (RAD = Rapid Application Development) einsetzen, die eine Realisierung, meist mit guter grafischer Benutzerführung, in kürzerer Zeit gestatten.

Schnittstellen, Stammdaten

Gerade bei Abwicklungssystemen muß große Sorgfalt auf die Schnittstellen zu anderen Teilsystemen und den Aufbau geeigneter Stammdaten und Register gelegt werden. Der Erfolg, aus technischer Sicht, spiegelt sich in der Robustheit, Zuverlässigkeit und Verfügbarkeit der Anwendung wider.

Zweifellos findet bei den DV-Abteilungen diese auf Ablaufsysteme zielende Vorgehensweise große Zustimmung, da sie sich in zahlreichen Projekten bewährt hat. Allerdings handelte es sich dabei oft um logistisch ausgerichtete Projekte, bei denen die Beziehungen (Relationen) zwischen den Ausprägungen (Entitäten) wichtig sind. Es ist schon von Bedeutung, ob ein Kunde nur an einem Ort ansässig ist bzw. aus mehreren Produktionsstätten bedient werden soll. Auch die genaue Abfolge, von der Auftragseingabe über die Prüfung des Kreditlimits, die Preisfindung, die Produktion und Qualitätskontrolle der Ware, die Bereitstellung und die Versandabwicklung bis zur Rechnungsschreibung, spielt eine Rolle. Eine derartige Prozeßkette erzwingt geradezu das oben beschriebene Vorgehen.

Anscheinend bewährte sich diese Vorgehensweise beim Aufbau von Informationssystemen, die eine grundsätzlich andere Struktur zeigen, bisher nicht. Sie sind von Dimensionen geprägt, deren Daten zusätzlich über mehrere Verdichtungsstufen (Hierarchien) zusammengefaßt sein können. Relationen zwischen den Ausprägungen spielen eine geringere Rolle, weil die zur Auswertung eingesetzten EDV-Werkzeuge sie automatisch erkennen und entsprechend darstellen.

Ein weiterer Unterschied besteht darin, daß man verschiedenste Auswertungswünsche auf die gleiche Datenbasis anwenden kann. Abwicklungssysteme haben dagegen fest vorgegebene Informationsbahnen, die nicht verlassen werden.

Informationsqualität

Am stärksten unterscheiden sich Ablauf- und Informationssysteme jedoch dadurch, daß die Informationen (Daten), die in Ablaufsystemen eingegeben werden, bei Informationssystemen bereits vorhanden sein müssen. Deshalb kann ein Informationssystem nicht besser sein als die Information, die es beinhaltet. Folglich gebührt der Informationsbeschaffung und der Sicherung der Informationsqualität besondere Beachtung.

Neue Vorgehensweise

Bei dem Aufbau von Informationssystemen sollten deshalb als vergleichbare „Vereinbarung mit dem Anwender" anstelle Datenmodell, Lasten- und Pflichtenheft die Begriffe Dimensions-Hierarchie-Definition, Analyse der Datenbrauchbarkeit und Analyse der Datenverfügbarkeit (siehe Seite 153) stehen. Nach erfolgreicher Prüfung empfiehlt sich ein Prototyping, idealerweise gemeinsam mit dem Anwender. Ihm schließt sich der Aufbau eines themenorientierten Informationsmoduls an. Im Vordergrund stehen hierbei Benutzerführung und Visualisierung der Informationsaussagen. Erfolgskriterien sind Flexibilität, Benutzerfreundlichkeit (hier kann durchaus auch ein gewisser Spaß von Vorteil sein) und die Performance des Systems. Leider findet, möglicherweise aufgrund mangelnder Erfahrung, diese neuartige Vorgehensweise noch nicht die rechte Akzeptanz innerhalb der traditionellen DV-Bereiche.

Aber auch die Anwender von Informationssystemen unterscheiden sich stark von den Nutzern der Abwicklungssysteme.

5.2 Ermittlung des Informations- und Kommunikationsbedarfs

Letztere sind in der Regel Sachbearbeiter, die einen großen Teil ihrer Arbeitszeit dem Abwicklungssystem widmen (müssen). Oftmals führen sie ihre Aufgaben schon mehrere Jahre lang durch, so daß Ihnen auch die „Stolpersteine" des Systems vertraut sind. Die Nutzer von Informationssystemen können und wollen sich dagegen nicht so intensiv mit der Anwendung auseinandersetzen. Ihr vordringliches Ziel ist es, auf einfache Weise die Informationen zu erhalten, mit denen sie ihre Aufgaben besser erledigen können. Defizite bei der Benutzerakzeptanz führen unweigerlich dazu, daß die Informationsbeschaffung an Mitarbeiter delegiert wird. (Dies ist möglicherweise einer der Gründe für den starken personellen Zuwachs der letzten Jahre in Stabsbereichen großer Unternehmen).

Die folgende Zusammenfassung stellt die wesentlichen Strategien für die Entwicklung von Ablauf- und Informationssystemen gegenüber:

	Ablaufsysteme	Informationssysteme
Klasse	Relations-bezogen	Dimensions-bezogen
Vorbereitung	Lastenheft Pflichtenheft Datenmodell	Dimension-Hierarchie-Definition Analyse Datenbrauchbarkeit Analyse Datenverfügbarkeit
Realisierung	a) Standardsoftware b) Rapid Application Development	Prototyping Modulbildung (Geschäftsobjekte)
Schlagwörter	Register, Schnittstellen	Benutzerführung, Visualisierung
Erfolgskriterien (aus technischer Sicht)	Robustheit Zuverlässigkeit Verfügbarkeit	Flexibilität Benutzerfreundlichkeit (Spaß) Performance
Akzeptanz bei IT	hoch (klassische Vorgangsweise)	gering (kaum Erfahrung)

Abb. 20: Unterschiede in Entwicklung und Erwartung

5.2 Ermittlung des Informations- und Kommunikationsbedarfs

5.2.1 Grundsätzliches Vorgehen

Keine genaue Anweisung möglich

Um es vorweg zu sagen: Einen genauen Fahrplan für die Ermittlung des Informations- und Kommunikationsbedarfs gibt es nicht und wird es auch in Zukunft kaum geben. Unterschiedliche Menschen, unterschiedliche Aufgabenstellungen und ständig wechselnde Schwerpunkte lassen nicht zu, das Informationsinteresse der Zielgruppen genau zu erfassen und für einen längeren Zeitraum festzuschreiben. Ein Manager beispielsweise, der schon einige Jahre für einen bestimmten Verantwortungsbereich zuständig ist und somit diesen recht gut kennt, konzentriert sein Interesse auf Veränderungen, auch wenn sie für Außenstehende nicht so spektakulär sind. Anders verhält sich ein Manager, der erst kurze Zeit eine neue Stelle bekleidet. Ihm wird zunächst daran liegen, sich über die Zusammenhänge in seinem neuen Bereich klar zu werden.

Aktuelle Themen haben Vorrang

Aktuelle Themen wie Umsatzentwicklung, Personal, Währungseinfluß, Rohstoffe usw. überlagern das Grundinteresse oft für einige Wochen, bis eine gewisse „Entspannung" in diesem Punkt eingetreten ist. Das kann mit ein Grund dafür sein, warum wiederholte Befragungen der gleichen Manager andere Informationswünsche hervorbringen. Nicht selten hat sich, wenn das System endlich in Betrieb geht, das Interesse stark verändert. Dann hilft es erfahrungsgemäß wenig, auf früher erstellte und entsprechend abgestimmte Unterlagen zu verweisen.

Als durchaus sinnvoll aber äußerst schwer umsetzbar erweist sich der Ansatz, dem Management nur die Informationen anzubieten zu wollen, die es zur Bewältigung seiner Aufgaben braucht. Zum einen läßt sich diese Auswahl kaum ermitteln, zum anderen berücksichtigt diese mehr organisatorische Sicht zu wenig, daß Manager gesamtverantwortlich handeln und deshalb die Wahl ihrer Informationsinhalte selbst bestimmen wollen (und sollen). Eine noch so gut gemeinte Beschneidung der Informationsquellen kann einen gegenteiligen Effekt hervorrufen. Wegen dieses Risikos, zwar gutgemeinte, aber falsche Akzente zu setzen, findet diese oft geäußerte Anregung bisher keine praktische Umsetzung.

Was, wann, wie

Dennoch sollten auch grundsätzliche Gedanken zu dem Thema Berücksichtigung finden. Manager und Sachbearbeiter priorisieren die Fragen „WAS", „WANN" und „WIE" jeweils unterschiedlich. Den strategisch denkenden Manager interessiert vor allem das WAS, dann das WANN und erst zuletzt das WIE. Als Beispiel soll die Markteinführung eines Produktes dienen: Wichtig ist, welches Produkt in den Markt gebracht werden soll (WAS), als zweites stellt sich die Frage, zu welchem Zeitpunkt es anzubieten ist (WANN), und erst zuletzt ist zu klären, WIE dieses erfolgen soll. Der Grund liegt darin, daß die Spitzenmanager auf Grund ihrer jahrelangen Erfahrung die Machbarkeit „aus dem

5.2 Ermittlung des Informations- und Kommunikationsbedarfs

Bauch heraus" abschätzen können. Die Durchführung überlassen sie dann erfahrenen Mitarbeitern.

Ganz anders sieht die Situation für den operativ tätigen Mitarbeiter aus, der primär an dem WIE interessiert ist. Dazu gehört z. B. auch die Preisfindung. Dann folgt das WANN, und erst zuletzt das WAS, da dies gewöhnlich von der Geschäftsleitung vorgegeben wird.

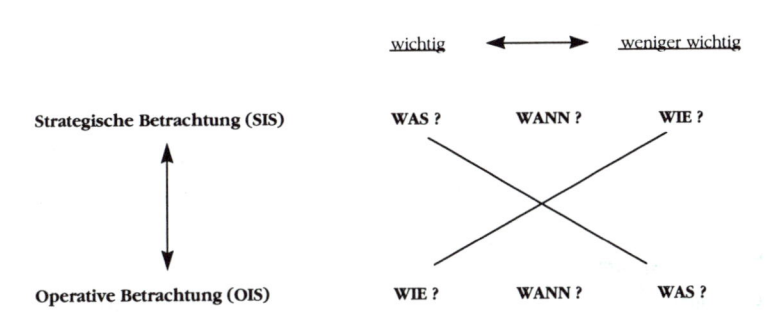

```
                                    wichtig  <------>  weniger wichtig

Strategische Betrachtung (SIS)      WAS ?    WANN ?    WIE ?
        ↑
        ↓
Operative Betrachtung (OIS)         WIE ?    WANN ?    WAS ?
```

SIS = strategisches Informationssystem
OIS = operatives Informationssystem

Abb. 21: Betrachtungsweisen

Unterschiedliche Systemansätze, gleiche Oberfläche

Diesem Ansatz folgend ist es sinnvoll, ein strategisches anders als ein operatives Informationssystem aufzubauen. Das bedeutet aber nicht, daß man zwangsläufig eine andere Technik verwenden muß. Lediglich die Inhalte unterscheiden sich.

Diese Erkenntnis allein liefert aber noch keine Aufstellung über den Informationsbedarf. Hinzu kommt der Umstand, daß selbst bei vorhandenem Wissen über den Bedarf die notwendigen Informationen nicht immer beigebracht werden können. Und der Aufbau neuer, in einem DV-gestützten System verwertbarer Informationseinheiten birgt eine Menge Risiken. Es genügt nicht, den Datenbestand einmal aufzubauen. Er muß auch, bei gleichbleibender Qualität, ständig aktualisiert werden können. Oftmals vergeht deutlich mehr Zeit als erwartet, bis man dieses Ziel erreicht hat. Gelegentlich erweisen sich derartige Vorhaben sogar als undurchführbar.

Pragmatisches Vorgehen

Es bleibt im ersten Ansatz eigentlich nur die Möglichkeit, die papiergestützte Informationsversorgung der Zielgruppe „Manager" zu erkunden und auf eine Übertragbarkeit auf DV-gestützte Medien zu prüfen. Dazu empfiehlt es sich, die Assistenten und Sekretärinnen intensiv zu befragen bzw. in das Projekt einzubinden. Das sollte behutsam geschehen, um nicht unnötige Ängste zu wecken. Denn nicht selten führt schon die Ankündigung eines Informationssystems zu Abwehrreaktionen einzelner Bereiche, die, aus Furcht vor Aufgaben- und Imageverlust, nur zum Schein kooperieren.

5.2.2 Befragungen

In nahezu allen professionellen Empfehlungen für Vorgehensweisen beim Aufbau von Informationssystemen steht am Anfang die Ermittlung des Informationsbedarfs. Fast immer wird hierbei eine Befragung der späteren Teilnehmer vorgeschlagen. Die meisten Unternehmensberater stellen dafür ausgefeilte Erfassungsunterlagen zur Verfügung. Aber auch Dissertations- und Diplomarbeiten zu diesem Thema befürworten regelmäßig diesen Ansatz.

Endanwender nicht befragen

Dennoch dürfen berechtigte Zweifel an der Richtigkeit dieses Vorgehens erlaubt sein. Hierfür sind vor allem zwei Gründe maßgeblich:

- Endbenutzer passen erfahrungsgemäß ihre Informationswünsche während der Projektphase jeweils dann veränderten Aufgabenstellungen bzw. wechselnder Fokussierung auf spezielle Fragestellungen an. Ist z. B. der Abbau der Vorräte gewünscht, benötigt das Management detaillierte Informationen zur Steuerung und zur Kontrolle. Schwanken andererseits die Rohstoffpreise, dann gewinnen derartige Preisinformationen an Bedeutung. So prägt oft die augenblickliche Interessenslage das Anforderungsprofil des künftigen Systems.
- Das Befragen der Anwender fördert regelmäßig Informationswünsche zutage, die auch langfristig nicht erfüllbar sind. Nichts ist dann für die Projektgruppe enttäuschender, als die zu hohe Erwartungshaltung korrigieren zu müssen. Der Anwender wird, seinerseits ebenfalls frustriert, zu Recht anmerken, daß man ihn nicht nach etwas fragen soll, was er dann doch nicht bekommen kann.

Alternative: Mitarbeiter befragen

Deshalb wird als sinnvolle Alternative zu der direkten Befragung empfohlen, diejenigen Mitarbeiter aufzusuchen, die für die Informationsaufbereitung und -verteilung im Unternehmen zuständig sind. Dort liegen oft jahrelange Erfahrungen vor, die besonders die „Informationskultur" eines Unternehmens berücksichtigen. Man lernt, welche Daten verfügbar sind und welche Aufbereitung gewünscht wird. Weiterhin kann man die Gelegenheit nutzen, für das neue Konzept zu werben und auftretende Fragen

5.2 Ermittlung des Informations- und Kommunikationsbedarfs

direkt vor Ort zu klären. Das frühe Einbinden der etablierten Informationslieferanten schränkt außerdem die Gefahr einer möglichen Konkurrenzsituation erheblich ein.

Angebot vorschlagen

Statt einer Befragung der Endbenutzer sollte man lieber versuchen, im künftigen Informationssystem ein Angebot aus dem, was verfügbar ist bzw. mit vertretbarem Aufwand beschafft werden kann und von den oben beschriebenen Mitarbeitern als sinnvoll angesehen wurde, zu unterbreiten.

5.2.3 Themenkreise

Die Unterteilung der Informationsinhalte in Themenkreise stellt eine schwierige und zugleich wichtige Aufgabe dar, weil sie für einen langen Zeitraum die im Informationssystem anzubietenden Sachgebiete festschreibt. Ein breiter Ansatz vermeidet, daß an anderer Stelle im Unternehmen Parallelaktivitäten entstehen, bringt aber die Verpflichtung mit sich, diese Themenkreise zügig zu füllen. Alle bisherigen Erfahrungen zeigen, wie zeitaufwendig es sein kann, die notwendigen Daten in aussagefähiger Form bereitzustellen, wenn integrierte Systeme fehlen.

Breit angelegtes Konzept

Dennoch sollte man vor einem breit angelegten Konzept nicht zurückschrecken. Die Termine für die Realisierung dürfen jedoch nicht zu knapp bemessen sein. Es kann durchaus von Vorteil sein, Fertigstellungstermine für einzelne Themenkreise anzubieten, die drei bis fünf Jahre hinter dem Projektstart liegen. Das unterstreicht den notwendigen Zeitaufwand. Die oft viel zu knapp bemessenen Vorgaben sind die häufigsten Ursachen für einen späteren Mißerfolg. Weder die Auftraggeber noch die Konstrukteure eines Informationssystems verfügen in der Regel über konkrete Erfahrungen auf dem Gebiet, so daß häufig völlig unrealistische Zielsetzungen beobachtet werden. Als trügerisch erweist sich die Methode, mit vermeintlich attraktiven Zusagen den Projektauftrag ergattern zu wollen. Selbst wenn es nicht so populär erscheint, sollte man lieber im Vorfeld anstreben, bei der Zeitvorgabe „auf der sicheren Seite" zu liegen, weil man sonst bald von Unzufriedenheit oder sogar Enttäuschung erdrückt wird.

Bei der Auswahl der Themenkreise darf man sich nicht von der verfügbaren Software leiten lassen. Ein SAP®-EIS heutiger Prägung kann sicherlich den umfangreichen Themenkatalog nicht vollständig bedienen. Andererseits ist es nicht ratsam, wichtige Bereiche auszusparen und sie ggf. in einem alternativen Projekt anbieten zu wollen. Der Rahmenplan sollte schon unterneh-

5 Aufbau eines Informationssystems

mensrelevante Züge tragen und nicht indirekt von Hardware- oder Softwarelieferanten „vorgegeben" sein. Im folgenden wird gezeigt, daß bereits heute ein breiterer Ansatz realisiert werden kann, als er derzeit ausschließlich mit SAP®-EIS möglich wäre. Dabei „weiß" der Anwender nicht, ob die jeweiligen Informationen direkt aus dem SAP®-EIS stammen oder aus anderen Informationsquellen herangezogen werden. Letztlich ist es für ihn auch uninteressant, welche Technik im Detail „unter der Motorhaube" seines Informationssystems steckt.

Mögliche Themenkreise sind:

- Strategie
- Markt/Börse
- Geschäft
- Organisation
- Personal
- Beschlüsse

sechs Themen pro Themenkreis

Zu jedem der Themenkreise könnten sechs Themen angeboten werden, so daß im Endausbau 36 Auswahlmöglichkeiten im Startblatt zur Verfügung stehen würden.

5.2.4 Themen

5.2.4.1 Themen allgemein

Inhaltliche Verantwortung

Die Themen sind kleine, in sich abgeschlossene Sachgebiete („Geschäftsobjekte"). Ihre Gruppierung zu Themenbereichen richtet sich nach der jeweiligen Interessenslage der Nutzer. Wenn möglich sollte die redaktionelle Verantwortung bei einem Inhaltsverantwortlichen (siehe auch Seite 150) liegen. Ebenso wichtig muß aber die Einschätzung sein, ob die notwendigen Informationen zu den jeweils festgelegten Terminen mit vertretbarem Aufwand beschafft werden können. Die hier vorgestellten Themen dienen in diesem Sinne lediglich als Anregung.

5.2.4.2 Themen des Bereiches Strategie

Portfolio-Darstellungen

Hier können strategische Informationen aus den operativen und den zentralen bzw. Servicebereichen untergebracht sein. Beispiele sind Portfolio-Darstellungen, die sich zusätzlich noch in Profile und Steckbriefe unterscheiden lassen. Profile stellen dabei eine möglichst auf eine Bildschirmseite passende Übersicht mit den wichtigsten Kennzahlen und Strategien dar, während die

5.2 Ermittlung des Informations- und Kommunikationsbedarfs

Steckbriefe einen detaillierteren Einblick in die Situation der jeweiligen Geschäftseinheit erlauben. Inhalt und Form der Darstellung variieren sicherlich von Unternehmen zu Unternehmen bzw. von Branche zu Branche, in denen das Unternehmen tätig ist.

Investitionen

Ein weiteres Thema könnte sich den Investitionen widmen und z. B. von einem allgemeinen Einstieg in die monatlichen Investitionsausgaben über ein Auswahlfeld nach Regionen und Organisationseinheiten bis zu Investitionslisten, unterteilt in die Zustände „genehmigt" und „geplant", und weiter bis zu Einzelinformationen über ein Projekt führen (siehe Beispiel Seite 121).

Forschung

In vielen Unternehmen spielt die Forschung eine strategisch wichtige Rolle, welche mit einem separaten Thema im Themenbereich der Strategie Würdigung finden kann. Dabei läßt sich ein weiter Bogen von den Forschungszielen über die Forschungsprojekte bis zu den Ausgaben und die an die Projekte geknüpften wirtschaftlichen Erwartungsdaten spannen.

Sinnvoll können auch zusätzliche Auswertungen und alternative Rechnungen bis hin zu Simulationen auf Basis der im Themenbereich Strategie gesammelten Daten sein. So eröffnet sich kreativen Strategiecontrollern ein weites, für die langfristige Ausrichtung des Unternehmens sehr wertvolles Betätigungsfeld, das sich mit Hilfe der im Informationssystem abgelegten Daten deutlich schneller erschließen läßt.

5.2.4.3 Themen des Bereiches Markt/Börse

Markt- und Börsedaten sind ein gutes „add on" für ein Informationssystem. Man kann inzwischen bei externen Anbietern die hierfür benötigten Daten beziehen. Ihre Umwandlung in eine für das Informationssystem brauchbare Form gelingt weitgehend automatisch. Manche Unternehmen beschäftigen eigene Stabsabteilungen, um die Daten weiter aufzubereiten und auszuwerten.

Wettbewerber

Ein Thema sollte sich den wichtigsten Wettbewerbern widmen und entsprechende Bilanzzahlen vergleichend aufbereiten. Neben der jährlichen Berichterstattung empfiehlt sich auch die quartalsmäßige Betrachtung, die möglichst zeitnah nach dem Quartalsabschluß des jeweiligen Mitbewerbers aktualisiert werden muß. Besonders vorteilhaft lassen sich Daten einbinden, die eigene Überschneidungsbereiche mit den verschiedenen Wettbewerbern zeigen. Oft sind diese Informationen, entsprechend strukturiert, in den einzelnen Unternehmensbereichen bereits

5 Aufbau eines Informationssystems

vorhanden, so daß sich mit vertretbarem Aufwand auch Gesamtzahlen ableiten lassen.

Möglicherweise hält die zentrale Marktforschungsabteilung weitere Daten über Länder, Branchen und Konzerne bereit, die man ausgezeichnet in ein Informationssystem einbinden kann.

Rohstoffpreise

Den Rohstoffpreisen sollte ein weiteres Kapitel gewidmet sein, besonders in Unternehmen, bei denen diese eine wichtige Rolle spielen. Kommentare und Prognosen bzw. Trendangaben werten hierbei die reinen Historiedaten spürbar auf, so daß die Informationen sicherlich bei operativen und strategischen Entscheidungen entsprechend berücksichtigt werden.

Börseninformationen

Der Shareholder-Value-Gedanke räumt den Börseninformationen einen neuen Stellenwert ein, bis hin zu dem Gedanken, daß eine Firma nur noch ein einziges, wirkliches Produkt herstellt, nämlich die Aktie, und daß die vermeintlichen Produkte, z. B. Pharmazeutika, Kunststoffe und Chemikalien nur dazu dienen, dem Kapitalanleger eine angemessene Rendite zu erwirtschaften. Börseninformationen, gepaart mit Angaben zu Devisen, sollten deshalb ein eigenes Thema innerhalb eines Informationssystems bilden. Dabei muß sowohl der Aktualität, z. B. auch durch Anzeigen von Vor- und Nachbörse, als auch der Analysemöglichkeit Rechnung getragen werden. Die Analysen können sich über Zeitreihen im einfachsten Fall bis hin zu indizierten Vergleichen und Simulationen erstrecken (siehe Styleguide-Element „Indizieren" auf Seite 108).

Marktinformationssysteme

Marktinformationssysteme, die oft in den Unternehmensbereichen angesiedelt sind, könnten auf verdichtetem Niveau entsprechende Kunden- und Wettbewerberinformationen beisteuern, besonders dann, wenn bereichsübergreifend Branchendaten vorliegen. Nicht immer läßt sich das wegen unterschiedlicher Strukturen und Begrifflichkeiten ohne weiteres realisieren. Es sollte aber das (erstrebenswerte) Ziel eines modernen Informationssystems sein, auch derartiges Zahlenmaterial anbieten zu können.

5.2.4.4 Themen des Bereiches Geschäft

Dieser Themenbereich widmet sich den Controlling-Daten des operativen Geschäftes. Die wichtigsten Kenngrößen Umsatz, Ergebnis, Cashflow Return on Investment (CfRoI) usw. lassen sich in verschiedenen „Sichten" wie Zeitreihen, Darstellung nach Verantwortungsbereichen, Regionen und Konzerngesellschaften, an Plan- und Vorjahresdaten spiegeln. Naturgemäß unterscheiden sich die Inhalte bei Unternehmen, die eine Konzernstruktur besitzen von denen einer reinen Holding, deren vordringliches Interesse oftmals darin besteht, Firmen zu kaufen und zu verkaufen. Oft spielt in einem Konzern das Stammhaus eine entscheidende Rolle, so daß hierüber auch tagesnahe Daten, z. B. über den Umsatz, den Auftragseingang und den Auftragsbestand, sinnvoll erscheinen. Diese liegen im übrigen meist nicht auf Konzernebene vor, zumindest nicht im gleichen Detaillierungsgrad wie bei der Muttergesellschaft.

Bedeutung von Kommentaren

In diesem oft für ein klassisches EIS-System typischen Themenbereich spielt das Drilldown, d. h. das Navigieren zu Detailinformationen, eine wichtige Rolle. Von noch größerer Bedeutung sind jedoch aussagefähige Kommentare, die auf Besonderheiten hinweisen und im Idealfall den einfachen Sprung zu den erwähnenswerten Einzelinformationen gestatten.

Zum Bereich Geschäft zählen auch Informationen über Vorräte und Forderungen, die, wenn möglich, in der gleichen Struktur wie die Umsatz- und Ergebnisdaten dargestellt werden sollten.

5.2.4.5 Themen des Bereiches Organisation

Sammelbecken

Der Themenbereich Organisation kann als Sammelbecken für verschiedenste, das Unternehmen betreffende Fragestellungen, die nicht direkt anderen Themenbereichen zuzuordnen sind, dienen. Hier finden sich beispielsweise verschiedene Arten von Organisationsplänen, die mit zusätzlichen Informationen angereichert sein können. Das Spektrum reicht vom Telefonbuch bis zu den Darstellungen der Aufsichts- und Verwaltungsgremien im Beteiligungsbereich. Beachtung verdienen auch Statistiken mit Angaben zum Umfeld des Unternehmens, z. B. Unfallzahlen und Daten zum Umweltschutz. Daneben sollten auch Regelungen wie Rundschreiben und Betriebshandbücher Berücksichtigung finden.

Kostendaten

Ein Thema widmet sich den Kosten, zumindest denen der Mutter- und der wichtigsten Beteiligungsgesellschaften, wenn keine für das Gesamtunternehmen konsolidierten Zahlen vorliegen. Viele Firmen verfügen über eine Kostenplanung und -budgetierung, deren Berichtsdaten zu den festen Bestandteilen eines Informationssystems gehören sollten.

Häufig besteht ein Interesse an dem weltweiten Vertriebs- und Produktionsprogramm eines Konzerns, was in einem weiteren Thema abgebildet werden kann.

5 Aufbau eines Informationssystems

5.2.4.6 Themen des Bereiches Personal

Gerade in heutiger Zeit gewinnt die Personalentwicklung mehr und mehr an Bedeutung. Neben den reinen pro-Kopf-Zahlen sollten Altersstrukturen und Qualifikationen der Mitarbeiter abrufbar sein. Die unterschiedlichen Betrachtungsweisen der Personalzahlen machen es erforderlich, diese nach regionalen, funktionalen und organisatorischen Gesichtspunkten darstellen zu können.

Personalaufwand

Auch der Personalaufwand kann durchaus ein eigenes Thema sein. So wird die zentrale Bedeutung dieses Punktes unterstrichen, auch wenn möglicherweise keine konzernübergreifenden Informationen verfügbar sind.

Besonderer Zugriffschutz für sehr sensible Personaldaten

Sehr sensibel sind Daten über Führungskräfte wie z. B. Nachfolgeplanungen und Kanditatenlisten zu behandeln. Sie sind aber in einem Informationssystem nicht weniger wichtig. Oft fehlt hier jedoch die notwendige Technik, die Daten vor jeglichem unbefugten Zugriff zu schützen (siehe hierzu Seite 162).

5.2.4.7 Themen des Bereiches Beschlüsse

Beschlüsse lassen sich nur schwer in Strukturen pressen, so daß sich in diesem Themenbereich bevorzugt unstrukturierte Informationen wiederfinden. Allen voran sollten hier Protokolle der aus Unternehmenssicht wichtigen Besprechungen vorzufinden sein, angefangen von Vorstandsprotokollen bis hin zu Sitzungsunterlagen zentraler Kommissionen und Fachausschüsse. Will das Informationssystem mehr als eine elektronische Ablage sein, so steht hier die Lösung einer großen Aufgabe bevor. Allerdings reichen technische Mittel allein nicht aus. Auf einen begleitenden, teilweise recht umfangreichen redaktionellen Anteil kann besonders an dieser Stelle nicht verzichtet werden.

5.2.5 Nachrichten

Nachrichten haben „Charme"

Dem Charakter einer „virtuellen Unternehmenszeitung" kommt ein Informationssystem dann besonders nahe, wenn es aktuelle Nachrichten einbindet. Hier bieten sich Meldungen der verschiedenen Presseagenturen an, die aber intern gefiltert und ggf. überarbeitet werden sollten. Dies kann z. B. durch den Bereich Öffentlichkeitsarbeit des Unternehmens geschehen. Da wichtige Nachrichten am folgenden Tag in den Medien zu finden sind, empfiehlt es sich, sie jeweils abends aus dem System zu entfernen. Als vernünftig hat sich eine Anzahl von ca. 15 Meldungen pro Tag, nach Eingang absteigend sortiert, erwiesen. Be-

5.2 Ermittlung des Informations- und Kommunikationsbedarfs

sonders wichtige Meldungen sollten durch eine Signalfarbe hervorgehoben werden können.

Nachrichten auf der Startseite zeigen

Die Nachrichten erscheinen am besten auf der Startseite des Systems mit ihrer Überschrift als „Highlight". Nach Anklicken der Überschrift wird der entsprechende Meldungstext angezeigt.

5.2.6 Termine

Terminänderungen hervorheben

Zur DV-Unterstützung eines Arbeitsplatzes gehört die Verwaltung von Terminen, wobei zwischen allgemeinen und persönlichen Terminen zu unterscheiden ist. Die allgemeinen Termine betreffen routinemäßige Sitzungen, z. B. des Vorstandes, der Zentral- und Fachkommissionen oder die Bilanzpressekonferenzen. Sinnvollerweise sollten Terminänderungen direkt erkennbar sein (siehe Beispiel Seite 109).

Darüber hinaus muß ein Anwender entscheiden können, ob und in welchem Umfang er persönliche Termine einbinden will. Da es hierfür in den meisten Firmen noch keine allgemeine Vorgabe für die einzusetzende Terminverwaltungssoftware gibt, reicht es oft aus, ein Terminprogramm nach Wahl aus dem Informationssystem heraus starten zu können.

5.2.7 Kommunikation

Einbinden verschiedener Dienste

Es ist unverzichtbar, in einem modernen Informationssystem auch Kommunikationskomponenten anzubieten. Allerdings sollte die Einbindung der notwendigen Software individuell erfolgen können. Neben der oben angesprochenen Terminverwaltung kommen Email, Fax, Externe Dienste wie AOL und Compuserve und, falls aus dem Firmennetz möglich, ein Zugang zum Internet in Betracht. In Zukunft nehmen Intranet-Angebote sicherlich einen besonderen Stellenwert ein. Die hierzu geeigneten Strategien werden an anderer Stelle dieses Buches behandelt (siehe Seite 139).

5.2.8 Persönliche Informationen

Die Möglichkeit zur Verwaltung persönlicher Informationen wie Besprechungsnotizen oder Wiedervorlagen können im Rahmen eines Informationssystems ebenfalls mit angedacht werden. Allerdings setzt dies beim Anwender eine höhere Fertigkeit in der Arbeit mit dem Computer voraus. Leider fehlen auf dem Markt Programme, die zuverlässig und in einfacher Weise die Ablage und das Wiederfinden entsprechender Informationen ermöglichen, idealerweise noch mit der Option, daß logische Fehler des

5   Aufbau eines Informationssystems

Anwenders abgefangen und vom System korrigiert werden. Besonders interessant wäre eine intelligente Verknüpfung mit den Inhalten des Informationssystems. Aber von einer derartigen Software ist man noch ein gutes Stück entfernt.

5.3   Erstellen eines produktiven Data Warehouses

5.3.1   Datenmodell

Daten liegen in Normalform vor

Beim Aufbau von Abwicklungssystemen gilt das zugrundeliegende Datenmodell als unverzichtbarer Teil eines Lastenheftes. Bei einem Informationssystem liegen die Dinge möglicherweise anders: Auf Basis vorhandener relationaler Datenbanken legt man für strukturierte Daten eine Wertetabelle an, deren Schlüsselbegriffe in entsprechenden Registertabellen bereitgehalten werden (= Normalisierung, ein Verfahren in der Relationentheorie zur Vermeidung von Redundanzen). Nur sehr selten kommt es vor, daß für eine einzelne Anzeige im Informationssystem mehrere Wertetabellen herangezogen werden müssen. Entitäten spielen folglich hier eine untergeordnete Rolle. Oftmals existiert für die unterlagerten Abwicklungssysteme aber bereits ein umfangreiches Datenmodell, das dann lediglich um geeignete Berichtstabellen ergänzt werden muß.

5.3.2   Tabellenstruktur

Kombination verschiedener Datenquellen

SAP®-EIS handhabt nur die Daten, die in das betriebswirtschaftliche Modell von SAP passen. Ein Telefonverzeichnis mit Unterstützung des Stammdatenreportings läßt sich beispielsweise im SAP®-EIS derzeit nicht abbilden. Das bedeutet, daß durchaus eine oder mehrere weitere Datenquellen in das Informationssystem eingebunden werden müssen. Sicherlich bilden die SAP-Daten dabei das Rückgrat des Informationssystems. Der Charme liegt aber in der Kombinierbarkeit verschiedener Datenquellen unter einer gemeinsamen Benutzeroberfläche. Das ermöglicht, Daten anzuzeigen, die grundsätzlich nicht oder erst zu einem späteren Zeitpunkt über die SAP-Systemfamilie verfügbar sind.

SAP®-EIS, dessen Ausgangsdaten in relationalen Tabellen abgelegt sind, erstellt im ersten Schritt einen sog. Bericht als multidimensionalen Datenwürfel im Hauptspeicher des Servers, auf den dann entweder SAP-GUI (Grafical User Interface) oder inSight® als Frontend zugreifen. Da sich SAP-GUI mehr an Controller und weniger an „Normalanwender" richtet, konzentriert sich dieses Buch auf den Zugriff über inSight®, bei dem eine

5.3 Erstellen eines produktiven Data Warehouses

komfortable, leicht zu bedienende Benutzeroberfläche erstellt werden kann.

OLAP, ROLAP

Unter der Bezeichnung OLAP (Online analytical processing, siehe Seite 7) diskutieren Softwareanbieter verschiedener Lager, ob für eine Darstellung mehrdimensionaler Informationsinhalte auch unbedingt eine mehrdimensionale physikalische Datenhaltung angezeigt ist oder ob die Daten besser relational gespeichert und dann mit virtuellen Datenwürfeln auszuwerten sind. Letzteres taucht unter der Bezeichnung ROLAP (relationales OLAP) auf. Nach heutigem Kenntnisstand sind beide Wege möglich und im Idealfall sogar kombinierbar. Das bedeutet, daß das gewünschte Informationssystem durchaus in verschiedenen „Teilsystemen" abgelegt sein kann. Allerdings erscheint es aus Anwendersicht kaum sinnvoll, wenn jedes Teilsystem mit einer eigenen Benutzeroberfläche aufwartet. Wesentlich mehr Akzeptanz findet eine gemeinsame Benutzeroberfläche, die dem Endanwender das Gefühl eines einheitlichen Systems vermittelt. Letztlich ist es ihm egal, aus wievielen Teilsystemen sich sein Informationsangebot zusammensetzt. InSight® kann hier als Spezialist für eine benutzerfreundliche Oberfläche eines Informationssystems gelten, das Schnittstellen zu den unterschiedlichen Informationsquellen und Auswertefunktionen bereitstellt. Trotz eines intelligenten Handling der darzustellenden Informationen und einer mächtigen Entwicklerumgebung, die ein schnelles Erstellen und ein problemloses Anpassen der Endanwendungen gestatten, verfügt inSight® über keine speziellen Funktionen zur Datenbearbeitung oder -analyse. Am besten sollte dies in den vorgelagerten Systemen geschehen. SAP®-EIS, in dessen Berichte bereits das betriebswirtschaftliche Konzept des SAP-Systems eingeflossen ist, liefert hierfür ein typisches Beispiel.

Betriebswirtschaftliche Logik im SAP®-EIS

So bietet SAP®-EIS deutliche Vorteile gegenüber einer Lösung auf Basis relationaler Datenbanken: SAP®-EIS liefert die betriebswirtschaftliche Logik bereits mit, so daß sie nicht, wie im Falle der relationalen Datenbanken, vom Anwendungsentwickler mühsam nachgebildet werden muß. SQL-Zugriffe sollten sich daher auf die Themen beschränken, die nicht oder noch nicht im SAP®-EIS abbildbar sind.

Da aber, je nach Einführungsstand von SAP, eine Reihe interessanter Themen nur in relationalen Datenbanken vorliegen, sollen im folgenden einige Methoden beleuchtet werden, die Antwortzeiten von SQL-Zugriffen aus einer inSight®-Anwendung heraus zu verbessern.

81

5.3.2.1
Bessere Performance durch Indizes

Indizes

Bei relational angelegten Tabellen lassen sich Datenbankzugriffe durch das Anlegen von Indizes extrem beschleunigen. Ein Index „sortiert" die Begriffe einer Datenbankspalte, so daß bei einer Abfrage nicht die gesamte Tabelle sequentiell gelesen werden muß. Auf das geschickte Anlegen von Indizes kann, besonders bei umfangreicheren Tabellen, im Sinne einer guten Performance des Informationssystems nicht verzichtet werden. Eine gute Vorgehensweise besteht darin, nach der Entwicklung einer inSight®-Anwendung die SQL-Befehle, die am häufigsten erzeugt werden, auszulesen und danach die Indizes zu setzen. Dazu bietet sich die Skript-Funktion PROGRAMMABLAUF PROTOKOLLIEREN an, die alle SQL-Statements während einer Abfragesequenz mitschreibt. Es empfiehlt sich, bei eingeschalteter Protokollierfunktion die wahrscheinlichsten Abfragen auszuführen. Geschickte Indizierung kann die Antwortzeiten von mehreren Minuten auf einige Sekunden verkürzen.

5.3.2.2
Vorberechnete Summen

Summenzeilen

Summenzeilen gehören wie die Indizierung zum Standardrepertoire der Datenbankgestalter. Mit den dort abgelegten, meist beim Einlesen der Daten erzeugten Summen soll vermieden werden, daß die Summenbildungen immer über die ganze Tabelle erfolgen müssen. Es ist nicht ungewöhnlich, daß der Monatswert für den Gesamtumsatz eines Konzerns einige hundertmal abgefragt wird. In Abhängigkeit von der Größe der Tabelle führt das Ablegen berechneter Werte zu einer wesentlichen Entlastung des Datenbankservers und deutlich kürzeren Antwortzeiten (die meisten mehrdimensionalen Datenbanken müssen übrigens, wollen sie schnell abrufbar sein, vollständig durchgerechnet werden, was bei großen Datenbeständen einige Stunden dauern kann).

Summenzeilen machen relationale Tabellen unübersichtlicher

Eine spezielle Summenkennzeichen-Spalte beschreibt die verschiedenen Summenzeilen. Jedoch muß der Vorteil der eleganteren Abfrage über die Summenzeile mit einer zusätzlichen Unübersichtlichkeit der relationalen Tabellen bezahlt werden. Daher erfolgt die Definition der entsprechenden Summenkennzeichen nach mathematischen Regeln, um eine Automatik bei der Anfrage aus MIS-Anwendungen heraus zu ermöglichen. Eine normale SQL-Abfrage ohne Berücksichtigung der Summenzeilen würde, weil sie auch die Summenzeilen mitaddiert, zu einem deutlich höheren und damit falschen Ergebnis führen: Die

5.3 Erstellen eines produktiven Data Warehouses

Summen werden mehrfach dargestellt. Das erschwert die Abfrage mit „normalen" SQL-Tools und macht sie in einigen Fällen sogar unmöglich.

Ein Tool zur Erstellung eines Informationssystems auf der Basis relationaler Tabellen muß deshalb Summenzeilen entsprechend behandeln können. Dies ist erfreulicherweise bei inSight® der Fall.

Konsolidierung

Einen weiteren Vorteil, ja sogar manchmal eine Notwendigkeit, bietet die Summenzeile, wenn bestimmte Informationen nicht durch Addition der vorhandenen Daten darstellbar sind. Das kann z. B. bei der Konsolidierung zu Außenumsätzen der Fall sein, wenn die Bruttoumsätze einzelner Bereiche zwar vorliegen, die Angaben über die Innenlieferungen (= Belieferungen zwischen Konzerngesellschaften) aber fehlen. In einem solchen Fall läßt sich ein korrekter Außenumsatz, d. h. ohne interne Lieferungen, nicht bilden. Deshalb müssen diese Summierungen bereits vor dem Füllen der Tabelle erfolgen.

5.3.2.3 Zusammenfassende Tabellen

Oftmals wünscht man auf hoch verdichteter Ebene eine Zusammenstellung verschiedener Themen, derer Informationen nicht in einer, sondern in verschiedenen Tabellen stehen. Beispielsweise sollen auf einer Bildschirmseite Umsatz- und Ergebniszahlen, Vorräte, Forderungen, Personalinformationen, Auftragslage usw. sowie Angaben für die wichtigsten Beteiligungsgesellschaften aus Sicht eines Unternehmensbereiches dargestellt werden. Diese für den Leiter des Bereiches wichtigste Übersicht müßte hierbei eine Reihe verschiedener Werte-Tabellen auslesen und deren Daten aus zumeist große Datenmengen addieren. Dazu kommen einige Abmischungen mit Registertabellen. Demzufolge sind die Anwendungen so langsam, daß sie niemand akzeptiert.

Die Bildschirmseite baut sich wesentlich schneller auf, wenn die verschiedenen Informationen in eine separate, auf schnellen Zugriff ausgerichtete Tabelle geladen werden. Dies kann z. B. jeweils nachts erfolgen..

5.3.2.4 Views

Zugriffsberechtigung

Views, d. h. bestimmte Sichten auf relationale Tabellen, dienen nicht in erster Linie dem schnelleren Zugriff. Ihre eigentliche Bedeutung gewinnen sie aus der Regelung von Zugriffsrechten. Erfahrungsgemäß erschweren die (manchmal nicht nachvollziehbaren) Zugriffswünsche (oder besser: Zugriffsverhinderungs-

5 Aufbau eines Informationssystems

wünsche?) den Betrieb eines Informationssystem. Nicht selten muß hierfür ein beträchtlicher Aufwand eingeplant werden.

Dynamische View-Verwaltung

Eine dynamische View-Technik verringert den notwendigen Verwaltungsaufwand erheblich (sofern das eingesetzte Datenbanksystem diese unterstützt). Dabei greift das Informationssystem auf eine View zu, die für alle zugänglich ist, aber anfangs noch keinerlei Informationen enthält. Auf Basis einer im Datenbanksystem abgelegten Zugriffstabelle werden, je nach Berechtigung, die Sichten auf die entsprechenden Daten zugespielt. Diese Zugriffstabelle kann der Organisationsplan des Unternehmens sein, so daß, datengetrieben, der jeweilige Stelleninhaber automatisch den Zugriff auf seinen und alle ihm unterstellten Bereiche erhält. Damit regelt das Datenbanksystem und nicht die MIS-Anwendung die Zugriffsrechte, so daß ein Unterlaufen der Regelungen durch Einsatz eines anderen SQL-Abfragetools ausgeschlossen bleibt.

Auf die andere denkbare Variante, für jede Zugriffsberechtigung explizit eine View anzulegen, sollte nur dann zurückgegriffen werden, wenn die dynamische View-Erzeugung zu nicht vertretbaren Geschwindigkeitseinbußen führt.

5.3.3 Aufbau der Tabellen

5.3.3.1 Separate Tabellen

Verwaltung von Zugriffsrechten

Grundsätzlich empfiehlt es sich, für das MIS auch dann separate Tabellen anzulegen, wenn ähnliche Tabellen an anderer Stelle bereits existieren und auf die die Anwendung problemlos zugreifen könnte. Einerseits lassen sich bei „eigenen" Datentabellen Zugriffsrechte wesentlich eleganter verwalten. Andererseits kann es durchaus notwendig sein, bestimmte Daten nachträglich zu verändern (siehe auch Seite 34). Läßt sich dies ausschließen, bieten sich auch Views auf die „fremden" Tabellen an, da diese vom Datenbanksystem wie echte Tabellen behandelt werden. Das erspart ein Kopieren der Daten.

Üblicherweise liegen bei relationalen Datenbanken die Daten in Wertetabellen vor. Die zugehörigen Texte können zentralen Registerdateien entnommen werden. Ähnlich wie bei den Wertetabellen stellt sich auch für die Registertabellen die Frage, ob sie für das Informationssystem dupliziert werden sollen. In jedem Fall empfiehlt es sich, bei einem Duplikat auf die gleiche Tabellenstruktur und Feldbezeichnung zu achten, um einfache und damit fehlerarme Kopierroutinen einsetzen zu können. Leider

5.3 Erstellen eines produktiven Data Warehouses

treten in der Praxis gelegentlich Zwänge auf, die Daten nochmals umzuformen. Ein Beispiel ist die Notwendigkeit, Lira-Beträge in 1.000 Lira-Beträge umzuwandeln, weil das eingesetzte Datenbanktreiberprogramm große Lira-Beträge fehlerhaft behandelt. In derartigen Fällen müssen die „Eingriffe" sauber dokumentiert werden.

5.3.3.2 Tabellen im SAP®-EIS

Aspekte

SAP®-EIS verfügt über eine eigene Datenbasis, die aus mehreren Datenbanktabellen besteht. Jede dieser Tabellen, die die betriebswirtschaftlich zusammengehörigen Daten enthalten, ist nach einer individuellen Struktur aufgebaut. Ein solcher Datenbereich wird im SAP®-EIS „Aspekt" genannt. Die Aspekte trennen die Datenbasis des EIS in einzelne, voneinander weitgehend unabhängige Datenbereiche. Mögliche Bereiche sind Kennzahlen zu Aufträgen, Informationen zu Profit-Centern oder weitere Marktdaten. Neben der Datenbanktabelle gehören zu einem Aspekt eine Strukturbeschreibung sowie Bildschirmmaske, Bedieneroberfläche und Programme zur Datenerfassung und -anzeige. SAP unterstützt als Datenbanksystem für die Tabellen u. a. ORACLE und Informix.

Merkmale und Kennzahlen

Ein Aspekt besteht aus Merkmalen und Kennzahlen. Bei den Merkmalen handelt es sich um Ordnungsbegriffe wie z. B. Sparte, Region, Abteilung oder Firma. Die Kombination von Merkmalswerten (z. B. Sparte: Pharma, Region: NRW) nennt SAP Auswertungsobjekt. Die Festlegung von Merkmalen und Kennzahlen bei der Einrichtung des SAP®-EIS gibt den Rahmen für die mögliche Auswertung vor.

5.3.3.3 Berichte im SAP®-EIS

Recherche und Berichtsheft

Im SAP®-EIS lassen sich auf Basis der Merkmale und Kennzahlen eines Aspektes Berichte definieren, auf die dann bei der späteren Auswertung mit den beiden SAP®-EIS-Werkzeugen, der Recherche und dem Berichtsheft, zugegriffen werden kann. Diese Berichte können auch über inSight® angesprochen und in dem für inSight® typischen Layout dargestellt werden. Beim ersten Aufruf erfolgt der Aufbau des Berichtes als virtueller Datenwürfel im Hauptspeicher des Servers. Die Berichte basieren auf der Grundlage des betriebswirtschaftlichen Modells der SAP. Das kann als deutlicher Vorteil gegenüber dem Ansatz mit relationalen Tabellen gesehen werden, bei dem diese Logik in die Anwendung eingebaut werden muß. Beispielsweise erfolgt implizit

85

5   Aufbau eines Informationssystems

eine Verknüpfung mit Stammdaten. Sie müssen nicht, wie bei dem relationalen Modell, ausdrücklich mit den Bewegungsdaten verknüpft werden.

Kombination mit relationalen Tabellen

inSight®-Anwendungen auf der Basis von Berichten des SAP®-EIS sind denen auf Basis von relationalen Tabellen vorzuziehen. Bei Themen, die nicht in dem betriebswirtschaftlichen Konzept der SAP untergebracht werden können, besteht allerdings keine Wahl. Man könnte sie einfachheitshalber in dem relationalen Datenbanksystem anlegen, das auch SAP®-EIS für die Ablage der Aspekte nutzt. Die inSight®-Anwendung erlaubt es, gleichzeitig auf die Berichte im SAP®-EIS und auf diese zusätzlichen Tabellen zuzugreifen, da inSight® auf jeder Bildschirmseite sowohl SAP®-EIS-Werte als auch Informationen aus anderen Quellen nebeneinander darstellen und kombinieren kann.

5.3.3.4   Relationale Datenbanken

Umfangreiche Erfahrung

Aus technischer Sicht eignen sich relationale Tabellen ausgezeichnet zur Darstellung in einem Informationssystem auf der Basis von inSight®. Das kann aufgrund der positiven Erfahrungen mit inSight® und der für den Zugriff notwendigen ODBC-Schnittstelle gesagt werden. Die Verbindung zu den Berichten des SAP®-EIS, die erst später hinzu kam, läßt sich noch nicht so umfassend bewerten. Das ist aber nur eine Frage der Zeit.

Viele Firmen haben in der Vergangenheit eine große Zahl relationaler Tabellen zentral angelegt, die sie in periodischen Zeitabständen mit Inhalten der operativen Systeme füllen. Dazu gehören Tabellen über Umsatz, Ergebnis, Vorräte, Forderungen, Personal usw. Auf diese Tabellen bzw. Ausschnitte dieser Tabellen haben u. a. Mitarbeiter der Zentrale, der Geschäfts- und der Zentralbereiche Zugriff. Wegen der hohen Komplexität relationaler Tabellen bleibt die Abfrage in der Regel nur wenigen Spezialisten vorbehalten. Basierend auf dieser Datenquelle und meist unter Zuhilfenahme eines PC-Rechenblattprogramms oder einer PC-Textverarbeitung erstellen diese Mitarbeiter dann Papierberichte für den eigenen Bereich. Dabei kommt es durchaus zu Korrekturen und geänderter Darstellung der Zahlen (siehe Seite 35), die aber naturgemäß nicht in die zentralen Tabellen zurückgeschrieben werden können. Als Folge treten unterschiedliche Werte zu dem gleichen Thema an verschiedenen Stellen des Unternehmens auf, was nicht selten zu großer Verwirrung und erheblicher Zusatzarbeit führt.

5.3 Erstellen eines produktiven Data Warehouses

Berichtsdatenbanken

Andererseits kann der Umstand, daß es derartige „Berichtsdatenbanken" gibt, gar nicht hoch genug bewertet werden. Zwangsläufig entstanden mit ihnen durchdachte Informationsstrukturen. Das Arbeiten mit den Inhalten, selbst wenn es sich um einen sehr kleinen Kreis von Spezialisten handelt, übt zwangsläufig Druck auf die Verantwortlichen dieser Tabellen aus, Daten und Bereitstellungstermine zu verbessern. Allerdings reicht der Druck der Abfrage-Spezialisten, denn nur diese kommen mit der Technik klar, bei weitem nicht aus, weil diese Mitarbeiter in der Hierarchie meist weniger einflußreiche Stellen bekleiden und ihre Vorgesetzten fast ausnahmslos für derartige Probleme wenig Interesse zeigen. Folglich lernen die „Spezialisten", sich mit anderen DV-Werkzeugen zu helfen, vor allem mit den inzwischen sehr leistungsfähigen PC-Programmen. Hätten die wirklichen Nutzer wie z. B. die Manager ihre Information direkt aus diesen Tabellen bezogen, wäre möglicherweise ein wesentlich größerer Druck auf die Datenqualität und somit auf die Aussagefähigkeit der Daten entstanden.

Einbinden in das neue Informationskonzept

Für einen Einstieg in das Informationssystem, z. B. für einen Prototyp, sind vorhandene Tabellen aber durchaus sinnvoll. Vor allem sollte man zunächst vermeiden, parallel möglicherweise „bessere" Datenbestände aufzubauen. Innerbetriebliche Konflikte wären die zwangsläufige Folge. Damit würde die Strategie, die für die Informationsverteilung im Unternehmen zuständigen Bereiche in das neue Informationskonzept einzubinden (siehe Seite 73), erheblich gefährdet.

Structured Query Language

Der Abruf von Informationen aus relationalen Datenbanken erfolgt über die Datenbanksprache SQL (Structured Query Language), deren Code von der inSight®-Anwendung generiert wird. Der in inSight® zugrunde liegende Abfragegenerator zeigt dabei eine hohe Flexibilität, so daß die Datenbanktabellen nicht speziell angepaßt werden müssen. So können z. B. Monatsbezeichnungen in Spaltenüberschriften, aber auch innerhalb einer einzelnen Tabellenspalte abgelegt sein. Auch die automatische Abfrage über kombinierte Schlüssel bereitet keine Probleme, genausowenig wie Summenzeilen, die besonders bei großen relationalen Datenbanktabellen die Abfragegeschwindigkeit positiv beeinflussen. Als besonders angenehm erweist sich, daß für Datenabrufe und Dateneingaben dieselbe Anwendung verwendet werden kann, was die Erstellung von Systemen, in die auch geschrieben werden soll, erheblich erleichtert. Diese nicht triviale Option findet man in dieser Form bei anderen Produkten nicht. Allerdings sollten bei Dateneingaben über SQL generelle

5   Aufbau eines Informationssystems

Einschränkungen nicht unerwähnt bleiben, da hier bestimmte Absicherungsmechanismen, besonders bei verteilter Eingabe, noch unzureichend sind. Z. B. kann über ODBC bei der DB2-Datenbank von IBM nur dynamisches SQL verwendet werden (an Stelle von statischem SQL, bei dem der Server die Eingabemöglichkeiten „kennt" und so kontrolliert).

Abfrage-Kaskade

Eine weitere, eigentlich selbstverständliche Voraussetzung erfüllen ebenfalls nur die wenigsten auf dem Markt befindliche Query-Tools. Als Abkömmlinge von Berichtsgeneratoren können sie pro Abfrage nur ein SQL-Statement absetzen und dann die entsprechenden Ergebnisse anzeigen. Oft eignen sich bereits vorhandene Tabellen hierfür nicht, besonders dann, wenn die Tabellenüberschriften „Plan_aktuell" oder so ähnlich lauten und an einer anderen Stelle in der Tabelle vermerkt wurde, für welches Kalenderjahr dieser aktuelle Plan gilt. Irgendwann im Laufe eines Jahres werden die alten Plandaten in dieser Spalte mit neuen Plandaten überschrieben und die Jahreszahl entsprechend erhöht. Die alten Daten der Spalte „Plan_aktuell" wandern in die Spalte „Plan_alt". Will man diese Zeitzuordnung nicht dem Anwender überlassen, müssen vor dem eigentlichen Datenabruf mehrere „orientierende" Abfragen vorgeschaltet sein, die zurückgeben, in welchem Teil der Tabelle die gesuchten Informationen stehen (beim Zugriff auf die Berichte im SAP®-EIS erübrigt sich diese Technik weitgehend).

Besonders bei großen relationalen Tabellen können unzumutbare Antwortzeiten auftreten. Die „normale" Antwortzeit einer Abfrage in einem Informationssystem sollte zwischen drei und acht Sekunden liegen. Das kann im allgemeinen durch das geschickte Anlegen von Indizes (siehe Seite 82) auf einzelne Spalten oder auf Kombinationen von Spalten erreicht werden. Falls das nicht ausreicht, muß auf die bewährten Techniken der Summenzeilen (siehe Seite 82), bei denen besonders die hochverdichteten Daten bereits berechnet in separaten Tabellenzeilen vorliegen, zurückgegriffen werden. In besonders schwierigen Fällen kann man sich mit geeigneten Datenausschnitten oder neuen Tabellen, die Informationen verschiedener anderer Tabellen enthalten, weiterhelfen (siehe Seite 83). Derartige geschwindigkeitsverbessernde Maßnahmen wirken sich sehr positiv auf die Akzeptanz des Systems aus.

5.3.3.5 Tabellen für HTML-Informationen

Klassische Management-Informationssysteme beschränken sich zumeist auf strukturierte Informationen. So findet man in den verschiedenen Varianten wie z.B. FIS (Führungsinformationssystem), DSS (Decision Support System) oder EIS (Executive Information System) zumeist den gleichen Ansatz, jedoch auf unterschiedlicher Verdichtungsstufe: Umsatz und Ergebnis nach Perioden, verglichen mit Plan, Erwartung und Vorjahr, aufteilbar auf Verkaufsgebiete, Geschäftsstellen oder andere Organisationseinheiten. Mit spektakulären Drill-Down-Techniken, bei denen man den „Datenwürfel" nach allen Dimensionen durchforsten kann, versuchen die Anbieter auf der Softwareseite, ihre Systeme zu vermarkten. Diesem Trend folgen die Manager nach bisherigen Beobachtungen nicht oder nur kurze Zeit. Schnell ist das Interesse an dieser Technik, bei der man die Nadel im Heuhaufen suchen muß, verflogen. Lieber läßt sich ein Manager von seinem Assistenten über Abweichungen und Besonderheiten informieren. So bleiben diese effektvollen Drill-Down-Möglichkeiten meist Präsentationen und Beispielmodellen vorbehalten.

Drill-Down-Technik

Der Umstand, warum das Management die Drill-Down-Technik nicht in dem Maße akzeptiert, läßt sich wohl damit erklären, daß es das Management normalerweise nicht als seine Aufgabe versteht, Informationen zu suchen, nicht einmal in elektronischen Datenwürfeln. Anfangs kann es sehr spannend sein, in verschiedene Bereiche der Geschäftsstruktur vorzustoßen. Aber hat man sie einmal gesehen, nimmt das Interesse deutlich ab. Denn das Herumsuchen in großen Datenbeständen ist eine höchst langweilige Sache. Auch deuten die gefundenen Abweichungen nicht immer auf wichtige Veränderungen im Markt hin. Statt dessen geben sie oft Buchungsbesonderheiten wieder, die keinerlei Informationswert für den Manager besitzen. Die als Ausweg vorgeschlagene Ampelgrafik hat sich aus den verschiedensten Gründen ebenfalls nicht so recht durchgesetzt. Spötter vergleichen sie mancherorts zumindest optisch mit einem überladenen Weihnachtsbaum.

Elektronische Zeitung

Als weitaus erfolgreicher erweist sich der Weg in Richtung einer elektronischen Zeitung (zukünftiger Name für inSight®: inZeitung?), auf deren Titelseite die wichtigsten Informationen mit der Möglichkeit, die entsprechenden Details aufzurufen, in Schlagzeilen-Form angeboten werden. Natürlich kann man bei Bedarf auf größere Datenbestände, quasi das Archiv, zugreifen. Aber dies rückt deutlich in den Hintergrund.

5 Aufbau eines Informationssystems

Unstrukturierte Informationen

Ein derartiges Konzept verlangt zwangsläufig nach einer Möglichkeit, auch unstrukturierte Informationen wie formatierte Texte, Bilder usw. einzubinden. Nackte Zahlen und unformatierter Text wirken unter diesem Vorzeichen zu langweilig. In der Vergangenheit ließ sich kein allgemeiner Standard für solche unstrukturierten Informationen ausmachen. Zu neu ist diese Technik und zu wenig Redakteure der Printmedien und Television haben sich mit ihr auseinandergesetzt und sie vorangetrieben. Das erklärt, daß die Technik noch nicht ausgereift ist. Weder Lotus Notes noch das PDF-Format von Adobe, um hier nur zwei Beispiele zu nennen, haben auf diesem Gebiet den entscheidenden Durchbruch erzielen können. Sie sind für ein Informationssystem einfach zu komplex. Auf der anderen Seite behinderten sich offensichtlich Microsoft mit seiner OLE-Technik und APPLE (plus andere Softwareanbieter) mit seinem Opendoc-Konzept gegenseitig, so daß auch von dort vorerst kein eindeutiges Signal zu erwarten ist. APPLE und IBM haben sich inzwischen von Opendoc verabschiedet. IBMs neue Richtung heißt, gemeinsam mit drei weiteren Firmen, Javabeans.

Enormer Popularitätssprung des Internet

Mit der HTML-Technik, die entscheidend zum enormen Popularitätssprung des Internets in den letzten Jahren beigetragen hat, steht nun erstmals ein praktikabler quasi-Standard für unstrukturierte Informationen zur Verfügung. Seine hervorstechenden Eigenschaften sind die leichte Bedienbarkeit sowohl auf der Anwender- als auch auf der Erstellerseite und die plattformübergreifende Verfügbarkeit. Mit ihm gelang, was Soft- und Hardwarehersteller seit Jahren erfolglos versprechen: die Einbeziehung praktisch aller Bevölkerungsschichten in die elektronische Informationslandschaft.

Unternehmenseinheitliche Home Page

Nun fehlt bei den heutigen innerbetrieblichen Internet-Ansätzen, die unter dem Namen Intranet geführt werden, meistens ein durchgängiger Informationsansatz. Im Vordergrund steht die unternehmenseinheitliche Webseite (=Unternehmens-Homepage), die dann zu den verschiedenen Webseiten der einzelnen Unternehmensbereiche verzweigt. Oft entsteht der Eindruck, als möchte man sich und seine Abteilung unbedingt im Intranet plazieren, um modern und fortschrittlich zu gelten. Meist enthalten diese Seiten dann das berühmte „wir über uns", das man in der Regel nur einmal ansteuert. Es gibt (noch) keine Instanz, die zusammenstellt, wo im Intranet wichtige Informationen verborgen sind und als wie zuverlässig diese Informationen angesehen werden können. Man versucht, dieses Manko mit internen Suchmaschinen zu umgehen, wobei Zweifel an dem Erfolg ange-

5.3 Erstellen eines produktiven Data Warehouses

bracht sind. Im unglücklichsten Fall verkommt das Intranet zu einer Sammlung vieler hundert Homepages, die dann ein selten gelesenes Dasein fristen. Allerdings stellt sich die berechtigte Frage, warum man nicht so verfahren soll, geht doch von dieser Situation kein konkreter Schaden für das Unternehmen aus. Andererseits kann aber auch der mögliche Nutzen nicht erkannt werden, der bei geschicktem Einsatz der HTML-Technik für das Unternehmen entstünde.

Ein Vorteil von Informationen, die in einer relationalen Datenbanktabelle abgelegt sind, besteht darin, daß sich die verfügbare Information, gleichsam als Nebenausbeute, übersichtlich anzeigen läßt: Der Inhalt der Tabelle kann zur Informationsnavigation genutzt werden. Nach diesem Prinzip sind alle in diesem Buch beschriebenen inSight®-Anwendungsseiten aufgebaut, die ihre Navigationselemente wie Menü oder Optionsfeld (siehe Seite 52) mit Inhalten der Datenbanktabelle füllen. Die Datenbank bietet außerdem mächtige Verwaltungswerkzeuge, mit denen auch große Informationsbestände überwacht werden können.

Keine Verwaltungswerkzeuge bei HTML

Im Gegensatz dazu fehlt bei HTML-Informationen dieser Verwaltungsteil und die Möglichkeit zu einer datengetriebenen Navigation. Letztere erfolgt über Querverweise („Links"), die aber linear und statisch aufgebaut sind. Dynamische Navigation, wie z. B. die Verzweigung in Abhängigkeit von einem Ergebnis, muß aufwendig in Java programmiert werden. Was liegt also näher, als die Aufgaben der Verwaltung von HTML-Objekten und die Navigation mit einer Datenbanktabelle vorzunehmen?

HTML-Objekt in inSight®

Das Bindeglied zwischen der auf einem Webserver abgelegten HTML-Seite und der Informationstabelle bildet die URL-Adresse, die den physikalischen Ort der HTML-Seite angibt. Die URL kann in die Datenbank geschrieben und dann mit inSight® abgefragt werden, wobei inSight®, ähnlich wie bei Daten aus einer Tabelle, die HTML-Seite in einem dazu geeigneten Objekt darstellt.

Dem Anwender bleibt diese Verfahrensweise völlig verborgen: Er weiß nicht, ob die jeweils angezeigten Informationen aus einer relationalen Tabelle, aus einem Bericht im SAP®-EIS oder von einem Webserver im Intranet bzw. Internet stammen. Er weiß nur, daß die Informationen, die er erhält, aktuell und zuverlässig sind. Denn das garantieren die Betreiber des unternehmensweiten Informationssystems.

Ein Datensatz für die Beschreibung einer HTML-Information könnte folgendermaßen aussehen:

- Verwaltungsteil:
  - HTML-Dokumentennummer
  - Dokumentenname
  - ggf. Ankerpunkt
  - Autor
  - Inhaltsverantwortlicher
  - Datum Erstellung
  - Datum letzte Änderung
  - URL-Adresse

- Navigationsteil:
  - Themenbereich
  - Thema
  - Sachgebiet
  - Beschreibung
  - Highlight (eine Zeile z. B. für Titelseite der virtuellen Unternehmenszeitung)
  - Datum Veröffentlichung Highlight
  - Datum Löschen Highlight
  - Abonnentengruppen (für „unterschiedliche" Zeitungslayouts)

Unterehmensweit einheitliche Struktur

Dabei empfielt es sich, eine unternehmensweite Struktur zu definieren, um die Metadaten über die HTML-Informationen bei Bedarf zu einem großen Informationspool zusammenspielen zu können.

Navigation über die Datenbank

Ein Vorteil der HTML-Technik, die Hyperlink-Navigation, erweist sich bei genauerem Hinsehen in Informationssystemen möglicherweise als Nachteil, weil die statischen Bezüge relativ aufwendig zu pflegen sind. Deshalb sollte man im Rahmen eines Informationssystems so weit als möglich auf die datenbankgestützte Navigation zurückgreifen.

5.3.4 Metadaten

Metadaten genießen im Data Warehouse-Konzept eine herausragende Bedeutung. Unter Metadaten versteht man die „Informationen über die Information". Zu ihnen gehören u. a. eindeutige Begriffskataloge, im Idealfall sogar angereichert mit betriebswirtschaftlichen Definitionen.

Ursprünglich waren die Metadaten als Einstiegskatalog für den Endanwender gedacht, der mit einem sog. Query-Tool für automatisierte SQL-Abfragen seine Informationen dem Data Ware-

5.3 Erstellen eines produktiven Data Warehouses

house entnimmt. Allerdings hat sich dieses Prinzip, wenn überhaupt, nur bei der Anwendungsgruppe der Controller und Assistenten durchgesetzt, also bei denjenigen, die die Informationen für andere aufbereiten sollen. Der Grund liegt wohl darin, daß man die oft sehr komplexen Tabellenstrukturen genau kennen muß. Ein derartiges Spezialistentum kann man von den eigentlichen Adressaten eines Informationssystems nicht erwarten.

Neudefinition Metadaten

Es gilt, die Bedeutung der Metadaten neu zu definieren. Der klassische Ansatz der Pioniere für das Data Warehouse und für OLAP, daß sich die DV-Abteilung „um die Anwenderwünsche keine Gedanken mehr zu machen" braucht (siehe Seite 7), läßt sich in der Form kaum aufrecht erhalten. Die Metadaten reichen bei weitem nicht aus, dem Anwender einen einfachen Zugang zu den Tabellenstrukturen zu ermöglichen. Ihre Bedeutung liegt vielmehr im technischen Bereich: Sie helfen dem Entwickler beim Aufbau effizienter Informationssysteme. Dem Endanwender bieten sie nur indirekt, d. h. über die Anwendung, einen sinnvollen Nutzen. Meta-Daten, so wie sie klassische Data Warehouse-Tools erzeugen, sollten dem Endanwender verborgen bleiben.

Betriebswirtschaftliches Repository

Ungeachtet dessen sind Metadaten für den Aufbau von Informationssystemen von unverzichtbarer Bedeutung, besonders wenn es gilt, an dieser Stelle z. B. ein betriebswirtschaftliches Repository zu hinterlegen. Man sollte jedoch nicht zwingend damit beginnen, sondern es im Rahmen des Aufbaus eines Informationssystems mitwachsen lassen. Denn es zeigt sich immer wieder, wie wichtig es ist, sehr schnell etwas „Bedienbares" vorweisen zu können. Lange Vorbereitungszeiten, selbst wenn dabei wertvolle Metadatenbestände aufgebaut werden, gilt es im Sinne einer erfolgreichen Projektführung möglichst zu vermeiden. Aber jede Projektgruppe muß selbst abschätzen, welchen Weg sie gehen will. Dabei spielen sicherlich die unternehmensspezifischen Rahmenbedingungen eine wichtige Rolle.

5.3.5 Hilfsprogramme

Beim Aufbau eines Informationssystems für einen großen deutschen Konzern, das inzwischen mehr als drei Jahre im Einsatz ist, wurde die Anzahl der notwendigen Hilfsdateien stark unterschätzt. Hier offenbart sich möglicherweise das Geheimnis, warum es kein „fertiges" Data Warehouse zu kaufen gibt. Die meisten Hilfsdateien betreffen dabei Kopiervorgänge, die entweder in bestimmten Zeitabständen, z. B. nachts, oder bei Ladevorgängen angestoßen werden. Daneben erfordert die Verwaltung und Kontrolle der Informationen einen beachtlichen zusätzlichen Aufwand, der sich durch entsprechende Programme zumindest teilweise automatisieren läßt.

Das Kapitel „Verwaltung der Anwendungen" auf Seite 135 geht verstärkt auf diese Thematik ein.

5.3.6 Dokumentation

Umfangreiche Dokumentation

Die Dokumentation des Data Warehouses und auch des entsprechenden Informationssystems kann schnell den gleichen Umfang annehmen wie die eigentliche Anwendung. Das gilt besonders dann, wenn individuelle Benutzereinstellungen mitverwaltet werden. Für eine zentrale Speicherung der benutzerabhängigen Einstellungen spricht, daß diese an jedem an das System angeschlossenen PC genutzt werden können. Das Thema Dokumentation wird ab Seite 158 vertieft behandelt.

5.4 Erstellen eines Prototyps

5.4.1 Grundkonzeption

5.4.1.1 Organisation

Die Entscheidung, einen Prototyp zu erstellen, sollte unbedingt auch dazu genutzt werden, schon sehr früh organisatorische Voraussetzungen für den nachfolgenden Aufbau und Betrieb des Informationssystems zu schaffen. Das Informationssystem kann die Informationen, die es darstellt, ja nicht selbst erzeugen. Sie müssen in guter Qualität meist von den unterschiedlichsten Bereichen in einem Unternehmen bereitgestellt werden. Besonders bei einem breiteren Ansatz für das spätere Informationssystem wird man feststellen, daß die entsprechenden Informationen auch heute schon in einem Unternehmen „fließen", wenn auch nicht in der eleganten und effizienten Form, die ein durchgängig DV-gestütztes System leisten kann. Die informierenden Bereiche sehen in ihrer Art der konventionellen Informationsaufbereitung jedoch keinen Makel, ganz im Gegenteil: Sie verteidigen oft vehement diese Form möglicherweise aus Angst, die DV-gestützte Variante würde ihnen Zuständigkeit, Einfluß und letztlich Beschäftigung rauben. Das ist jedoch, wenn überhaupt, nur in Teilen richtig. Technischer Fortschritt wird natürlich auch hier in einzelnen Fällen zur Veränderung liebgewordener Vorgehensweisen führen, sonst kann er nicht stattfinden. Aber die Chancen, die sich den betroffenen Bereichen

5.4 Erstellen eines Prototyps

durch die neue Berichtsform bieten, kompensieren die möglichen Nachteile bei weitem.

Informationsliefernde Bereiche überzeugen

Hier kann und muß ein sehr gutes internes Marketing diese Ängste abbauen und bereits im frühstmöglichen Stadium die informationsliefernden Bereiche von der Richtigkeit des Konzeptes überzeugen. Nicht selten stehen diese Bereiche eines Unternehmens, z. B. Controlling, Bilanzen, Rechnungswesen, Einkauf, Marktforschung usw., traditionell in einem Spannungsverhältnis zueinander, das eine gemeinsame, unternehmensweite Vorgehensweise nicht gerade erleichtert.

Gemeinsame Plattform

Ein Prototyp darf sich daher nicht nur auf die Erprobung technischer Lösungen beschränken, sondern muß gleichzeitig dem organisatorischen Ansatz genügen. Ein überzeugendes Argument ist, daß das künftige Informationssystem kein System im eigentlichen Sinne darstellt, sondern vielmehr als gemeinsame Plattform verstanden werden muß, auf der sich die für die Informationsweitergabe verantwortlichen Bereiche präsentieren. Die inhaltliche und darstellerische Selbständigkeit der verantwortlichen Bereiche bleibt weitgehend erhalten und unterliegt dabei nur den organisatorischen und technischen Regeln, die der Betrieb eines unternehmensweiten Informationssystems zwangsläufig abverlangt.

Es gilt im Interesse des künftigen Erfolges, den Eindruck zu vermeiden, als wollten die Betreiber eines Informationssystems auch für die Inhalte verantwortlich sein und damit die vorhandenen Informationsstrukturen außer Kraft setzen.

Zuständigkeit Fachabteilung

Besonders problematisch gestaltet sich die Situation, wenn die Verantwortlichkeit für das neue System z. B. in einen Bereich wie das Controlling gelegt wird, der gleichzeitig für einen Teil der Informationsinhalte zuständig ist. So vorteilhaft es auf der einen Seite sein kann, das Projekt in den Händen einer erfahrenen Fachabteilung zu wissen, so nachteilig schlagen oftmals Abteilungsegoismus und (in vielen Fällen auch begründeter) Konkurrenzneid der anderen Abteilungen zu Buche. Als Folge entsteht ein System, das stark auf die Belange dieser Fachabteilung zugeschnitten ist und somit eine Ausdehnung auf andere Themenbereiche des Unternehmens erschwert bzw. unmöglich macht. Daß auch eine DV-Abteilung nicht die erste Adresse für die konzeptionelle Verantwortlichkeit sein sollte, versteht sich aus dem Ansatz der DV von selbst, nur Bewahrer der Daten zu sein. Zwangsläufig leiten sich daraus mangelnde Erfahrungen um informelle Geschäftsprozesse ab.

5 Aufbau eines Informationssystems

Leitung der Projektgruppe

Man trifft eine gute Wahl, die Leitung einer Projektgruppe zunächst einem Mitarbeiter aus dem Umfeld der Unternehmensorganisation zu übertragen, besonders dann, wenn niemand mit einschlägiger Erfahrung auf dem Gebiet verfügbar ist. Dieser „neutrale" Projektleiter kann dann ein Projektteam aus den betriebswirtschaftlichen Fachabteilungen und dem DV-Bereich aufbauen. Mit Beginn der Arbeiten an einem Prototyp, spätestens aber beim Start einer produktiven Anwendung, empfiehlt sich der Übergang zu einer Linienorganisation, bei der der für den Betrieb verantwortliche Mitarbeiter im Idealfall aus dem Projektteam stammt. Handelt es sich um einen Controller, wäre eine Versetzung in die zentrale DV-Abteilung sinnvoll. Handelt es sich um einen Informatiker, sollte sein neuer Arbeitsplatz in einem betriebswirtschaftlichen Fachbereich stehen. So erreicht man die notwendige Weiterbildung und die Integration aller Bereiche.

5.4.1.2 Technik

Fülle an Softwarelösungen

Besonders die großen Unternehmen streben an, die Zahl der technischen Varianten für Informationssysteme zu begrenzen. Im Idealfall möchte man mit einer unternehmensweit einsetzbaren Technik auskommen. Da aber die großen Softwarefirmen bisher keine überzeugenden Ansätze für Informationssysteme (die sie bezeichnenderweise meist selbst nicht nutzen) auf den Markt gebracht haben, ist man auf Lösungen kleinerer und mittlerer Softwarefirmen angewiesen. Doch hier muß man beachten, daß der Softwaremarkt zu diesem Thema mit einer großen Anzahl von Produkten überschwemmt ist. Der Ansatz des SAP®-EIS in Verbindung mit dem Benutzerinterface inSight® wird hier hoffentlich zu mehr Klarheit in dem heute kaum durchschaubaren Marktsegment führen.

Das kann gerade den international tätigen Unternehmen nur recht sein. Da häufig die Unternehmensbereiche weltweite Verantwortung tragen, liegt die Gefahr nahe, daß jeder Unternehmensbereich eine individuelle, aus seiner Sicht optimale Lösung in den ausländischen Beteiligungsgesellschaften „durchdrücken" will. Diese sind aber auf Grund ihrer Größe nicht in der Lage, mehrere unternehmensbereichsspezifische, wahrscheinlich technisch unterschiedliche Informationssysteme zu handhaben. Nur ein für alle verbindlicher Standard wird zu einer kostengünstigen Lösung führen. Dabei kann es nur positiv sein, daß dieser mögliche Standard von SAP, dem Marktführer für Standardsoftware im Business-Bereich, festgeschrieben wird.

5.4 Erstellen eines Prototyps

Einheitliche Technik

Der Prototyp eines DV-gestützten Informationssystems sollte diese zentralen Aspekte berücksichtigen und dem Gedanken einer möglichst einheitlichen, unternehmensweiten Technik für Informationssysteme folgen. Noch reicht der alleinige Ansatz des SAP®-EIS nicht aus, weil es nicht alle Informationsbelange abdecken kann. Es sollte aber als Rahmen dienen, in den andere Lösungen ergänzend eingebracht werden können, ohne das technische Gesamtkonzept zu verlassen. Vor allem relationale Datenbanken oder Webserver des Internet/Intranet können als zusätzliche Datenquellen in Erscheinung treten. Das Oberflächenprogramm inSight® läßt dabei eine Kombination der verschiedenen Inhalte sogar auf der gleichen Bildschirmseite zu. Der Anwender merkt letztendlich nicht, von möglichen Paßworteingaben abgesehen, woher die Daten stammen. Interessanterweise könnte der Prototyp sogar ohne das SAP®-EIS begonnen werden, ohne eine langfristige SAP-Ausrichtung in Frage stellen zu müssen. Ein Prototyp auf Basis einer relationalen Datenbank kann beispielsweise jederzeit um SAP®-EIS-Elemente ergänzt bzw. durch sie ersetzt werden. Besonders vorteilhaft stellt sich diese Möglichkeit für Unternehmen dar, bei denen sich SAP in der Einführungsphase befindet. Diese oft mehrere Jahre dauernde Umstellung kann auf unproblematische Weise im Informationssystem begleitet werden.

Internationalität

Besonders deutsche Unternehmen mit großen Beteiligungen in den USA stehen nicht selten vor einem Problem, weil dort, aus der Nähe zu den meisten Soft- und Hardwareanbietern durchaus verständlich, eigene technische Lösungsansätze für Informationssysteme entstehen. Die Zahl der in USA angebotenen Softwareprodukte für Data Warehouse, OLAP oder MIS-Systeme ist erstaunlich groß. Es gelingt selbst den Fachleuten kaum noch, den Überblick zu behalten. Dazu kommt, daß arcplan mit inSight® in USA erst ab April 1997 vertreten ist und derzeit nur über die Kombination mit SAP den notwendigen Bekanntheitsgrad erlangen kann.

Marketingstrategie der SAP

Damit gewinnt die Marketingstrategie der SAP in Bezug auf inSight® für SAP® R/3 eine entscheidende Bedeutung. SAP favorisiert diese Lösung gegenüber den anderen Fremdsoftware-Zugriffsvarianten, weil sie als einzige auf die Berichte im SAP®-EIS und nicht auf die Datenbanktabellen der Aspekte zugreift. Der Aufbau der Berichte im SAP®-EIS aus den Aspekten geschieht auf der Grundlage des betriebswirtschaftlichen Modells der SAP, so daß dieses in den inSight®-Anwendungen genutzt werden kann. Bei einem direkten Zugriff auf die Tabellen der Aspekte muß, von wem auch immer, dieses betriebswirtschaftliche Know-how dazuprogrammiert werden. Das kann auf Dauer keine Zukunft haben.

5.4.1.3 Mehrsprachigkeit

Der Prototyp sollte von Anfang an so angelegt sein, daß er Aussagen über die Machbarkeit eines größeren Informationssystems gestattet. Dabei zeigt sich die Mehrsprachigkeit, zumindest eine englische Variante neben der deutschen, als eine wichtige Forderung, auch im Hinblick einer frühen Akzeptanz auf der internationalen Ebene des Konzerns.

Obwohl SAP®-EIS mehrsprachig ausgelegt ist, muß dieser Punkt Beachtung finden, weil die inSight®-Anwendung zwangsläufig auch Begriffe enthalten wird, die nicht aus dem SAP®-EIS stammen. Dies sind z. B. die Titelzeilen der Anwendungsblätter oder die Beschriftungen der Navigationsknöpfe auf dem Startblatt einer MIS-Anwendung (siehe Beispiel Seite 115).

Mehrsprachige Begriffstabellen

Das Ziel läßt sich erreichen, wenn bei dem Aufbau des Prototyps mehrsprachige Begriffstabellen vorgesehen werden. Die Anwendung enthält dann Verweise auf diese Tabellen.

5.4.1.4 Datenverfügbarkeit

Zwar stellt sich bei einem Prototyp nicht zwingend die Frage nach der Datenablage, weil man ihn durchaus mit lokal, d h. auf dem PC gespeicherten Informationen, versorgen kann. Aber spätestens bei einer Präsentation des Prototyps tauchen Fragen nach der Verfügbarkeit auf. Als besonders unschön erweist es sich dann, wenn eine Lösung gewählt wurde, die sich nicht auf die bestehende DV-technische Infrastruktur des Unternehmens übertragen läßt. Man kann ausschließen, daß nur wegen eines Informationssystems die vorhandene DV-Infrastruktur geändert wird. Beispielsweise kippte die Philosophie eines separaten Vorstands-Informationssystem mit eigenem DV-Netz und eigenem Server, als die Unternehmensbereichsleiter ebenfalls an dieses System angeschlossen werden sollten. Im Gegensatz zu den Vorstandsmitgliedern, die räumlich nah beieinander saßen, hatten die Bereichsleiter ihre Büros an verschiedenen Stellen des Unternehmens, teilweise bereits an das Werksnetz angeschlossen und mit PC´s ausgestattet. Das Verlegen einer separaten zweiten Leitung kam aus verständlichen Gründen nicht in Betracht. Da das Vorstands-Informationssystem überdies nur auf APPLE Macintosh-Rechnern lief, war, trotz hoher Akzeptanz bei den An-

5.4 Erstellen eines Prototyps

wendern, das vorzeitige Ende absehbar. Heute liegen die Daten des Systems auf einem zentralen Rechner, auf den Vorstand und Unternehmensbereichsleiter über das Werksnetz zugreifen. Da jetzt inSight® als Anwendungssoftware eingesetzt wird, lassen sich sowohl Windows- als auch Macintosh-Rechner verwenden.

5.4.1.5 Mobilität

Da die Manager eines Unternehmens einen großen Teil ihrer Arbeitszeit außerhalb des Unternehmens und damit ohne direkten Zugriff auf das Werksnetz verbringen, stellt sich die Frage nach einer mobilen Nutzungsmöglichkeit (siehe auch Seite 23). Dabei muß prinzipiell zwischen einem externen Zugriff und dem temporären Vorhalten ausgewählter Datenmengen unterschieden werden. Vor- und Nachteile beider Varianten liegen auf der Hand: Während die erste jederzeit auf den vollen und aktuellen Informationsbestand zugreifen kann, benötigt die zweite Variante keinen „Anschluß" an das zentrale System. Sie kann im Taxi, Flugzeug usw. genutzt werden.

Anwahl per Telefon oder Internet

Die Anwahl an das System kann bei externem Zugriff über ein Telefon oder das Internet erfolgen, wobei sich die für die DV-Sicherheit zuständigen Abteilungen der großen Firmen gegen einen Zugriff von außen auf ihr Werksnetz heute zumeist noch sträuben. Sie verweisen auf umständliche Techniken wie Schnittstellen über Call-Back-Rechner, die nur dann eine Kommunikation aufbauen, wenn die Call-Back-Rechner selbst die Verbindung zu der (hinterlegten) Telefonnummer herstellen. Für eine Nutzung aus einem Hotelzimmer läßt sich da nur schwer eine praktikable Vorgehensweise erkennen. Als sehr gute Lösung bei der notwendigen Identifizierung gegenüber dem Werksnetz und Informationssystem empfiehlt sich die SecureID-Karte, die in minütlichem Abstand eine sechsstellige Nummer anzeigt. Diese Nummer, die ein entsprechendes Programm auf dem zentralen Rechner synchron erzeugt, kann, da sie nur einmal verwendbar ist, ohne Schaden von anderen gesehen oder abgehört werden. Die Anzeige der entsprechenden Nummer läßt sich noch zusätzlich mit einem persönlichen Pin-Code absichern, so daß auch bei Verlust der Karte der unbefugte Gebrauch verhindert wird. Hier steht also eine sichere Technik zur Verfügung, die die DV-Sicherheitsabteilungen voraussichtlich bald für einen Zugriff über das Internet freigeben.

Der Aufbau lokaler, d. h. auf der Festplatte eines mobilen PCs hinterlegter Datenbestände birgt die Gefahr des unbefugten Zugriffs, wenn z. B. der PC gestohlen wird oder die Festplatte auf Grund eines Defektes ausgetauscht werden muß. Bei dieser mobilen Technik muß der PC gegen fremde Zugriffe geschützt werden, beispielsweise durch Paßwortabfrage beim Starten des Rechners. SAP®-EIS sieht wie viele andere vergleichbare Systeme eine direkte lokale Verwendung einzelner Informationsblöcke nicht vor und verweist in diesem Zusammenhang auf die Möglichkeit, Daten nach MS Excel® oder MS Word® auszulagern. Das hilft in diesem Zusammenhang aber nicht weiter. Mit inSight® kann man neuerdings Datenausschnitte auf leichte Weise definieren und in einer mobilen Fassung bereitstellen. Umfangreiche Praxiserfahrungen mit dieser sehr jungen Technik liegen allerdings noch nicht vor. Ein noch nicht gelöstes Problem scheint das automatische Löschen nach Nutzung der Daten zu sein, um wieder den Ausgangspunkt zu erreichen, bei dem alle relevanten Informationen zentral und damit sicher aufbewahrt werden.

Drahtloser Zugriff noch unerprobt

Derzeit scheidet aus praktikablen Gründen eine weitere denkbare Möglichkeit, nämlich der drahtlose Zugriff z. B. über MODACOM, für diese Art der Anwendung noch aus. Entsprechende Produkte stehen bisher nicht im benötigten Umfang oder in erprobter Form zur Verfügung.

5.4.1.6 Lokale Zwischenspeicherung

Die Diskussionen um das Data Warehouse führten immer wieder zu der Forderung, Teile der Daten auf lokalen Servern vorzuhalten. Man spricht in diesem Zusammenhang auch von Data Marts (siehe Seite 3). Ein unternehmensweites Informationssystem steht bei dieser Vorgehensweise aber vor dem Problem, die gleichen Daten auf verschiedenen Servern zeitgleich vorhalten zu müssen. Damit treten zwangsläufig neue Probleme auf, weil die Komplexität der Datenhaltung zunimmt. Man sollte die Technik der verteilten bzw. replizierten Daten nur dann einsetzen, wenn ausreichende Gründe dazu zwingen, z. B. wenn keine PC-Anbindung an den zentralen Server möglich ist.

5.4.2 Informationsquellen

5.4.2.1 Interne Informationsquellen

Die Manager, zumindest die deutscher Unternehmen, beziehen den größten Teil ihrer lesbaren Informationen in Form von Papier. Der Zugriff auf elektronische Informationsquellen ist eher

5.4 Erstellen eines Prototyps

die Ausnahme. Auch die Webserver des Internet sind noch kein Ersatz für ein Informationssystem, weil es oft sehr mühsam ist, die benötigten Informationen zu finden und der Anteil an „Werbung" und Selbstdarstellung im Internet, zumindest im Business-Bereich, heute noch spürbar überwiegt.

Andere Präsentationstechniken möglich

Den Informationsbereitstellern fällt der Schritt von Informationen auf Papier zur Darstellung auf dem Bildschirm nicht leicht, weil dort völlig andere Präsentationstechniken möglich sind. Die dynamische Benutzerführung gestattet, auf einen wesentlich größeren Informationsbestand zuzugreifen als dies beim Medium Papier möglich wäre. Die Kehrseite liegt in der Schwierigkeit, diese große Datenmenge inhaltlich zu kontrollieren. Dies ist viel leichter bei der Information auf Papier, wo nur gezielte, von Assistenten oder Controllern geprüfte bzw. überarbeitete Auszüge veröffentlicht werden.

Daten-Infrastruktur

Zu dieser inhaltlichen kommt eine technische Komponente hinzu: Ein elektronischer Zugriff im Rahmen eines Informationssystems erfordert eine eigene Daten-Infrastruktur, die in den letzten Jahren mit dem Begriff Data Warehouse umschrieben wird (siehe Begriffsbestimmung Seite 2). Dabei suggeriert dieser Begriff eine leichte Nutzung der Informationen durch jedermann, beispielsweise mit Hilfe der zahlreich angebotenen Query-Abfragewerkzeuge. Diese Konzeption des sog. Offenen Data Warehouses findet bisher in der Praxis, trotz zahlreicher Versuche, kaum positiven Niederschlag, zumindest nicht in größeren Unternehmen. Die Gründe liegen in der noch immer zu hohen DV-Komplexität, der sich Manager nicht stellen wollen und sollen. Gegen ein Data Warehouse als Basis für ein Informationssystem ist allerdings nichts einzuwenden. Ganz im Gegenteil: Ohne entsprechende Ordnungsstrukturen kann z. B. ein unternehmensweites Informationssystem auf Dauer nicht erfolgreich betrieben werden.

Geeignete interne Informationsquellen

Bei der Suche nach geeigneten internen Informationsquellen zeigt sich oft sehr schnell, daß die entsprechenden Data Warehouse-Strukturen noch aufgebaut werden müssen. Neben diesem rein technischen Ansatz enttäuscht die Qualität der Informationen, die, besonders auf niedrigverdichteter Stufe, kaum ohne Überarbeitung und Kommentierung weitergegeben werden können. Diese Aufgabe erledigen heute, bei der Berichterstattung auf Papier, zahlreiche Mitarbeiter in Stabsabteilungen, auf deren „Hinterkopfwissen" man nicht verzichten kann. Gelegentlich bleibt bei einem neuen, DV-gestützten Informationssystem die bisherige Informationsversorgung über Papier erhalten, so daß es

101

im Unternehmen (noch) zwei konkurrierende Informationswege gibt. Meist obsiegt die Papiervariante, weil sie über eine eingespielte Infrastruktur verfügt, die die DV-gestützte Lösung noch aufbauen muß. Man muß eine derartige Konkurrenzsituation vermeiden. Nur so läßt sich erreichen, daß die Informationsgeber die neue Informationsform nicht „austrocknen" lassen.

Migration zu SAP

Eine große Anzahl der Firmen plant die Ablösung ihrer meist eigenentwickelten Legacy-Systeme durch Standardsoftware wie SAP. Die höhere Integration dieser Produkte, d. h. der Zwang zur stärkeren Abstimmung zwischen den unterschiedlichen Unternehmensbereichen, löst viele der heutigen syntaktischen Probleme, weil diese Systeme zu einer unternehmensweit einheitlichen Begrifflichkeit zwingen. Es erscheint aber zu optimistisch, wenn man annimmt, damit automatisch auch die inhaltlichen Unterschiede zwischen Logistik- und Informationssystemen gelöst zu bekommen.

Überleitung Logistikdaten in Informationssysteme

Logistik-Systeme befleißigen sich der Aufgabe, logistische Prozesse zu unterstützen, z. B. einen Auftrag entgegenzunehmen, die Fertigung anzustoßen und zu begleiten, die Ware einzulagern, zu versenden und eine Rechnung zu schreiben. Dabei werden Daten primär für die Abwicklung der Prozesse und nicht für eine spätere Bewertung der wirtschaftlichen Zusammenhänge durch das Management erfaßt. Folglich müssen sich die Daten auch nicht zwangsläufig für ein Informationssystem eignen. So kann eine Auswertung zu Fehlinterpretationen und nicht selten auch zu falschen Entscheidungen führen. Es ließ sich aus der Praxis eine Reihe von entsprechenden Beispielen anführen, die den Rahmen dieses Buches sprengen würden. Ein Teil dieser Fälle gehört in die Rubrik „Vergleichsrichtigkeit" (siehe Seite 40).

Management by Betriebsmeister

Allein das Thema Herstellungskosten hat seine Facetten. Produktionsbereiche ziehen zumeist eine Abrechnung der Ist-Kosten (z. B. Vollkosten) vor, während Vertriebsbereiche lieber mit kalkulatorischen Werten arbeiten (z. B. Standardkosten). Die Kostenvarianten können, heruntergebrochen auf einzelne Produkte, erheblich voneinander abweichen, wobei die Vollkostenrechnung aus Sicht des Vertriebes den fatalen Nachteil hat, das sie von der jeweiligen Anlagenbelegung abhängt („Management by Betriebsmeister"?). Das erschwert naturgemäß eine kontinuierliche Kunden-/Sortimentspolitik.

Das Problem setzt sich in den Betriebsabrechnungs- und Finanzabteilungen fort, deren Ergebnisdarstellung heute mehr dem Shareholder Value-Gedanken genügt als der Steuerung des operativen Geschäftes.

Unterschiedliche Sichtweisen

Die unterschiedlichen Sichtweisen mögen aus dem Blickwinkel des jeweiligen Unternehmens richtig sein. Es soll auch an dieser Stelle keine Aufforderung ergehen, die Unternehmensausrichtung zu ändern. Vielmehr sei hier ein Hinweis auf die Konsequenzen für die Informationssysteme gestattet, die trotz der Fortschritte in der DV-Technik aus den im operativen Sinne verdichteten Daten nicht mehr die für andere Unternehmensbereiche relevanten Informationen herauslesen können. Und bisher hat sich noch kein Unternehmen durchringen können, zwei oder mehrere Kosten- und Ergebnisauswertungen zu erstellen.

Fehlgeschlagene Versuche

Oftmals schlugen Versuche fehl, zusätzliche Angaben, z. B. über die Verwendung der Ware, miterfassen zu lassen. Selbst Zwangseingabefelder garantierten nicht, daß die informellen Daten mit der gleichen Sorgfalt eingegeben werden wie die logistisch notwendigen Daten. Gibt man z. B. eine falsche Produktnummer oder eine falsche Liefermenge ein, führt das für den eingebenden Mitarbeiter sehr schnell zu einem Ärgernis. Er achtet zukünftig auf diese wichtigen Größen. Die Eingabe eines falschen informellen Wertes zieht meist keine unangenehme Konsequenz nach sich. Oft erfolgt sogar gar keine Reaktion, weil eine Kontrolle dieser Eingaben in der Regel nicht stattfindet. Meist wandern die Daten ungeprüft in eine große Datei, aus der hochverdichtete Zahlen errechnet werden. Rein statistisch heben sich die Ungenauigkeiten auf, so daß man für Gesamtzahlen von einer recht guten Aussagekraft ausgehen kann. Anders verhält es sich aber, wenn man zu den weniger verdichteten Daten oder sogar zu den Einzelheiten kommt. Es fällt dann schnell der Begriff „Datenmüll", obwohl vielleicht nur 1 % der Daten falsch ist. Nur leider weiß der Anwender nicht, um welches Prozent es sich handelt, so daß er meist das Vertrauen in den gesamten Datenbestand verliert. Deshalb müssen bei informeller Eingabe auf der Logistik-Ebene wirksame Kontrollen erfolgen, was aber in der Praxis wirtschaftlich kaum umsetzbar scheint.

5.4.2.2 Externe Informationsquellen

Sicherlich gehören auch externe Angebote in ein Informationssystem. Hier stellt sich allerdings die Frage, ob die Daten ohne eine Aufbereitung den externen Quellen entnommen werden können, und, wenn eine Aufbereitung notwendig erscheint, ob

5 Aufbau eines Informationssystems

Informationsaufbereitung durch Fachabteilungen

sie dann von den Betreibern des Informationssystems oder von anderen internen Stellen vorgenommen werden soll.

Bestimmt ist es kein schlechter Gedanke, die Aufbereitung dieser externen Informationen den Fachabteilungen in einem Unternehmen zu überlassen, die heute schon inhaltlich dafür verantwortlich zeichnen. Das sind z. B. die Öffentlichkeitsabteilung für die Nachrichten, die Marktforschung für Marktinformationen und die Finanzabteilung für Aktien- und Devisenkurse. Denn einerseits berichten diese Bereiche schon heute unternehmensintern, zu diesen Themen. Andererseits sitzen dort die Fachleute für eine möglicherweise notwendige Interpretation oder Kommentierung der Daten. Die nicht immer leichte Aufgabe besteht nun darin, diese Abteilungen zu ermutigen, ihre Informationen in DV-technisch nutzbaren Strukturen abzulegen. Besonders Bereiche mit bisher PC-gestützten Informationsablagen stehen vor dem Problem, die oft nicht einheitlichen Begriffsschlüssel zu bereinigen und den Unternehmensschlüsseln anzupassen. Diese Abstimmungsprozesse, bei denen hoher Wert auf saubere DV-Strukturen gelegt werden muß, überfordern häufig die Mitarbeiter in den Fachabteilungen, die dabei auch keinen direkten Nutzen für sich sehen. Folglich gestalten sich diese Vorhaben mühsam und zeitaufwendig, und man ist gut beraten, sich über einen Zusatznutzen für die entsprechende Fachabteilung Gedanken zu machen. Das sollte im Idealfall soweit gehen, daß man gemeinsam ein System konzipiert, das vor Ort die Aufarbeitung und Kommentierung unterstützt und dabei, quasi als Nebenausbeute, die Daten in einer im Sinne des Informationssystems nutzbaren Form zur Verfügung stellt.

5.4.3 Aufbau der Anwendungen

5.4.3.1 Styleguide-Elemente

5.4.3.1.1 Layout

Vorgaben der Werbung

Dem Layout eines Informationssystems wird in der Regel zu wenig Beachtung geschenkt. Einerseits geben Softwarefirmen mit ihren Endprodukten ein in der Regel nicht sehr ansprechendes Layout vor, andererseits verfügen die Layoutspezialisten, z. B. die Werbeabteilung eines Unternehmens, nur über Erfahrungen in der zweidimensionalen Welt, d. h. bei der Darstellung auf Papier. Sie kennen nicht die Navigationsmöglichkeiten, die Soft-

5.4 Erstellen eines Prototyps

wareprogramme bieten, und sind deshalb auch nicht in der Lage, wirklich umsetzbare Vorschläge zu unterbreiten.

Andererseits kann auf die Erfahrung der Werbeabteilung nicht verzichtet werden, will man eine Oberfläche im Sinne einer Corporate Identity erhalten. Die Büros der Topmanager großer Unternehmen zeichnen sich meist durch eine hohe Wohnkultur aus, mit wertvollen Möbeln und geschmackvollen und ebenso teuren Kunstgegenständen. Ein Informationssystem, das Akzeptanz finden soll, muß schon rein optisch in dieses Umfeld passen. Die meisten handelsüblichen Benutzeroberflächen für Management-Informationssysteme genügen diesem Anspruch kaum. Sehr positiv dagegen wird eine Oberfläche beurteilt, die, in Zusammenarbeit mit erfahrenen Layout-Spezialisten, mit inSight® erstellt wurde. Das hat sich als Ergebnis mehrjähriger praktischer Erfahrung immer wieder gezeigt.

Firmenlogo

Jedem Unternehmen bleibt es selbst überlassen, welche Styleguide-Elemente es verwenden will. Zu diesen zählen Farben, Umrandungen der Objektarten, Aufteilung usw. Ebenfalls bleibt es Ansichtssache, ob jede Bildschirmseite das Firmenlogo zeigen sollte. Einige Anwendungsentwickler verwenden das Firmensymbol in nahezu transparenter Form als Hintergrundmotiv. Wichtig ist, die entsprechenden gestalterischen Möglichkeiten für ein anspruchsvolleres Layout zu haben.

Der Anwender muß sich nichts systemspezifisches merken

In enger Verknüpfung mit dem optischen Layout steht die Navigation, die gleich hohen Ansprüchen genügen sollte. Ein Informationssystem verfügt dann über eine gute Navigation, wenn sich der Anwender nichts, was mit dem System zusammenhängt, merken muß. Das System sollte im wahrsten Sinne des Wortes selbsterklärend sein. Alles andere schränkt die Akzeptanz spürbar ein. Der Erfolg vieler anderer Medien beruht u. a. auch darin, daß sie weitgehend selbsterklärend sind. Das gilt für Zeitungen, aber auch für den ansonsten ziemlich benutzerunfreundlichen Videotext. Die Einstiegsschwelle ist gering, die Informationen sind zumeist aktuell und in dieser Form auf anderem Wege kaum zu erhalten. Zwar lassen sich Zeitung und Videotext nicht direkt mit einem unternehmensweiten Informationssystem vergleichen, dennoch sollten ihre Erfolgsstrategien auf das Informationssystem übertragen werden.

SVGA-Standard

Bei der Bildschirmdarstellung empfiehlt sich der SVGA-Standard mit 800 * 600 Bildpunkten. Die gestalterischen Möglichkeiten liegen höher als auf dem mit 640 * 480 Bildpunkten erheblich kleineren VGA-Standard. Erfreulicherweise steht der SVGA-

Schirm jetzt auch im Notebook-Bereich zu vertretbaren Preisen zur Verfügung. Auch relativ preisgünstige, transportable SVGA-Videoprojektoren sind inzwischen auf dem Markt.

5.4.3.1.2 Bedienungselemente

Um die Bedienung zu erleichtern, sollte auf die Nutzung der Tastatur weitgehend verzichtet werden. Lediglich die Eingabe des Paßwortes muß über die Tastatur erfolgen. Danach kann die gesamte Anwendung so gestaltet sein, daß sie nur mit der Maus, und zwar mit einem Einfachklick der linken Maustaste, bedient wird. Der Doppelklick als Bedienungselement setzte sich in der Praxis nicht durch, weil viele Anwender dann ausschließlich doppelt klicken, auch an Stellen, wo der einfache Mausklick vorgesehen war. Ebenfalls ist es eher verwirrend, die rechte Maustaste einzubinden. Auf eine spezielle Hilfefunktion kann man zugunsten der Möglichkeit, Hinweiskommentare einzublenden, verzichten: Sobald sich der Cursor über einem Objekt, z. B. einer Überschrift, einer Tabelle, einem Bild oder einer Grafik, befindet, lassen sich am unteren Rand entsprechende Texte einblenden, in denen mitgeteilt wird, welche weiteren Funktionen sinnvoll sind und was bei Ausführung einer solchen Funktion geschieht bzw. zu beachten ist. Einen weiteren optischen Hinweis bietet die Möglichkeit, dabei auch die Form des Cursors zu ändern, z. B. von einem Zeiger in eine Hand oder in eine Lupe. Verläßt der Cursor das Objekt, verschwindet die Hinweiszeile, und der Cursor erhält seine ursprüngliche Form zurück.

5.4.3.1.3 Styleguide/Entwicklungsguide

Unternehmensweiter Styleguide

Ein unternehmensweit gültiger Styleguide zur Gestaltung von Informationssystemen, möglichst von oder zusammen mit der Werbeabteilung erstellt, bietet unschätzbare Vorteile. Zum einen gelingt es, allen Informationssystemen das gleiche Aussehen und damit einen hohen Wiedererkennungswert zu geben. Andererseits können die leidigen Diskussionen um das „richtige" Layout mit Hinweis auf die Zuständigkeit der Werbeabteilung schon im Vorfeld beendet werden. Ohne Styleguide erstreckten sich in einem Praxisfall die oftmals ergebnislosen Diskussionen um den richtigen Zeichensatz über mehrere Tage. Der Styleguide klärte diesen Disput zur allgemeinen Zufriedenheit.

Funktionale Elemente

Der Entwicklungsguide stellt eine Weiterführung des Styleguides dar, da er neben den optischen auch funktionale Elemente ent-

5.4 Erstellen eines Prototyps

hält. Ein solcher Entwicklungsguide unterliegt naturgemäß ständiger Erweiterung und Überarbeitung. Die folgenden vier Kapitel stellen typische Themen eines derartigen Entwicklungsguides vor.

5.4.3.1.4 Sortieren

Mit weißer Schrift auf dunkelgrünem Hintergrund weisen die Spaltenüberschriften darauf hin, daß bei Anklicken eines Überschriften-Feldes nach der jeweiligen Spalte sortiert werden kann. Ist im Ausgangszustand eine Spalte sortiert, so wird das durch eine blaue (für absteigend) oder rote (für aufsteigend) Schriftfarbe auf hellgrünem Hintergrund dargestellt. Die Sortierrichtung läßt sich durch Anklicken der Überschrift einer bereits sortierten Spalte umkehren. Neu zu sortierende Spalten übernehmen dann diese Sortierrichtung.

Firma	Kurs	Mitarbeiter	Ort
BASF	43,72	158.000	Ludwigshafen
Bayer	55,34	146.000	Leverkusen
Henkel	32,44	16.000	Düsseldorf
Hoechst	53,84	142.000	Frankfurt
Schering	47,23	40.000	Berlin
Veba	45,32	120.000	Gelsenkirchen

Abb. 22: Styleguideelement „Sortieren" Firma aufwärts

Firma	Kurs	Mitarbeiter	Ort
BASF	43,72	158.000	Ludwigshafen
Bayer	55,34	146.000	Leverkusen
Veba	45,32	120.000	Gelsenkirchen
Hoechst	53,84	142.000	Frankfurt
Henkel	32,44	16.000	Düsseldorf
Schering	47,23	40.000	Berlin

Abb. 23: Styleguideelement „Sortieren" Ort abwärts

Sehr intuitiv

Diese zugegebenermaßen etwas kompliziert klingende Technik findet großen Anklang, weil sie sehr eingängig ist und gefahrlos erprobt werden kann. Hinzu kommt, daß die Daten lokal, d. h.

5   Aufbau eines Informationssystems

im Hauptspeicher des PCs, sortiert werden, was dann in Bruchteilen von Sekunden erfolgt. Einmal ausprobiert wird es auch von denen gerne benutzt, die nur sehr schwer einen Zugang zur PC-Technik finden.

5.4.3.1.5   Indizieren

Bei Zeitreihen können zur besseren Vergleichbarkeit die anzuzeigenden Werte auf 100 % gesetzt werden. Der Zeitpunkt der Indizierung ist dabei frei wählbar. Man erhält so den relativen Verlauf der einzelnen Werte zueinander.

Bezugspunkt frei wählbar

Bei dem Entwicklungsguideelement „Indizieren" kann der Zeitpunkt durch Anklicken der Zeitachse beliebig festgelegt werden. Die Felder der Zeitachse haben weiße Schrift auf dunkelgrünem Hintergrund, mit Ausnahme des gerade aktiven Feldes, das blaue Schrift auf hellgrünem Hintergrund zeigt. Jeweils oberhalb des aktiven Feldes sind alle Werte auf 100 eingestellt, d. h. hier schneiden sich die entsprechenden Linien einer Liniengrafik. Dieser Schnittpunkt läßt sich durch Anklicken eines anderen Feldes beliebig auf der Zeitachse verschieben. Wie das Sortieren im vorigen Kapitel geht dies extrem schnell, weil es ebenfalls im Hauptspeicher des PCs ausgeführt wird.

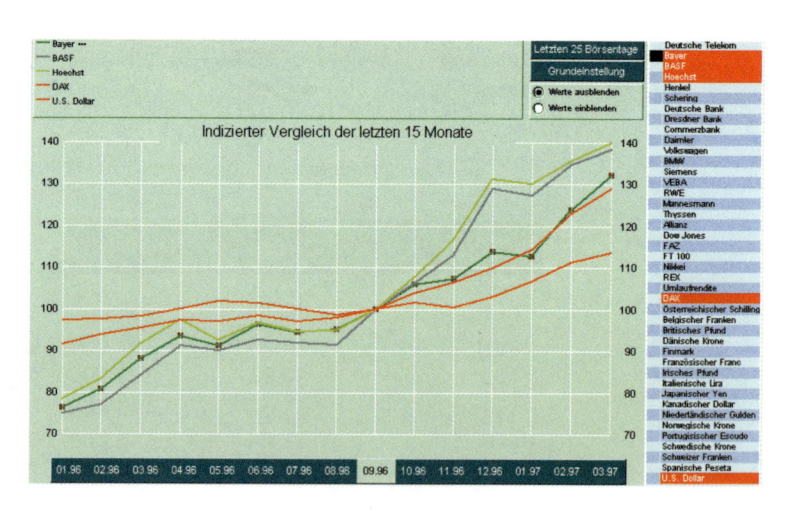

Abb. 24: Styleguideelement Indizieren

5.4.3.1.6   Einfärben

Die Farbe spielt bei einem Informationssystem eine große Rolle. Besonders wichtige Informationen erhalten ein plakatives Aus-

5.4 Erstellen eines Prototyps

sehen. Als Beispiel dient hier eine Terminliste, die dem Styleguide entsprechend zweifarbig ausgestaltet wurde. Diese Liste löste eine mit Schreibmaschine erstellte Papierliste ab, auf der jedoch, dem Wunsch der Anwender entsprechend, Terminänderungen besonders gekennzeichnet waren. Es galt, diesen zusätzlichen Service auch in die elektronische Terminliste einzubauen.

Terminänderungen zeigen

Die Termindaten lagen, auf einem zentralen Server, in einer Tabelle, die zusätzliche Ja/Nein-Spalten für Terminänderungen von Ort, Tag, Anfangszeit und Thema enthielt. Da mit inSight® auch einzelne Zellen einer zweifarbig ausgelegten Tabelle datengetrieben eingefärbt werden können (sowohl Schriftfarbe als auch Hintergrund), treten nun Terminänderungen deutlich durch weiße Schrift auf dunkelrotem Hintergrund hervor. Die Anregung, auf Knopfdruck eine Liste aller Datensätze mit geänderten Terminen anzuzeigen, ließ sich ebenfalls schnell realisieren.

Tag		Zeit	Sitzungstitel
26.3.97	Mi	15:00	Information Leitend
14.4.97	Mo	08:30	Planungskonferen：
14.4.97	Mo	14:30	Information Leitend
15.4.97	Di	08:30	Vorstandssitzung
15.4.97	Di	15:00	Werkskonferenz E
16.4.97	Mi	09:00	Werksleiterkonfere
17.4.97	Do	15:00	Information Leitend
17.4.97	Do	15:30	Information Leitend
21.4.97	Mo	08:30	Planungskonferen：
21.4.97	Mo	09:00	Werkskonferenz E
22.4.97	Di	08:30	Vorstandssitzung

Abb. 25: Styleguideelement Einfärben

5.4.3.1.7 „Thermometergrafik"

Die „Thermometergrafik" eignet sich besonders, um Tageswerte (z. B. Umsatzmeldungen) im Laufe eines Monats zu verfolgen. Dieses Styleguide-Element wird nicht durch nur einen inSight®-

109

5 Aufbau eines Informationssystems

Grafiktyp gebildet, sondern läßt sich durch Überlagern von drei Einzelgrafiken erzeugen.

Viele Informationen auf einen Blick

Im folgenden Beispiel zeigen pro Organisationseinheit die breiten Säulen die Monatswerte für Plan (hellgrau) und Vorjahr (blau). Man erkennt auf einen Blick, ob der Plan über oder unter dem Ist des Vorjahres liegt. Die beiden schmalen Säulen „wachsen" täglich. Sie stellen die Summe bis zu diesem Tag dar. Die weiße Säule zeigt den kumulierten Wert bis zu dem aktuellen Tag, die rote den rollierenden Plan, ebenfalls bis zu diesem Tag. Überragt die weiße Säule die rote, dann liegt der entsprechende Unternehmensbereich über dem Plan.

Komplexe Logik

In dem speziellen Beispiel lautete die Forderung, auch die sog. Überhangtage, das sind Umsatzmeldungen nach Abschluß eines Monats, anteilig und für jeden Unternehmensbereich spezifisch zu berücksichtigen. Das Abbilden der sehr komplexen Logik gelang dank der großen Flexibilität von inSight® recht eindrucksvoll.

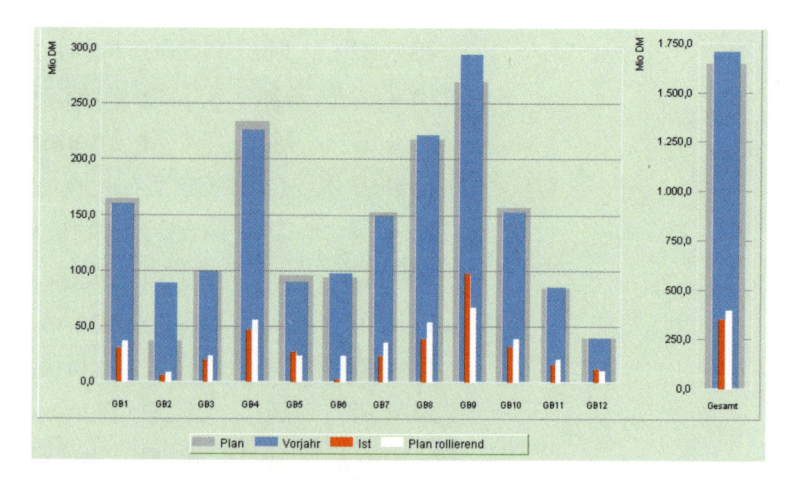

Abb. 26: Styleguideelement „Thermometergrafik"

5.4.3.2 Entwicklungselemente

5.4.3.2.1 Abhängige Menüs

Die Inhalte der Auswahlmenüs sind vollständig datengetrieben. Für diesen Komfort müssen zwar teilweise recht große Datenmengen bewegt werden, die Vorteile aus Sicht der Anwendungspflege überwiegen aber deutlich.

5.4 Erstellen eines Prototyps

Nur die existenten Kombinationen werden angeboten

Ein besonderer Charme besteht darin, daß nur die Begriffe angezeigt werden, für die es in der Tabelle auch Werte gibt, d. h. in einem Menü für Umsatzzahlen werden beispielsweise nur die Länder angezeigt, für die auch Umsätze vorliegen.

Voneinander abhängige Menüs erleichtern dabei die Navigation und schränken die zu ladenden Datenmengen deutlich ein. Bei der Auswahl einer Region, z. B. Europa, erscheinen nur die europäischen Länder. Wählt man ein Land aus, so zeigt das nächste abhängige Menü z. B. nur die Produkte, die in dieses Land verkauft wurden.

Bei wechselseitigen Abhängigkeiten zweier Menüs erscheinen nur die Kombinationen, für die Werte vorliegen. Das Ergebnis „keine Werte vorhanden" kann nicht auftreten (wobei „null" im Unterschied zu „leer" durchaus einen Wert darstellt).

Beispiel: Der Umsatz eines Konzerns kann nach den Beteiligungsgesellschaften, die diesen Umsatz erzielt haben, und den verantwortlichen Geschäftsbereichen aufgeteilt werden. Aber auch die Kombination „Geschäftsbereich innerhalb einer Beteiligungsgesellschaft" ist möglich, wobei verständlicherweise nicht alle Kombinationen vorkommen. In der Ausgangslage, der Umsatzanzeige für den gesamten Konzern, zeigen die Menüs alle Geschäftsbereiche und alle Beteiligungsgesellschaften, für die Werte vorliegen. Bei Anwahl eines Geschäftsbereiches ändert sich das Menü für die Beteiligungsgesellschaften in der Weise, daß nur die Gesellschaften angezeigt werden, in denen der ausgewählte Geschäftsbereich Umsatz erzielt hat. Bei Anwahl einer Gesellschaft ändert sich das Menü für die Geschäftsbereiche. Es zeigt jetzt nur noch die Bereiche an, die in der ausgewählten Gesellschaft Umsatz erzielt haben. Dabei bleibt die jeweils eingestellte Auswahl des anderen Menüs erhalten.

Wie so oft lassen sich gerade die eingängigen Sachverhalte nur schwer beschreiben. Das Prinzip der wechselseitigen Abhängigkeiten von Menüinhalten gehört inzwischen zum wichtigsten und beliebtesten gestalterischen Prinzip. Dabei kann die am folgenden Beispiel gezeigte Menüabhängigkeit sehr leicht erstellt werden.

Wechselseitige Abhängigkeiten leicht zu erstellen

Der ausgewählte GB4 ist nur in den angezeigten Ländern vertreten. Andererseits kommen in Kanada nur die angezeigten GBs vor. Es kann über die Technik der wechselseitigen Menüabhängigkeiten keine Kombination ausgewählt werden, für die keine Daten vorliegen. Über „Alle GBs" erhält man die komplette Län-

111

derliste. Umgekehrt zeigt die Auswahl „Alle Länder" die gesamten GBs an.

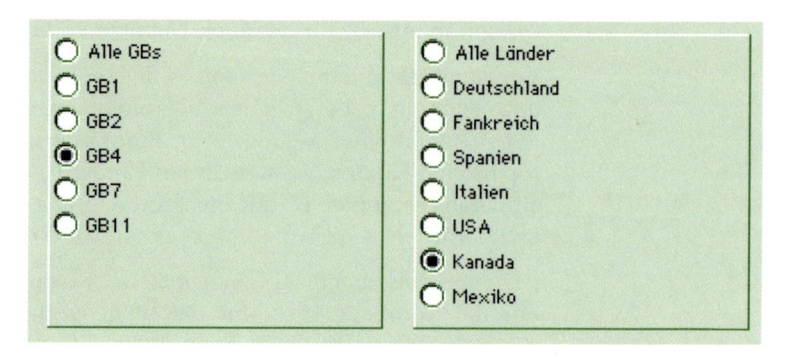

```
○ Alle GBs         ○ Alle Länder
○ GB1              ○ Deutschland
○ GB2              ○ Fankreich
● GB4              ○ Spanien
○ GB7              ○ Italien
○ GB11             ○ USA
                   ● Kanada
                   ○ Mexiko
```

Abb. 27: Styleguideelement Menüabhängigkeiten

5.4.3.2.2 Sichtbar/Unsichtbar

Eine Anwendung unter inSight® besteht aus mehreren inSight®-Dokumenten, auf denen die verschiedenen Objekte (siehe Seite 50) plaziert sind. Die den Objekten zugeordneten Funktionen ermöglichen z. B. bei Anklicken eines Objektes eine andere inSight®-Seite aufzurufen, um so eine zusammenhängenden Anwendung zu erstellen.

Kompaktere Anwendungen möglich

Da jedes inSight®-Dokument physikalisch einer PC-Datei entspricht, sollte ihre Anzahl möglichst klein gehalten werden. Dies ermöglicht die Funktion EIGENSCHAFTEN, mit der den einzelnen Objekten das Attribut „sichtbar" oder „unsichtbar" zugeteilt werden kann. Mit dieser Technik lassen sich ganze Objektgruppen sehr einfach und übersichtlich anzeigen und verstecken.

5.4.3.2.3 Schleifen

Bei der Erstellung von Anwendungen unter inSight® spielen Programmschleifen keine vordergründige Rolle. Man kann in den meisten Fällen auf sie verzichten. Manchmal läßt sich aber eine Problemstellung nur mit ihrer Hilfe lösen.

Abmischen von Tabellen verschiedener Datenbanksysteme

In der im folgenden beschriebenen Art kann ein Anwendungsentwickler das Abmischen von Tabellen aus unterschiedlichen Datenbanken realisieren. Zu einer auf einem lokalen Server abgelegten Tabelle mit Personalnummern möchte man in bestimmten Zeitabständen die entsprechenden Namen, Abteilungsbezeichnungen und Telefonnummern aus einer zentralen Tabelle zuspielen. inSight® verwendet hierzu einen Trick: Man schaltet

5.4 Erstellen eines Prototyps

ein Menüfeld der zentralen Tabelle auf „individuelle Auswahl" und kopiert anschließend die abzumischenden Werte in dieses Menüfeld. Passend zu diesen Werten gibt die zentrale Tabelle die gewünschten Detailinformationen zurück. Allerdings funktioniert dieses Verfahren nur bis zu einschließlich 29 Werten. Ab 30 Werten erscheint eine Fehlermeldung.

Das Problem kann umgangen werden, wenn man im Rahmen einer Programmschleife jeweils Blöcke mit 29 Werten auf das Menüfeld kopiert.

5.4.3.2.4 Nomenklatur

Die doch große Zahl der möglichen Dokumente innerhalb eines Informationssystems zwingt zu Überlegungen hinsichtlich eines Systems für die Nomenklatur. Dies empfiehlt sich besonders, wenn noch Windows 3.1x-Varianten mit ihrer Begrenzung auf acht Buchstaben bei dem Dateinamen unterstützt werden müssen. Da erscheint es nicht sinnvoll, Worte der Umgangssprache als Dateibezeichnungen zu vergeben. Wesentlich übersichtlicher erscheint hier ein sprechender Schlüssel. Beispielsweise kann ein achtstelliger Schlüssel wie folgt codiert sein:

aabbccdd.isd

Dabei stehen:

- aa als alphanumerische Abkürzung für das jeweilige Informationssystem
- bb als numerischer Code für den Themenkreis
- cc als numerischer Code für das Thema
- dd als fortlaufender numerischer Code für das Dokument
- .isd als Extension für das Windows-Betriebssystem

Beispiel: Die Datei „UI020301.isd" gehört zum Unternehmensweiten Informationssystem (UI), dort zum Themenkreis 02 (Markt/Börse) mit dem Thema 03 (Vor-/Nachbörse). Dabei handelt es sich um das Blatt 01 dieses Themas.

5.4.3.3 Beispiele

5.4.3.3.1 Startblatt

Aktuelle Informationen, Kommunikation

Das Startblatt eines unternehmensweiten Informationssystems wird schnell zum Politikum, bei dem durchaus unterschiedliche Ansichten aufeinanderprallen. Während die einen ein übersichtliches, optisch reizvoll gestaltetes Startblatt vorziehen, vertreten die anderen die Meinung, möglichst viele Einstiegspunkte zu den Themen zu zeigen, um schnell zu den gewünschten Informationen zu gelangen. Nach einem anderen Konzept sollte ein Startblatt so konzipiert sein, daß es neben den Einstiegsmöglichkeiten in die einzelnen Themenbereiche die wichtigsten aktuellen Informationen anzeigt, und zwar ohne Zutun des Anwenders. Dazu muß sich das Startblatt in kurzen Zeitabständen aktualisieren. Am besten geschieht dies über das Anlegen einer Zeitmarke auf dem PC, die bei der letzen Aktualisierung gesetzt wird. Beim Ablegen einer neuen Information auf dem Server wird die Zeitmarke dort hochgezählt. Eine ältere Zeitmarke auf dem PC deutet auf eine Neuigkeit auf dem Server hin, die sich dann automatisch herunterladen und anzeigen läßt. Die Zeitmarke auf dem PC wird entsprechend angepaßt.

Zu den aktuellen Informationen zählen Nachrichten, Kommentare, Börsen- oder Devisenkurse. Ein derartiges Startblatt, gleichsam eine Vorstufe zur elektronischen Zeitung, findet hohe Akzeptanz. Mit ihm erreicht man, daß die Anwender das Informationssystem morgens starten und erst abends beim Verlassen des Büros wieder ausschalten. So gelingt es, dem MIS zum Durchbruch zu verhelfen.

Signalisierende Schaltknöpfe

Die Einwahl zu den Themenkreisen mit bis zu sechs Einzelthemen pro Themenkreis (s. u.) erscheint auf der Startseite durchaus sinnvoll. Als zusätzliches Extra kann signalisiert werden, ob bei einem Thema neue Informationen vorliegen. Dazu ändert sich die Schaltknopffarbe von grün nach rot. Nach Aufruf dieser Informationen erhält der Schaltknopf seine ursprünglich grüne Farbe zurück. Der Anwender kann dabei selbst bestimmen, bei welchen der Themen dieser Service verfügbar sein soll. Die dafür notwendigen Informationen werden in einer zentralen Tabelle verwaltet.

Kommunikationsfunktionen und persönlich einstellbare Schaltknöpfe sollten das Startblatt ergänzen. Bei den persönlich einstellbaren Schaltknöpfen unterscheidet man sinnvollerweise zwischen Benutzer- und PC-abhängigen Funktionalitäten. Benutzerabhängige Einstellungen sollten zentral abgelegt sein, damit sie ein Anwender auch an einem anderen Rechner wiederfindet. Dagegen empfielt es sich bei rechnerspezifischen Einstellungen, die notwendigen Informationen lokal auf dem PC vorzuhalten. Denn auf einem anders konfigurierten Rechner können sie nicht genutzt werden. Die notwendige zentrale Verwaltung der Rechner wäre hier mit einem zu großen Aufwand verbunden.

Ein Startblatt könnte etwa so aussehen:

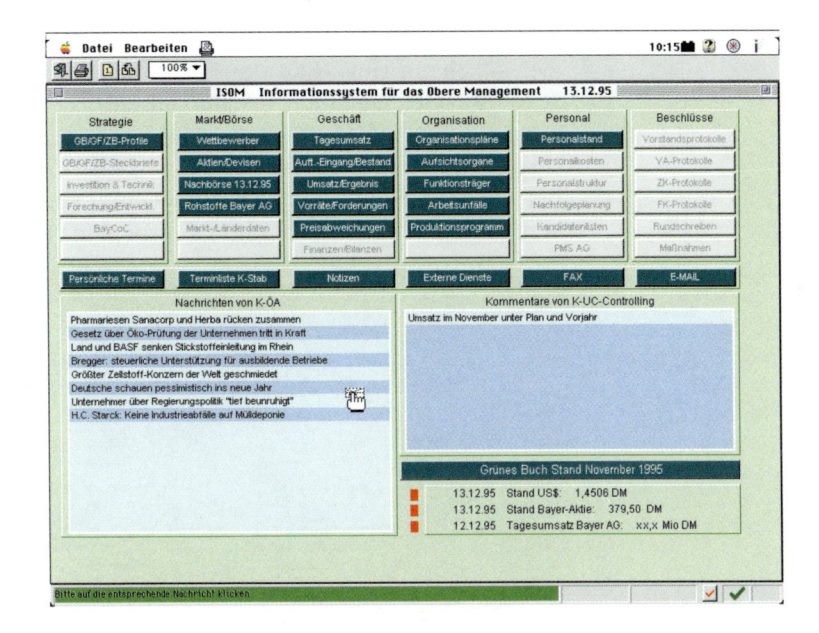

Abb. 28: Startblatt einer Anwendung

Dabei zeigen die grauen Schaltknöpfe die geplanten Themen.

Eine PC-abhängige Funktionalität kann z. B. der Aufruf einer auf dem PC installierten Terminverwaltung sein. Die zum Aufruf benötigten Informationen wie Dateiname und Pfad befinden sich in einer lokalen Datei auf dem PC, die der Anwender oder sein DV-Betreuer pflegen kann.

Der Anwender ruft beim Start einer Anwendung nicht als erstes das eigentliche Startblatt auf. Ein vorgelagertes Blatt prüft die Aktualität des Startblattes und tauscht es gegebenenfalls aus (siehe Seite 160).

Kein Zugriff bei hellgrünen Schaltknöpfen

Im Rahmen des später noch zu diskutierenden Zugriffsschutzes (siehe Seite 131) findet die Farbe hellgrün für diejenigen Schaltknöpfe Verwendung, auf die ein Anwender, der eine Teilzulassung hat, nicht zugreifen kann. Einerseits zeugt es von wenig psychologischem Geschick, jemanden auf die für ihn gesperrten Themen mit Hilfe einer eigenen Farbe hinzuweisen. Andererseits überwiegt aber das Argument, daß Anwender mit Teilzulassun-

5 Aufbau eines Informationssystems

gen sonst verbreiten, das Informationssystem bestünde weitgehend aus leeren Bereichen.

5.4.3.3.2 Umsatz/Ergebnisdarstellung

Die Umsatz/Ergebnisdarstellung besteht aus mehreren Sichten, die auf einem (mit Hilfe der Technik sichtbar/unsichtbar, siehe Seite 49) oder mehreren inSight®-Arbeitsblättern angeordnet sein können. Am Anfang steht die grafisch dargestellte Zeitreihe mit Umsatzerlös und Ergebnis für die Ist-, Plan- und Vorjahreswerte. Bei der Darstellung läßt sich zwischen „monatlich" und „kumuliert" (Summe über Monate ab Jahresbeginn) umschalten.

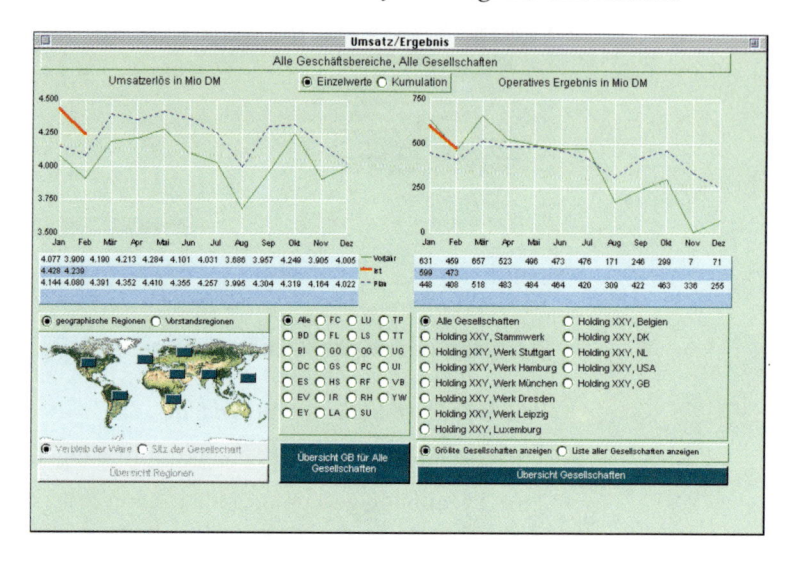

Abb. 29: Umsatz-/Ergebnisdarstellung

Der darunter liegende Navigationsteil ermöglicht eine Untergliederung der Werte nach Regionen, Organisationseinheiten und Beteiligungsgesellschaften. Für die regionale Darstellung stehen die Varianten „geographische Regionen" und „Vorstandsregionen" zur Auswahl. Von den Beteiligungsgesellschaften kommen die zwölf Umsatzgrößten zur Anzeige. Man kann auch auf eine alphabetische Liste aller Beteiligungen umschalten, die auf der vorliegenden, höchsten Verdichtungsebene über 300 Gesellschaften umfaßt.

Auswahl der umsatzstärksten Gesellschaften

Die drei datengetriebenen Navigationsmenüs stehen in Abhängigkeit zueinander (siehe Seite 110). Bei Auswahl einer Organisationseinheit paßt sich die Liste der Beteiligungsgesellschaften an: Sie zeigt dann die zwölf umsatzstärksten Gesellschaften aus

5.4 Erstellen eines Prototyps

Sicht dieser Organisationseinheit. Bei Anwahl einer Beteiligungsgesellschaft kommen nur die Organisationsbereiche zur Anzeige, die in der entsprechenden Beteiligungsgesellschaft Umsatz oder Ergebnis erzielt haben. Über die Bezeichnungen „Alle" bei den Organisationseinheiten bzw. „Alle Gesellschaften" kann auf die volle Auswahl zurückgeschaltet werden.

Damit Mitarbeiter eines Bereichs direkt an die für sie interessanten Informationen gelangen können, läßt sich über eine benutzerabhängige Steuerung, entsprechend einem in der MIS-Anwendung durchgängigen Prinzip, der jeweilige Unternehmensbereich voreinstellen.

Die „Übersicht für alle Geschäftsbereiche" am unteren Rand des Bildes führt zu einer Listendarstellung eines Monats.

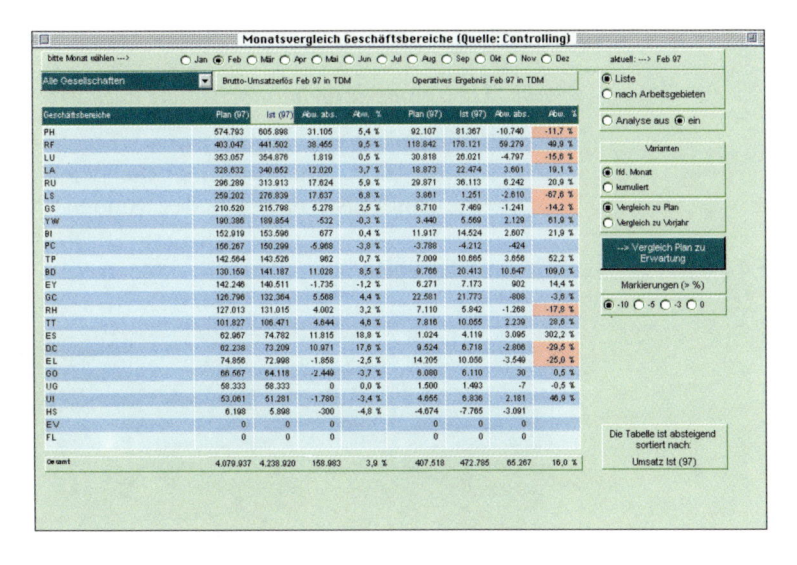

Abb. 30: Umsatz-/Ergebnisdarstellung als Liste

Analyseknopf

Über einen Analyseknopf können Vergleiche zu Plan und Vorjahr für jeden Monat und jede Beteiligungsgesellschaft einzeln oder kumuliert angewählt werden. Die Liste läßt sich nach Styleguide-Regeln (siehe Seite 107) sortieren. Besonders große Abweichungen sind farbig markiert, wobei sich die Spanne vorgeben läßt. Neben der Listendarstellung zeigt eine strukturierte Form die Zusammenfassung der Organisationseinheiten zu Arbeitsbereichen (Auswahl oben recht in Abb. 30 und 31).

117

5   Aufbau eines Informationssystems

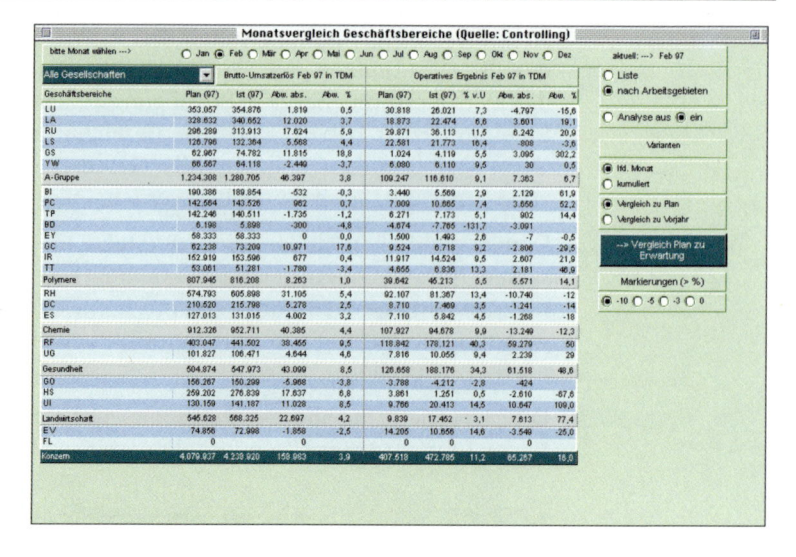

Abb. 31: Umsatz-/Ergebnisdarstellung nach Arbeitsgebieten

Insgesamt enthält das Thema Umsatz/Ergebnis noch sieben weitere Sichten, z. B. eine Liste über die Beteiligungsgesellschaften oder eine Länderliste nach Sitz des Kunden.

5.4.3.3.3 Organisationsplan

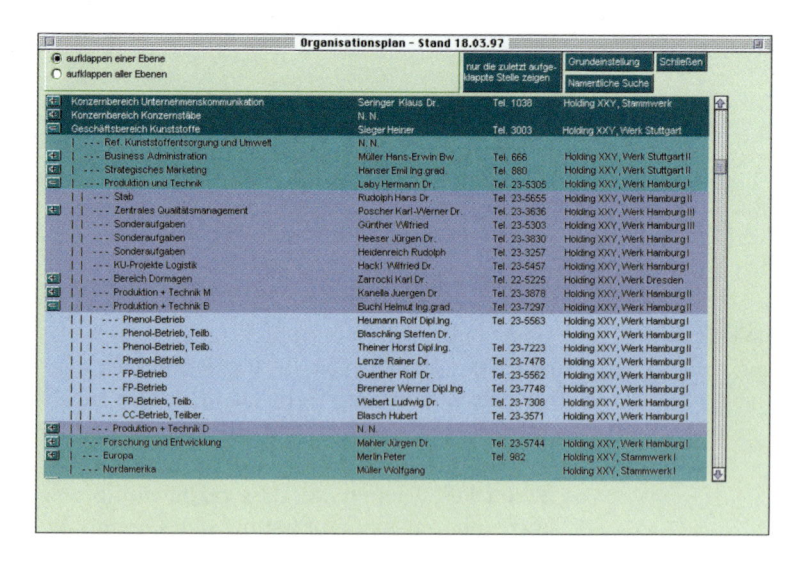

Abb. 32: Organisationsplan hierarchisch

5.4 Erstellen eines Prototyps

Organisationspläne findet man häufig in der typischen Diagrammstruktur vor. Bei den immer flacher werdenden Organisationsstrukturen in den Unternehmen, wo durchaus zehn und mehr Unterstellungen keine Seltenheit mehr sind, verliert diese Darstellungsform an Übersichtlichkeit. Der Organisationsplan wurde deshalb in Form einer Liste abgebildet, in der man die jeweils untergeordnete Stelle „aufblättern" kann.

Eine zweite Ansicht ermöglicht eine namentliche Suche.

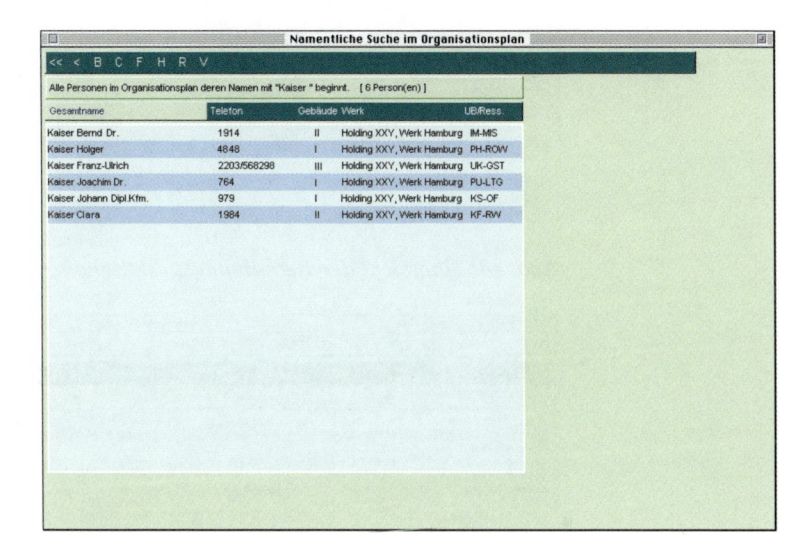

Abb. 33: Organisationsplan, namentliche Suche

Funktionsträger

Eine andere Form des Organisationsplans bietet die Übersicht der Landessprecher, Geschäftsführer und Aufsichtsorgane der Beteiligungsgesellschaften. Der Einstieg erfolgt über eine Liste aller Gesellschaften, nach Regionen und Ländern geordnet.

Aus der dann erscheinenden Liste mit den Gremien der Gesellschaft kann bei Anklicken einer Person eine Liste aller Funktionen dieser Person erhalten werden.

119

5   Aufbau eines Informationssystems

Abb. 34: Übersicht der Beteiligungsgesellschaften

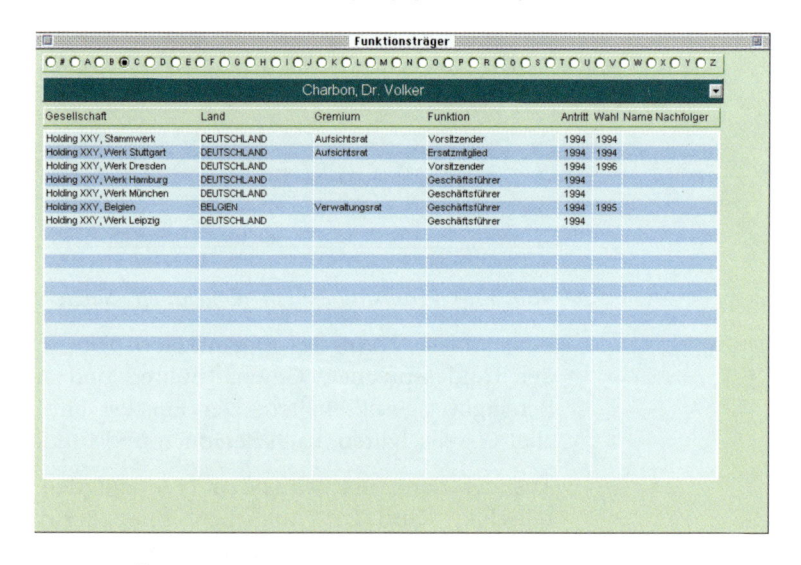

Abb. 35: Übersicht zu einer Person

5.4.3.3.4   Börseninformationen

Das Hauptblatt der Börseninformationen zeigt für Aktien, Devisen und Indizes den aktuellen und den Vortageswert mit einer entsprechenden Bewertung (Richtungspfeile, %-Abweichungen, absolute Abweichungen). Die unterschiedlichen Angaben, aufwärts oder abwärts sortiert, erhält man durch Anklicken der je-

5.4 Erstellen eines Prototyps

weiligen Spaltenüberschriften. Die Anwahl einer Aktie, einer Währung oder eines Index führt zu einer Zeitreihe der letzten 18 Tage und der letzten 17 Monate. Vergleiche zwischen den einzelnen Werten lassen sich für die letzten 15 Monate bzw. die letzten 25 Börsentage erstellen. Wie auf Seite 108 beschrieben, können aus einer Liste beliebige Sorten herangezogen und zu einem bestimmten Zeitpunkt auf 100 gesetzt werden. Dabei erhält man den relativen Verlauf der einzelnen Werte zueinander. Ein Marker, mit Mausklick vor den Namen einer Sorte gesetzt, hebt die Kurve der markierten Sorte optisch hervor.

Der Zeitpunkt des Vergleichs kann durch Anklicken der Zeitachse beliebig gewählt werden. Der entsprechende Bereich auf der Zeitachse nimmt eine andere Farbe an.

Es lassen sich auch die relativen Zahlenwerte der einzelnen Sorten zuspielen.

5.4.3.3.5 Investitionen

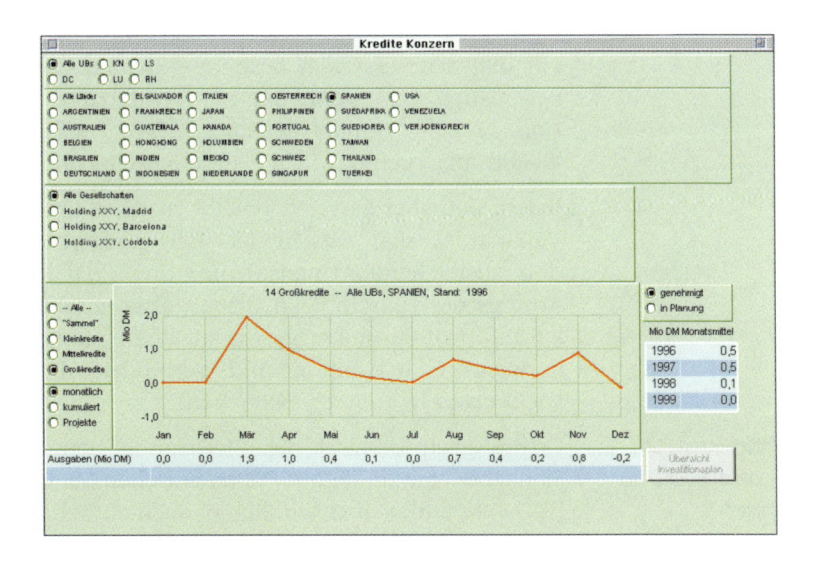

Abb. 36: Investitionen

Das Thema Investitionen zeigt die monatlichen Ausgaben bis zur Kombination Unternehmensbereich pro Werk innerhalb einer Konzerngesellschaft. Bei der kumulierten Darstellung hilft eine lineare Hochrechnung bis zum Jahresende. Die Investitionen lassen sich in Gruppen unterteilen, z. B. Kleininvestitionen, Investi-

121

tionen von 0,5 bis 5,0 Mio. DM (Mittelkredite) und Investitionen über 5,0 Mio. DM (Großkredite). Für die nächsten Jahre werden die genehmigten und die geplanten Ausgaben als Jahreswert angezeigt. Die Projekte der jeweiligen Auswahl lassen sich in einer Liste, unterteilt nach genehmigten und geplanten Vorhaben, darstellen und nach Styleguide-Regeln (siehe Seite 107) sortieren. Die Anwahl eines einzelnen Projektes zeigt weitere Einzelheiten zu der Investition.

Kombinationen auf jeder Ebene

Es läßt sich jede Kombination auf jeder Ebene darstellen. Die datengetriebenen Menüs sind voneinander abhängig (siehe Seite 110), so daß ausschließlich „Treffer" ausgewählt werden können.

5.5 Stufenplan Inhalt

5.5.1 Akzeptanz

Entscheidet man sich, im Startblatt auch die geplanten Themen anzuzeigen, unterliegt man der Verpflichtung, diese Themen auch tatsächlich zu füllen. Es gilt, die Erwartungshaltungen zu befriedigen, die man täglich schürt. Auf der anderen Seite sieht ein Informationssystem besonders in den ersten Monaten recht bescheiden aus, wenn nur die verfügbaren Themen zu sehen sind. Es fällt dann wesentlich schwerer, auf den unternehmensweiten Anspruch des Informationssystems hinzuweisen.

Jedem Betreiber eines MIS bleibt es selbst überlassen, für welche Variante er sich entscheidet. Bei günstigen Voraussetzungen, d. h. ausreichender Unterstützung durch das Management, ist die Anzeige des vollständigen Blattes, also einschließlich des geplanten Informationsumfanges, vorzuziehen. Man erreicht leichter die notwendige Integration und verhindert damit parallele Entwicklungen in anderen Bereichen.

Unterstützung des Managerarbeitsplatzes

Ursprünglich bestand die Zielsetzung, den Arbeitsplatz eines Managers vollständig mit DV-technischen Mitteln zu unterstützen. Bis heute fehlen aber wirklich einfach zu bedienende, integrierte Programme, die beispielsweise eine Information auf Wiedervorlage legen oder diese bei einem Telefongespräch mit einem Geschäftspartner einblenden. Von diesen „mitdenkenden" Büroanwendungen sind wir heute noch weit entfernt. Selbst der elektronische Terminkalender, obwohl in eleganter Form verfügbar, hat sich flächendeckend noch nicht durchsetzen können. Wirklich integrierte und gleichzeitig einfach zu bedienende Bürounterstützung setzt u. a. eine (funktionierende) Spracherkennung voraus, die die Softwareindustrie seit nunmehr 15 Jahren ankündigt. Aber auch nach Umsetzung dieses schwierigen Zieles wird man noch lange auf ein Programm warten müssen, daß die heutige Komplexität in einem Managerbüro ohne weiteres Zutun abbildet. Vielmehr müßte die Führungskraft seine Arbeitsweise ändern, um die Technik zu nutzen. Aber dazu zeigt erst ein kleiner Teil der Manager die erforderliche Bereitschaft.

So verwundert es nicht, daß bisher nur die Funktionsteile erfolgreich sind, die aufbereitete Informationen lediglich abrufen. Dabei haben sich besonders die Themenbereiche bewährt, die sich am Aufgabengebiet der Führungskräfte orientieren. Sechs Themenbereiche mit je sechs Themen ergeben, sind alle gefüllt, 36 verschiedene Informationsangebote. Viel mehr sollte das Startblatt nicht enthalten.

Weitere Informationen zu den Themenbereichen finden sich ab Seite 73.

5.5.2 Terminplan

Qualität der Informationen

Der Terminplan für die Einführung der Themen hängt in starkem Maße von der Qualität der gelieferten Informationen ab. Bei periodisch zu aktualisierenden Daten muß zusätzlich sichergestellt sein, daß die Informationen jeweils zum Stichtag in gleichbleibend hoher Qualität angeliefert werden. Erfahrungsgemäß kann man zunächst nur auf sehr wenige für diese Anforderung geeignete Datenbestände zurückgreifen. Alle anderen müssen überarbeitet bzw. im schlimmsten, aber leider nicht seltenen Fall, neu aufgebaut werden. Das kann bei ungünstigen Voraussetzungen sogar einige Jahre dauern. Die Zuständigkeit für die Arbeiten muß in den Bereichen bleiben, die auch vor Einführung des Informationssystems für die Inhalte verantwortlich waren. Dies gelingt mit dem an anderer Stelle (Seite 150 ff) beschriebenen Informantennetz, das aufgebaut (und vor allem gepflegt) werden will. Eine begleitende Unterstützung und Ermutigung durch die Betreiber des Informationssystems wirkt sich erfahrungsgemäß sehr positiv aus.

Beim Aufbau des Systems bereiten die Themen mit der höchsten Geheimhaltungsstufe und solche mit sehr großen Textmengen die meisten Schwierigkeiten. Beim Schutz von hochsensiblen Informationen, wie z. B. den Personaldaten Oberer Führungskräfte des Unternehmens, fehlt eine Verschlüsselungsart, die es gestattet, die Daten in bereits codierter Form auf den Datenserver zu laden. Das würde sicherstellen, daß selbst die Systembetreuer diese Daten nicht lesen könnten. Nur die Inhaber einer speziel-

123

5 Aufbau eines Informationssystems

Formatierte Texte

len Karte hätten über ein Lesegerät am PC die Möglichkeit, diese Daten zu entschlüsseln und zu lesen. Die gängigen Verschlüsselungskonzepte genügen diesem Anspruch bisher nicht.

Auf der anderen Seite fällt es schwer, größere, formatierte Textbeiträge über die Technik der relationalen Datenbanken verfügbar zu machen. Besonders beim SAP®-EIS fehlen ausreichende Funktionalitäten. Eine Möglichkeit hierfür liefert inSight® in Verbindung mit relationalen Datenbanken, weil es Objekte mit formatierten Informationen in ASCII-Zeichenketten zerlegen und diese zeilenweise in die Datenbank schreiben kann. Beim Aufruf der Information wird dann das Objekt wieder zusammengesetzt und in einem Objektfenster angezeigt. Mit dieser nur über inSight® nutzbaren Funktionalität lassen sich formatierte Texte, OLE-Objekte und sogar ganze Dateien ablegen, wobei letztere natürlich nicht in inSight® angezeigt, sondern nur auf die Festplatte zurückgeschrieben werden können. Die OLE-Technik wird in einem konkreten Beispiel dazu genutzt, um hunderte in MS Excel® erstellte Strategie-Portfolios im Informationssystem direkt anzuzeigen, ohne MS Excel® selbst installiert zu haben.

HTML als „Quasi"-Standard

Die mit dem Aufkommen des Internets stark verbreitete HTML-Sprache entwickelt sich immer mehr zum „Quasi"-Standard für unstrukturierte Informationen. Die Erstellung und Bereitstellung über einen Webserver sind vergleichsweise einfach, und mit der Browser-Technik lassen sich die Inhalte ebenfalls leicht anzeigen. Deshalb verfügt inSight® ab der Version 2.0 über ein entsprechendes Browser-Objekt, das HTML-Objekte aufnehmen kann. Die Adresse der HTML-Seite (URL) kann als Parameter aus der Datenbank übergeben werden (siehe auch Seite 91). Derzeit arbeiten die inSight®-Programmierer an einem Verschlüsselungskonzept, das die HTML-Daten in nicht lesbarer Form über die Leitung schickt. Vor Ort, nach Überprüfung der in der Datenbank abgelegten Zugriffsberechtigung, werden die Informationen ohne Abfrage eines zusätzlichen Paßwortes entschlüsselt. Dieses dem Pay-TV vergleichbare Verfahren dient als Basis für die Abrechnung von Informationen, die im Firmen-Intranet für bestimmte Zielgruppen bereitgestellt werden („PayNet?").

5.5.3 Informationsebenen

Aus verschiedenen Gründen ist man nicht gut beraten, im Rahmen eines Informationssystems Zugriff zu allen technisch verfügbaren Informationen zu gestatten. Zum einen muß der gesamte Datenbestand so aufbereitet werden, daß er ohne Hintergrundwissen interpretiert werden kann. Noch teurer kommt es aber, wenn ein Anwender Fragen zu Daten der untersten Ebene stellt. Diese Fragen kann man nicht mehr „elektronisch beantworten". Sie müssen mühsam, oft sogar in den Beteiligungsgesellschaften des Konzerns, hinterfragt werden. Dabei erklären die Manager einhellig und durchaus überzeugend, daß sie diese Detailtiefe zur Erledigung ihrer Aufgabe eigentlich nicht benötigen. Aber wenn die Daten schon einmal verfügbar seien, stelle man zwangsläufig auch Fragen. In vielen Fällen handelt es sich um Abweichungen, die keine direkten Rückschlüsse auf das Geschäft zulassen, sondern eher Besonderheiten aus abwicklungs- oder systemtechnischer Sicht widerspiegeln.

Ampelfunktionen

Auch die beliebten „Ampelfunktionen", die den Anwender direkt auf die wichtigen Aspekte hinweisen sollen, führen, wie das folgende Beispiel zeigt, auf der untersten Datenebene zu Fehlinterpretationen.

Analyse oberste Verdichtungsstufe (der Preis hat sich geändert)

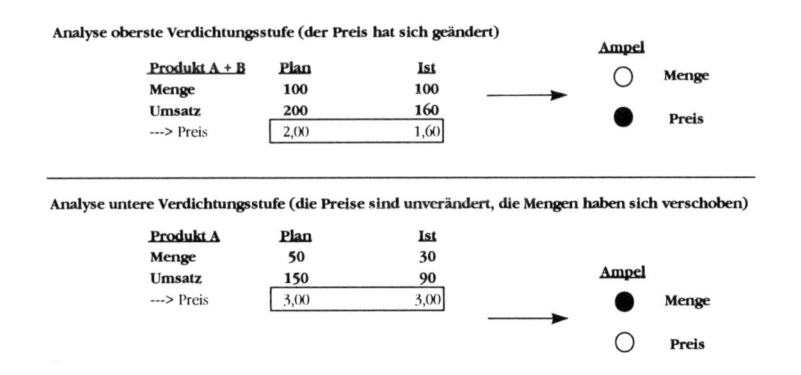

Produkt A + B	Plan	Ist
Menge	100	100
Umsatz	200	160
---> Preis	2,00	1,60

Ampel: ○ Menge ● Preis

Analyse untere Verdichtungsstufe (die Preise sind unverändert, die Mengen haben sich verschoben)

Produkt A	Plan	Ist
Menge	50	30
Umsatz	150	90
---> Preis	3,00	3,00

Ampel: ● Menge ○ Preis

Abb. 37: Ampellogik

Nur wenn weitere Detailebenen vorhanden sind, kommt die mathematische Logik zu dem Schluß einer Preisabweichung, die sich bei Betrachtung der niedrigsten Verdichtungsstufe als Mengenabweichung darstellt. Der Grund liegt im Verlust des teureren Produktes bei gleichzeitigem Zugewinn des billigeren. Auf der verdichteten Stufe läßt sich diese Sortimentsverschiebung nicht mehr erkennen.

Gerade bei großen Datenbeständen mit mehreren Verdichtungsstufen ist es sinnvoll, den Datenbestand zu unterteilen. Am Beispiel einer monatlichen Berichterstattung über den Geschäftsverlauf werden Verdichtungsebenen innerhalb einer Pyramide definiert (siehe Grafik auf Seite 14). Gleichsam in der Mitte liegt

5 Aufbau eines Informationssystems

die Informationsebene. Dies ist der Bereich, bis zu dem ein Anwender eines Informationssystems zugreifen kann. Die beiden darunter liegenden Ebenen bleiben mathematischen Auswerteverfahren bzw. den für die betriebswirtschaftliche Interpretation verantwortlichen Mitarbeitern vorbehalten.

Informationsebene, Rechercheebene

Zu den Informationsebenen einer Datenpyramide lassen sich folgende Definitionen und Leitsätze formulieren:

- Die **Informationsebene** ist die unterste Verdichtungsstufe, auf der im Rahmen eines Informationssystems berichtet wird.
- Die **Rechercheebene** ist die unterste, maschinell auswertbare Verdichtungsebene.
- **Leitsatz 1**: Die Informationsebene muß, die Rechercheebene sollte weitgehend geprüfte Daten enthalten.
- **Leitsatz 2**: Bei Informationssystemen, in denen eine Rechercheebene zwei Stufen unterhalb der Informationsebene verfügbar ist, können Fragen aus der Informationsebene schnell und kostengünstig beantwortet werden.
- **Leitsatz 3**: Eine Verlagerung der Informationsebenen zu niedrigeren Verdichtungsstufen, selbst wenn es technisch möglich ist, kann negative Einflüsse auf die schnelle und kostengünstige Recherchierbarkeit zur Folge haben.

Separate Recherchemodule

Deshalb ist es empfehlenswert, neben einem Informationssystem Recherchemodule anzubieten, mit denen dann Assistenten und Controller den gesamten Datenbestand erreichen. Die Recherchemodule können dabei wesentlich einfacher als das Informationssystem gestaltet sein, weil bei ihnen die Funktionalität im Vordergrund steht.

5.6 Stufenplan Ausbreitung

Bei einem umfangreich konzipierten Informationssystem spielt die Strategie der Ausbreitung eine große Rolle. Die beste Ausgangssituation besteht dann, wenn der Vorstand eines Unternehmens die ersten Teilnehmer stellt. Eine Einführung „von oben" wertet das System spürbar auf. Allerdings ist es hilfreich, vorher die Sekretärinnen der Vorstandsmitglieder einzubeziehen. Zum einen sorgt dieses für eine positive Grundeinstellung des Sekretariats, zum anderen kann die Sekretärin ihrem Chef bei Fragestellungen helfen. Die „Speerspitze Sekretärin" garantiert darüber hinaus eine effiziente Rückmeldung und damit die Möglichkeit, bei Problemen direkt eingreifen zu können.

5.6 Stufenplan Ausbreitung

Einbinden der Sekretariate

Es empfiehlt sich folglich für die Systembetreiber, eine Vertrauensbasis zu der Vorstandsetage aufzubauen (siehe Seite 151). In einem konkreten Fall gelang dies mit zusätzlicher Betreuung bei der Einführung von PC´s in den entsprechenden Sekretariaten.

Ausbreitung von oben nach unten

Die weitere Ausbreitung des Systems erfolgt am besten stufenweise über die Hierarchien. Als nächste Gruppe sollten z. B. die Unternehmensbereichsleiter, danach die Leiter der Ressorts innerhalb der Unternehmensbereiche eingebunden werden. Parallel müssen Mitarbeiter der angeschlossenen Manager zumindest teilweisen Zugriff auf die Daten erhalten (zur Einordnung in Zugriffsklassen siehe Seite 162).

Zugriff für alle Bereiche

Danach sollte das System allen Bereichen des Unternehmens zur Verfügung stehen, dort jedoch mit entsprechenden Zugriffsbeschränkungen.

Ein fast noch wichtigeres Ziel beim Aufbau eines unternehmensweiten Informationssystems besteht in der Auswahl und Erprobung geeigneter Hard- und Software. In den meisten Unternehmen gibt es kein DV-System, das dem Anspruch „Informationssystem" gerecht würde. Zwar schmücken sich einige Basissysteme mit dem zusätzlichen Attribut Informationssystem, es gibt aber kaum Manager, die bereit und in der Lage sind, Informationen aus diesen Systemen direkt abzurufen. Selbst Marktinformationssysteme geben ihr Wissen meist nur in Form von Listen preis.

DV-Infrastruktur

Bei dem Aufbau des unternehmensweiten Informationssystems besteht die Verpflichtung, eine Technologie einzusetzen, die zum einen in die DV-Infrastruktur des Unternehmens paßt und zum anderen auch für vergleichbare Projekte einsetzbar ist. Von Anfang an muß die Überlegung im Vordergrund stehen, neben den Interessen der Anwender auch diejenigen der Entwickler und der Informationsmanager zu berücksichtigen:

Anforderungen aus Anwendersicht:

- Einfachheit der Bedienung
- hohe Übersichtlichkeit
- Verfügbarkeit von Analysemethoden
- Möglichkeiten zur graphischen Darstellung
- Nutzung vorhandener Anwendungen
- kurze Antwortzeiten
- Schutz privater Daten

5 Aufbau eines Informationssystems

Anforderungen aus Entwicklersicht:

- leistungsfähige Entwicklerwerkzeuge
- möglichst viele Generatorfunktionen
- einfache Anpassung der Datenstruktur
- geringer Aufwand bei Maskenänderungen
- einfache Verwaltung der MIS-Daten
- einfache Integration in die bestehende Infrastruktur

Anforderungen aus Sicht des Informationsmanagers:

- Einhaltung der Standards
- Unterstützung der Architekturstrategie
- flexible Ausbaumöglichkeiten
- Serviceleistung des Anbieters
- flächendeckender Support

Wenig geeignete Softwarelösungen

Leider bieten die großen Softwarehäuser, die traditionell die Anforderungen der Informationsmanager und teilweise auch der Entwickler befolgen, keine geeigneten Oberflächenprogramme an, die den Ansprüchen der Anwender genügen. Man merkt die Nähe zu den Transaktionssystemen, die aber, was die Oberfläche betrifft, anderen Anforderungen folgen: Ein Sachbearbeiter, der ein Transaktionssystem bedient, erhält eine umfassende Schulung. Anschließend verbringt er täglich einige Stunden mit dem Programm, so daß er bald mit allen Feinheiten des Systems vertraut ist. Entscheidend kommt aber hinzu, daß ein Sachbearbeiter gezwungen wird, das Transaktionssystem zu bedienen, weil er für diese Aufgabe bezahlt wird. Auf einen Manager übt niemand Zwang aus, das Informationssystem zu nutzen. Ihm stehen bei Nichtgefallen genügend andere Wege, die Informationen zu erhalten, offen. Im einfachsten Fall delegiert er nach heute viel geübter Praxis die Informationsaufbereitung an einen Mitarbeiter. Die unternehmensweiten Kosten für diese zusätzlichen Recherchen werden dabei nicht zentral erfaßt. So fehlt oft eine entscheidende Größe für die Wirtschaftlichkeitsrechnung eines DV-gestützten Informationssystems, dessen Kosten sich im allgemeinen sehr gut ermitteln lassen.

Auch den vielen guten Softwarepaketen kleinerer Firmen, die sich mit dem Vertrieb von Management-Informationssystemen beschäftigen, mangelt es wie bei den o. g. Transaktionssystemen

5.6 Stufenplan Ausbreitung

meist an einer brauchbaren Benutzeroberfläche. Teilweise stehen erstaunliche Funktionalitäten zur Verfügung, die aber nur trainierte Anwender nutzen. Mitarbeiter ohne einschlägige Vorbildung oder Schulung finden sich in der Vielzahl der Menüfunktionen nicht zurecht. Aber gerade diese Zielgruppe soll Informationen direkt am Bildschirm nutzen.

SAP-GUI nur bedingt einsetzbar

SAP®-EIS mit der SAP-eigenen Benutzeroberfläche (SAP-GUI) entspricht nicht den Wünschen der PC-unerfahrenen Endanwender. Es richtet sich stärker an Controller und Assistenten, was auch die angebotene Möglichkeit, Daten nach MS Word® und MS Excel® zu überspielen, verrät. Für die Zielgruppe des unternehmensweiten Informationssystems scheidet SAP-GUI aus.

inSight®-Vorläufer

Bei der technischen Realisierung eines Informationssystems liegt das Schwergewicht auf einer attraktiven Benutzeroberfläche, die zusätzlich noch einen gewissen Spaß bereitet. Auch sollte der Anwender stolz auf sein System sein und es gerne anderen zeigen wollen. Um dieses Ziel zu erreichen, entstand in einem konkreten Fall bereits 1991 gemeinsam mit einer kleinen, innovativen Düsseldorfer Softwarefirma ein erster Prototyp eines derartigen Oberflächenprogramms unter der Bezeichnung macControl II (siehe Seite 168). Es konnte auf zentrale SQL-Datenbanken, in denen die Informationen abgelegt waren, mit vom Programm erzeugten SQL-Befehlen zugreifen. Dieses ausgezeichnete Werkzeug, das über 2 Jahre erfolgreich im Vorstandsbereich eingesetzt wurde, lief jedoch nur auf APPLE Macintosh-Rechnern, was seine Verbreitung in der überwiegend von Windows-Rechnern geprägten DV-Landschaft in den meisten Unternehmen verhinderte. Inzwischen steht mit inSight®, einem unter Windows-NT entwickelten Programm, ein Nachfolger mit deutlich erweitertem Leistungsspektrum, wie z. B. der Schnittstelle zu den Berichten im SAP®-EIS, zur Verfügung. Da es sich um nahezu dasselbe Programmierteam wie bei macControl handelt, überrascht es nicht, daß inSight® auch auf APPLE Macintosh-Rechnern läuft. Die Übertragung älterer Anwendungen auf inSight® gelang problemlos.

„Vermarkten" von Informationen

Die Regeln für den Aufbau von Informationssystemen gelten unabhängig davon, ob die Datenhaltung im SAP®-EIS oder in relationalen Datenbanken erfolgt. So wichtig die Datenversorgung ist, so selbstverständlich sollte sie auch sein. Aber auch die beste Datenversorgung ergibt nicht automatisch ein gutes Informationssystem. Das DV-orientierte „Vermarkten" von Informationen bleibt eine anspruchsvolle Aufgabe, für die es derzeit kaum

5 Aufbau eines Informationssystems

Fachleute mit Praxiserfahrung gibt. Das gilt sowohl im innerbetrieblichen Umfeld als auch für den größten Teil der am Markt tätigen Berater.

Will man die mit den neuen Techniken gewonnenen Erfahrungen unternehmensweit für andere, mehr oder weniger vergleichbare Aufgabenstellungen nutzen, wird ein organisierter Know-how-Transfer über Schulungen, Seminare und Hotline-Service für die Entwickler dieser Anwendungen erforderlich. Dabei umspannt die Thematik Datenbanktechniken, SAP-Programme, Netzwerke, Server, PC´s und das Anwendungsprogramm inSight®. Dazu kommt das Wissen um die Inhalte dessen, was dargestellt werden soll. Trotz guter Technik sind Erfahrungen im Controlling- und Reportinggeschäft unverzichtbar.

Schulungen für Entwickler

Man erkennt sehr bald, daß der erfolgreiche Aufbau weiterer MIS-Anwendungen und damit die Verbreitung der neuen Technologie im Unternehmen stark von der Weitergabe dieser Erfahrungswerte an andere Entwickler abhängt. Leider fehlen bisher Regelungen für die Vorgehensweise beim Aufbau dieser Systeme. Es zeigt sich nämlich immer deutlicher, daß die herkömmliche Vorgehensweise, die beim Aufbau von Transaktionssystemen durchaus erfolgreich ist, im Falle der Informationssysteme versagt (siehe dazu Seite 67).

Modulare Bauweise

Bei der Konzipierung des Informationssystems muß von Anfang an das Schwergewicht auf einer modularen Bauweise liegen, bei der die einzelnen Themen praktisch eigenständige Bestandteile bilden. Die Startseite dient lediglich als Klammer, die eine bestimmte Sammlung von Themen aufnimmt. Das lädt dazu ein, diese „Geschäftsobjekte" in verschiedenen Informationssystemen zu verwenden, die sich dann zwar von der Startseite her unterscheiden, hinter der aber die gleichen Module laufen. Das gilt auch für das SAP®-EIS, bei dem jeweils ein SAP®-EIS-Aspekt einem Themenbereich entspricht.

Das modulare Konzept rückt den „Systemgedanken" eines MIS in den Hintergrund. An seine Stelle treten themenmäßig aufbereitete Geschäftsobjekte, die sich je nach Bedarf zu verschiedenartigen Informationslandschaften zusammenstecken lassen. Hinter jedem Modul verbirgt sich, gleichsam als Produzent, ein Herausgeber, z B. eine für ein Thema zuständige Fachabteilung. Sie zeichnet für Inhalt und Bereitstellungstermin verantwortlich und verwaltet die Zugriffsrechte auf dieses Modul. Der Aufbau erfolgt nach Regeln, die eine beliebige Kombination mit anderen Modulen zulassen.

Information als Ware	Für die Nutzung seines Moduls kann der Produzent eine Gebühr verlangen, die den Aufwand für die Beschaffung, Aufbereitung und Bereitstellung der Informationen abdeckt. Damit erhält die Information den Stellenwert einer Ware, die sich im innerbetrieblichen Wettbewerb behaupten muß. Bei zu geringer Akzeptanz, d. h. wenn zu wenig Geld „erwirtschaftet" wird, muß der Produzent sein Modul zurückziehen.
Möglichkeit zur „Bezahlung" vorsehen	Bisher findet sich in großen Unternehmen noch keine ausreichend starke Lobby für diese Form der wirtschaftlichen Ausrichtung. Vielleicht sind auch die Informationssysteme, die sich ja erst im Aufbau befinden, noch zu kostenintensiv, um sich einer derart harten Bewährungsprobe auszusetzen. Andererseits kann sich ein solcher Druck nur förderlich auf die Qualität der Module und auf das Bewußtsein um den Wert von Informationen auswirken. Das unternehmensweite Informationssystem und die anderen, vergleichbaren Anwendungen sollten jedoch einem Bauprinzip folgen, das eine spätere Bezahlung ermöglicht.

5.7 Hilfsprogramme

5.7.1 Individuelle Einstellungen Anwender

5.7.1.1 Unterschied zwischen Anwender- und PC-bezogenen Informationen

Individuelle Einstellungen erhöhen deutlich den Komfort und damit die Akzeptanz des MIS. Dabei muß zwischen Anwender- und PC-bezogenen Einstellungen unterschieden werden.

Anders als bei den PC-bezogenen Einstellungen (siehe Seite 115), die nur auf dem jeweiligen PC nutzbar sind, is es bei den anwenderbezogenen Einstellungen vorteilhaft, diese zentral zu verwalten, um sie auch bei Anwahl über einen fremden PC nutzen zu können. Die folgenden Praxisbeispiele stammen aus verschiedenen Informationssystemen.

5.7.1.2 Zugriffsklassen

Zugriffsklassen vereinfachen die Verwaltung der Zugriffsrechte erheblich. Oft reicht diese Art der Zugriffsbeschränkung aus, so daß die Anwender lediglich einer Klasse zugeordnet werden müssen. Abhängig von der Zugriffsklasse können einzelne Themen für die Anwender gesperrt werden. Die entsprechenden Schaltknöpfe zum Aufruf der Themen verlieren ihre Funktion. Die Farbe der gesperrten Schaltfelder wechselt von grün nach hellgrün. Der Schutz der Daten erfolgt zusätzlich auf Datenbankebene, um einen Zugriff mit anderen Abfragewerkzeugen auszuschließen.

Vier Zugriffsklassen

Bei einem unternehmensweiten Informationssystem reichten vier Zugriffsklassen aus, um die unterschiedlichen Belange abzudecken. Die „offiziellen" Anwender des Systems gehören dabei der Klasse 1 an. Jeder Teilnehmer dieser Klasse hat unbeschränkten Zugriff auf alle Informationen.

Die Teilnehmer der Klasse 2 können nicht auf die wichtigen strategischen Daten zugreifen. Bei der Klasse 3 sind zusätzlich die Daten über Personal und Geschäft (z. B. Umsatz- und Ergebnis) gesperrt. Die Teilnehmer der Klasse 4 können nur bereits veröffentlichte Daten wie z. B. Aktien, Devisen, Unfallstatistiken, Wettbewerberübersichten sehen.

Während die Klassen 2 und 3 vor allem Assistenten, Controllern und weiteren Personen, die den Managern der Klasse 1 zuarbeiten, offen stehen, kann zur Klasse 4 praktisch jeder Mitarbeiter im Unternehmen zugelassen werden. Die Betreiber des Systems begrüßen dies, weil damit der Bekanntheitsgrad und die Akzeptanz im Unternehmen gefördert wird und zusätzlich Erfahrungen beim Massenbetrieb mit der neuen Technik gesammelt werden können.

Klasse E für Entwickler

Den Entwicklern des Systems steht die Klasse E zur Verfügung, die auch den Zugriff auf die sich in der Entwicklung befindlichen Module ermöglicht. Außerdem schaltet die Anwendung automatisch beim Start auf den Entwicklermodus um, der im Gegensatz zum Anwendermodus über eine Toolpalette zum Bearbeiten der Anwendung verfügt.

5.7.1.3 Neuigkeiten

Neuigkeiten gehören zu den interessantesten Punkten eines Informationssystems. Dabei kann die neue Information eingeblendet oder ein Hinweis auf sie angezeigt werden. Liegen zu den einzelnen Themen neue, d. h. aktualisierte Informationen vor, so läßt sich darauf mit einer Änderung der Farbe des Schaltfeldes, z. B. von grün nach rot, hinweisen. Bei Aufruf des Themas erhält das Schaltfeld seine ursprüngliche Farbe zurück.

Zentral gesteuerte Mitteilung

Die Informationen hierzu liegen in einer Datenbanktabelle, in der für jeden Anwender pro Thema mit einem Ja/Nein-Feld der Status der Neuigkeiten festgehalten wird. Beim Laden einer neuen Information setzt das Ladeprogramm diesen Schalter auf „Ja",

5.7 Hilfsprogramme

so daß die Färbung des Schaltfeldes erfolgen kann. Bei Abruf der Information schaltet das Programm auf „Nein" zurück, das Schaltfeld erhält seine ursprüngliche Farbe. Dies läßt sich sehr leicht mit einem Datenbankabruf auf diese Tabelle herstellen, bei dem die erhaltenen Werte zum Einfärben der Schaltfelder benutzt werden. Bei Betätigung des Schaltfeldes setzt die Anwendung den entsprechenden Schalter in der Neuigkeiten-Tabelle in die Ausgangsstellung zurück.

Ein weiteres Feld in dieser zentralen Neuigkeiten-Tabelle nimmt auf, bei welchem Thema der einzelne Anwender informiert werden möchte. So läßt sich dieser Service individuell auf die jeweils für den einzelnen Anwender wichtigen Themen begrenzen.

Periodische Abfrage — Sinnvollerweise fragt ein periodischer Timer in der Anwendung (siehe Seite 49) den Status ab und färbt die Schaltfelder entsprechend ein, um auch bei geöffnetem Startblatt ohne Betätigung durch den Anwender auf Neuigkeiten hinzuweisen.

Virtuelle Zeitung — Denkbar, bisher jedoch nur in der Erprobungsphase, wäre eine benutzer- bzw. benutzergruppenabhängige Anzeige von Nachrichten und anderen Neuigkeiten. Dabei können die Meldungen bestimmten Bereichen zugeordnet sein, die der Anwender abonniert. Die Neuigkeiten erscheinen dabei in Form von Überschriften, deren Anklicken die vollständige Information präsentiert. Dies wäre der erste Schritt in Richtung einer unternehmensweiten, benutzergruppenorientierten virtuellen Zeitung (siehe auch Seite 170).

5.7.1.4 Voreinstellungen

Standardmäßig erscheinen beim Aufruf eines Themas die Daten auf der höchsten Verdichtungsebene, meistens also Zahlen für das gesamte Unternehmen. Leiter von Unternehmensbereichen oder Beteiligungsgesellschaften können wählen, ob statt dessen direkt auf ihren Zuständigkeitsbereich heruntergebrochen wird. Natürlich lassen sich die Gesamtdaten dann trotzdem aufrufen.

Auch diese Steuerungsinformationen stehen zentral in einer entsprechenden Tabelle zur Verfügung.

5.7.1.5 Persönliche Einstellungen

Das Abspeichern der Einstellungen der letzten Anwahl an das System stellt eine noch komfortablere, aber auch erheblich aufwendiger einzurichtende Anwenderunterstützung dar. An dieser

Stelle wünscht man sich mehr Funktionalität im Programm inSight® in der Form, daß die letzten Einstellungen automatisch in eine zentrale Tabelle geschrieben werden. Zwar „merkt" sich inSight® beim Speichern der Anwendung die Rangnummer des ausgewählten Menüpunktes. Bei datengetriebenen Menüs ändert sich diese aber häufig, so daß dann die gespeicherte Einstellung eine andere Menüauswahl liefert. Dagegen abgesicherte Einstellungen müssen in der Anwendung eingerichtet werden.

Positive Praxiserfahrungen auf diesem Gebiet liegen bei zwei eigenständigen Informationssystemen mit spezieller Thematik vor.

Personal-Managementsystem

Im Falle eines Personal-Managementsystems werden zu jeder Anwendungssicht die letzten Einstellungen festgehalten. Da oft mehr als fünf Einstellmöglichkeiten pro Sicht vorkommen, sollte überlegt werden, die Schaltfelder, auf denen Details eingestellt sind, durch eine besondere Farbe hervorzuheben. Sonst läuft man bei einer schnellen Betrachtung Gefahr, die entsprechenden Einschränkungen der Datenauswahl zu übersehen. Es empfiehlt sich darüber hinaus ein Schaltknopf „Grundstellung", über den man auf die voreingestellte Auswahl mit einem Tastenklick zurückkehren kann, ohne jedes einzelne Menü umschalten zu müssen.

Kostenstelleneinzelheiten-Informationssystem

Ein Kostenstelleneinzelheiten-Informationssystem mit zahlreichen Auswahlmöglichkeiten führt den Anwender immer wieder an die Stelle zurück, bei der er das System verlassen hat. Da diese Steuerungsdaten zentral abgelegt werden, findet der Anwender an jedem an das System angeschlossenen PC seine gewohnte Umgebung wieder.

5.7.2 Individuelle Einstellungen PC

Einige Steuerungsinformationen werden auch lokal abgelegt. Bei einer Übersicht der Rohstoffpreise kann der Anwender die Rohstoffe auswählen, die er zusätzlich in Form einer Grafik sehen möchte. Die Einstellung wird beim Schließen des Blattes automatisch gespeichert. Allerdings gehen diese Informationen beim zentralen Aktualisieren des Blattes verloren.

Andere Anwendungen aufrufen

Mit dem Befehl STARTEN kann aus inSight®-Anwendungen heraus ein anderes Programm gestartet werden. Nach Beendigung des Fremdprogrammes kehrt man wieder in die inSight®-Anwendung zurück. Zwar gelingt es nicht, dem neuen Programm Parameter zu übergeben oder von diesem zu übernehmen. Aber zumindest kann man auch eine Anwendung des Programmes starten, in der bestimmte Vorgaben stehen. Hierfür eignen sich besonders die Kommunikationsprogramme wie der Terminkalender, Fax oder die elektronische Post. Die noch fehlende echte Integration schränkt die Bedeutung allerdings ein (siehe Seite 79). Durchgesetzt hat sich dagegen der Aufruf eines Internet-Browsers aus der Anwendung heraus. Dabei empfiehlt es sich, die dann erscheinende Startseite (Home Page) nach den Regeln des Informationssystems aufzubereiten.

In einem Praxisbeispiel verfügt ein Informationssystem über eine Kommunikationszeile mit sechs Schaltfeldern, von denen fünf individuell belegbar sind (lediglich eine Liste mit den Terminen der wichtigsten unternehmensinternen Sitzungen und Veranstaltungen ist fest verdrahtet). Eine auf dem PC abgelegte Datei hält die Bezeichnung der Schaltknöpfe, den Pfad für Programm bzw. Anwendung und den Hinweis, ob die Funktion aktiv ist, fest. Diese Datei läßt sich vom Anwender oder seinem DV-Betreuer leicht anpassen.

Telefonvorwahlen

Die Datei nimmt auch den Standort auf, in dem der PC installiert ist, um bei der Angabe von Telefonnummern die jeweils für diesen Standort gültige Vorwahl zu anderen Werken des Unternehmens einspielen zu können.

5.7.3 Verwaltung der Anwendungen

Der Betrieb eines Informationssystems kann mit geeigneten Kontroll- und Dokumentationsprogrammen effizient und fehlerfrei gestaltet werden. In einer Übersicht sollten die Arbeitsblätter mit Hinweisen auf Zuständigkeiten, Versionsstand usw. festgehalten werden. Als hilfreich erweist sich daneben eine Aufstellung, welche Tabellen und Spalten von einem Arbeitsblatt aufgerufen werden können. Das trifft auch für SAP®-EIS zu, bei dem sich die Berichte aus den Aspekttabellen abgeleiten.

Papierlose Verwaltung

Eine Anwendertabelle speichert das Datum des letzten Zugriffs. Ebenso können die Verwaltungsschritte für Beantragung, Zulassung und Überwachung der Installation mit Hilfe einer kleinen inSight®-Anwendung papierlos erfolgen.

5 Aufbau eines Informationssystems

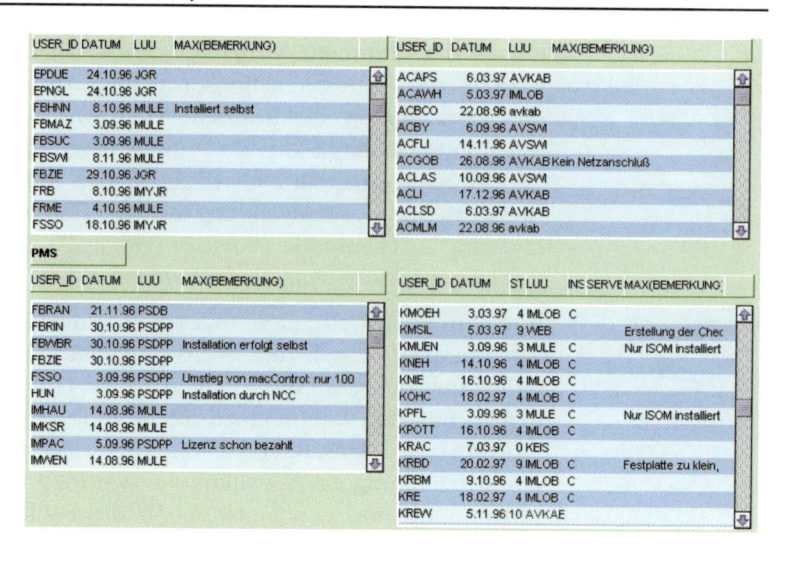

Abb. 38: Verwaltungstabellen

Zahlreiche Tabellen

Die Anzahl und Art derartiger Verwaltungstabellen läßt sich aus heutiger Sicht nur schwer abschätzen, weil noch zu wenig Erfahrung vorliegt. Die folgende Auflistung einiger Verwaltungstabellen kann hier lediglich als Anregung dienen:

- Name, Anschrift MIS-Teilnehmer
- Zulassung, Zugriffsklasse MIS-Teilnehmer
- technisches Umfeld MIS-Teilnehmer
- persönliche Einstellungen (pro Thema eine Tabelle)
- letzter Zugriff pro MIS-Teilnehmer und Arbeitsblatt
- Terminliste Informationsbereitstellung
- Name, Anschrift Datenbereitstellungsverantwortliche
- Name, Anschrift Inhaltsverantwortliche
- Themen, Themenbereiche
- inSight®-Arbeitsblätter, Version, Zuständigkeit Entwickler
- Störungsliste, Fehlerliste, Verbesserungen

5.7.4 Erweiterungen und Fehler

Es findet allgemeine Zustimmung, konkrete Vorschläge für Erweiterungen sowie Fehler in der Anwendung, wenn sie nicht direkt behoben werden können, ebenfalls mit einer inSight®-Anwendung terminlich zu verfolgen. Falls gewünscht, kann man dieses Programm auch einem erweiterten Benutzerkreis zugänglich machen. Besonderes Interesse gilt den Fehlern und geplanten Erweiterungen von inSight®, zu denen auch die inSight®-Programmierer der Firma arcplan in einer lokalen Version Zugriff haben. Die einzelnen Positionen sind dabei nach Prioritäten geordnet.

5.8 Globales Informationskonzept

Der schon recht umfassende Ansatz des unternehmensweiten Informationssystems sollte als Vorstufe für ein globales Informationskonzept verstanden werden. Es gilt, die großen Informationsströme über das Medium Papier auf elektronische Verbreitung umzustellen. Noch fehlen den redaktionell tätigen Mitarbeitern eines Unternehmens die notwendigen Erfahrungen mit der neuen Technik Aber es besteht die berechtigte Hoffnung, daß die Entwicklung rund um das Internet mit einfach zu bedienenden Programmen helfen wird, diese Lücke zu schließen.

Stufenplan zum Aufbau des Intranets

Kaum ein größeres Unternehmen verfügt derzeit über einen Stufenplan zum Aufbau eines unternehmensweiten Intranet. Die Verantwortung für die Netze liegt bei der zentralen DV, die aber meist nur auf Anforderung arbeitet. Außerhalb der DV fällt es schwer, praktikable Konzepte zu entwickeln, weil die DV-Abteilungen meist das notwendige technische Wissen in ihren Reihen konzentriert. Aber selbst innerhalb eines DV-Bereiches fällt der Umgang mit den neuen Medien oft nicht leicht. Denn die Stärken der „traditionellen" Datenverarbeitung liegen zweifelsohne bei den logistisch ausgerichteten Basissystemen und den dazu notwendigen Strukturen.

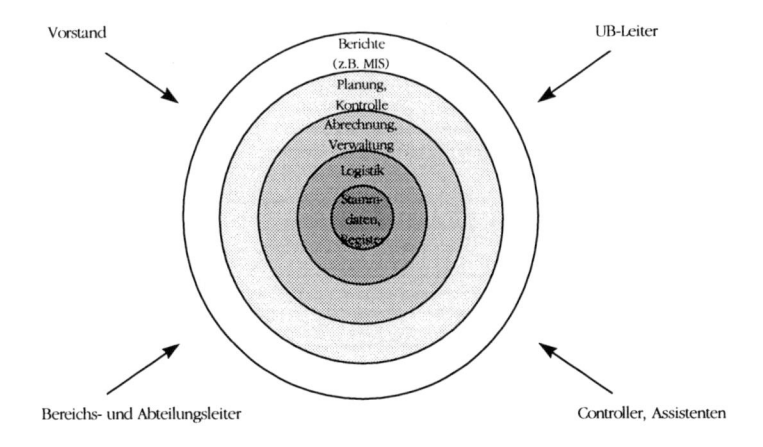

Abb. 39: Schwerpunkte der DV

5 Aufbau eines Informationssystems

Die besonderen Interessen der DV liegen in den Themen der inneren Kreise, d. h. bei den Stammdaten sowie den Logistik-, Verwaltungs- und Abrechnungssystemen. Wesentlich schwerer fällt ihr der Umgang mit den Planungs- und Controllingsystemen. Noch geringer ist der Kontakt zu Informationssystemen, bei denen nur äußerst selten wirklich erfolgreiche Projekte umgesetzt werden konnten. Unglücklicherweise sehen die Mitarbeiter eines Unternehmens ihre DV oft nur als Bereitsteller von Informationen zur Geschäftssteuerung. Diese Konzentrierung auf nur einen Teilaspekt des Aufgabenbereiches führt möglicherweise zu der nicht immer positiven Einschätzung der DV, deren wahre Stärken von Außenstehenden kaum erkannt werden können. Da die DV sich nur als Verwalter von Daten versteht und keine Auseinandersetzung mit den hinter den Daten stehenden Inhalten will, fällt ihr ein Wechsel zum Informationsanbieter schwer. Andererseits kann kaum eine andere Stelle im Unternehmen diese wichtige Aufgabe erfolgreich angehen, weil die notwendigen technischen Kenntnisse zumeist nur in der DV-Abteilung vorhanden sind.

Informationsverteilung als eigenständige Funktion

Ein globales Informationskonzept könnte diesen Knoten durchschlagen. Die DV-gestützte Informationsverteilung muß zu einer eigenständigen Funktion im Unternehmen heranwachsen. Dabei sollte dann auch der volle Zugriff auf die technischen Ressourcen, zumindest in der Lernphase, vorhanden sein. Denn ohne genaues Detailwissen, das auf praktischer Erfahrung beruht, kann man bei dieser komplizierten technischen Materie nicht erfolgreich bestehen.

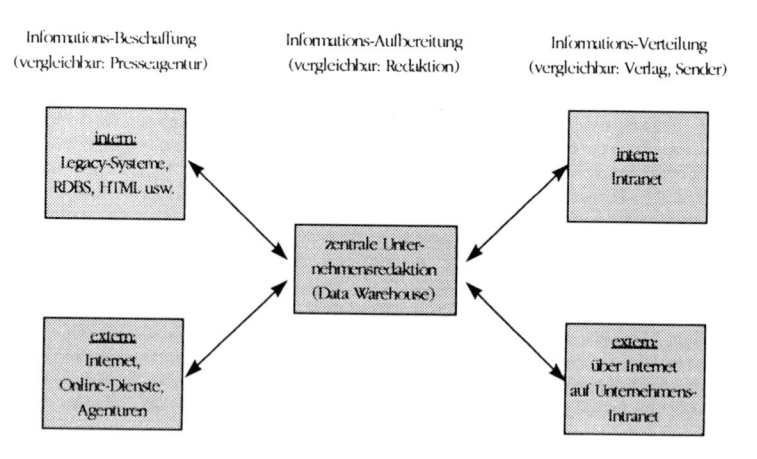

Abb. 40: Struktur der Unternehmensinformation

5.8 Globales Informationskonzept

Eine denkbare Vorgehensweise besteht in der Aufgabenstellung „Unternehmensinformation", angeboten im Intranet des Firma. Eine zentrale Redaktion stellt sicher, daß das Informationsangebot verläßlich und stets aktuell ist. Um eine Synergiewirkung zu erzielen, ist es durchaus sinnvoll, die redaktionelle Verantwortung in einen Bereich zu legen, der auch heute schon, zwar mittels des Mediums Papier, innerhalb und außerhalb des Unternehmens Informationen verteilt.

Leichte Zugänglichkeit

Die „Intranet-Technik" unterscheidet sich von den herkömmlichen Medien Zeitung und Fernsehen durch die extrem leichte Zugänglichkeit zu allen Informationen, auch der Quellinformationen, die für die Konsumenten der herkömmlichen Medien in der Regel unzugänglich bleiben. Dagegen kann jeder Internet-Teilnehmer auf eine unglaublich große Zahl an Informationsquellen direkt zugreifen. Aber Quantität steht im Internet/Intranet nicht gleichbedeutend mit Qualität. Das große Angebot verwirrt mehr als es hilft. Deshalb ist es durchaus sinnvoll, daß die zentrale Redaktion neben den aufbereiteten Informationen auch Verzweigungen zu den interessantesten Internet-Themen anbietet.

Die im Intranet redaktionell aufbereiteten Informationen stehen in gleicher Art und Weise wie die Internet-Informationen zur Verfügung, so daß sie, aus technischer Sicht, ein zusätzlicher Teil des Internets, allerdings im Zugriff auf Mitarbeiter des Unternehmens beschränkt.

Interaktion

Ein zweiter Unterschied zu den herkömmlichen Medien besteht in der Möglichkeit zur Interaktion: Im Prinzip kann jeder Internet/Intranet-Teilnehmer mit dem Informationsanbieter in einen Dialog treten. Viele Webserver im Internet bieten diesen Service heute bereits an. Es ist klar, daß diese Option einen enorm positiven Einfluß auf die Informationslandschaft im Unternehmen haben wird.

Java kontra ActiveX

Durch den großen Erfolg des Internets tritt die HTML-Technik, die die Basis der Webserver bildet, stark in den Vordergrund. Sie wird andere Techniken beeinflussen, so auch die heute bei Informationssystemen und vergleichbaren Anwendungen eingesetzte 2-Ebenen-Client/Server-Architektur. Es ist aber aus heutiger Sicht kaum sinnvoll, die Informationssysteme auf HTML umzuschreiben bzw. mit Java-Programmen nachzubilden. Der weit bessere Weg ist, die MIS-Anwendungen auf direkte Weise „internet/intranetfähig" zu machen. Das bedeutet, daß sie sich, ähnlich wie HTML-Dokumente, in einem Internet-Browser auf dem PC anzeigen und bedienen lassen (siehe ActiveX-Technologie von Microsoft auf Seite 161).

5.9 Erfolgskriterien

5.9.1 Layout

Eine gute optische Gestaltung hebt entscheidend den Wert des Informationssystems. Man sollte dabei die Werbefachleute des Unternehmens für eine „Corporate Identity" zu Rate ziehen. Ein sehr positiver Nebeneffekt besteht darin, daß man unfruchtbare Layout-Diskussionen mit dem Hinweis auf die gestalterische Empfehlung durch die Werbung weitgehend abblocken kann (siehe Seite 104).

Man sollte bei der Gestaltung sparsam mit der Farbpalette umgehen und schrille Farben nur verwenden, um auf wichtige Dinge wie besondere Funktionalitäten hinzuweisen. Bei der Listendarstellung am Bildschirm erhöht allerdings eine zweifarbige Darstellung die Lesbarkeit. Die Anzeige des Firmenlogos, zumindest auf der Startseite, lockert die Optik auf und verleiht dem System einen offiziellen Charakter.

Beim Ausdruck, der in den meisten Fällen einer Bildschirmseite entspricht, können Steuerungselemente unterdrückt werden, wenn man ihre Objekteigenschaften auf „nicht drucken" stellt. Leider fehlt die Möglichkeit, bei der Bildschirmausgabe unsichtbare Objekte, z. B. Überschriften, Datum, Uhrzeit usw. ausdrucken zu lassen, so daß man gelegentlich nicht um die Erstellung spezieller Druckseiten herumkommt. Unbedingt sollte man die Möglichkeit nutzen, die Ausgabe automatisch blattformatfüllend einzustellen. Praktischerweise läßt sich für einen Schnellausdruck oder beim Einsatz von Schwarz/Weiß-Druckern die Farbe unterdrücken.

5.9.2 Benutzerführung

Der Benutzeroberfläche kommt bezüglich der Akzeptanz eine entscheidende Bedeutung zu. Oft hört man Meinungen, die allein die Möglichkeit der Bedienung mit einer PC-Maus mit Benutzerfreundlichkeit gleichsetzen. Leider stimmt das in der Form nicht. Die bloße Mausbedienung reicht bei weitem nicht aus, über die oft verwirrenden Menüs mancher Anwendungen hinwegzuhelfen.

5.9 Erfolgskriterien

Intuitiv zu verstehender Aufbau	Gelegentlich entsteht der Eindruck, daß die Softwareprogrammierer vergessen haben, wie schwer einem Ungeübten die Bedienung ihrer Programme fällt. Meist muß man sich intensiv mit einem Programm auseinandersetzen, um die vielfältigen Funktionen nutzen zu können. Handbücher und Online-Hilfen sind da nur der zweitbeste Weg. Besser ist ein intuitiv zu verstehender Aufbau.
Weniger ist mehr	Spielt bei vielen Programmen der Funktionsumfang die entscheidende Rolle, so steht bei einem Informationssystem die leicht eingängige Benutzerführung an erster Stelle. Hier gilt, möglichst wenig Funktionalität anzubieten. In vielen Fällen reichen die im Anwendermodus von inSight® standardmäßig vorgegebenen vier Funktionsbuttons „Beenden", „Drucken", „Startseite aufrufen" und „einen Navigationsschritt zurück" völlig aus.
	Die Benutzerführung muß so gut sein, daß eine Schulung überflüssig wird. Der Anwender darf sich nichts DV-technisches merken müssen. Die wenigen, aber eingängigen Styleguide-Elemente, wie z. B. der Hinweis auf die Sortierbarkeit einer Liste (siehe Seite 107), müssen optisch so gestaltet und so plaziert werden, daß der Anwender von selbst ihre Bedeutung erkennt und im Zweifel die Funktionalität einfach ausprobiert. Dabei kann es hilfreich sein, wenn sich beim Überfahren des Objektes mit der PC-Maus der Cursor ändert. Neben logischen, aber meist dann auch längeren Funktionsfolgen sollten auch „kurze Wege" möglich sein, die dem erfahrenen Anwender eine schlankere Bedienung gestatten.
	Eine besondere Stellung kommt der sog. Navigation in mehrdimensionalen Datenräumen (siehe Seite 7) zu. Spektakuläre Drilldown-Techniken und eine uneingeschränkte Möglichkeit, Dimensionen zu tauschen, sprechen heute noch eher Assistenten und Controller an. Bei Normalanwendern empfiehlt es sich, diese Techniken eher sparsam, aber dafür gezielt zu verwenden.
Spaß	Diese Punkte dienen dazu, dem Anwender die Angst zu nehmen und ihm sogar einen gewissen Spaß zu vermitteln. Er sollte stolz auf seine Anwendung sein und sich in ihr wohl fühlen.

5.9.3 Aktualität

Monatliche Daten stoßen bei ihrem Erscheinungstermin auf große Begeisterung. Danach nimmt das Interesse stark ab. Ein Informationssystem, daß man nur monatlich aktualisiert, würde außerhalb dieses Termins kaum angeschaltet.

141

5 Aufbau eines Informationssystems

Eher im System als auf Papier

Liegen die Daten den Anwendern bereits schon einen Tag vor der Bereitstellung im System in Papierform vor, was bei einigen Informationssystemen in der Tat schon vorgekommen ist, kann man davon ausgehen, daß derart unterlaufene Systeme auf Dauer nicht überleben werden.

Kann man eine Parallelinformation auf Papier nicht vermeiden, so sollte zumindest sichergestellt sein, daß das Informationssystem die aktuelle Information eher anbieten kann. Das ist im Zeitalter der Faxgeräte nicht immer einfach. Denn ein weiterer Vorteil einer Faxübermittlung besteht darin, daß sich zu bestimmten Zahlen sehr unkompliziert Kommentare schreiben lassen. Sicherlich läßt sich die Informationsverbreitung organisatorisch regeln, indem man die alternative Informationsschiene untersagt. Der nachhaltige Erfolg einer solchen Maßnahme bleibt aber fragwürdig. Nur ein aktuelleres System hilft dabei, langfristig zu überleben.

Zugpferd

So liegt es nahe, daß zum einen die sofortige Bereitstellung neuer Daten oberste Priorität genießt, zum anderen aber auch weitere „Zugpferde" gesucht werden müssen. Dazu zählen z. B. aktuelle Tickermeldungen, mit denen man erreichen kann, daß die Anwender ihr Informationssystem ständig eingeschaltet lassen. Im Idealfall suchen sog. Timer in kurzen Zeitabständen (zwischen einer und fünf Minuten) nach entsprechenden Neuigkeiten und zeigen sie dann automatisch auf der Startseite an (siehe Seite 133).

5.9.4 Geschwindigkeit

Die vertretbare Antwortzeit liegt zwischen ein und fünf Sekunden. In Einzelfällen lassen sich auch acht bis zehn Sekunden akzeptieren, wenn z. B. dabei schon die Daten für die Anzeige von Varianten geladen werden. Hierbei entfällt die Notwendigkeit, jedesmal Daten beim Hin- und Herschalten vom zentralen Server abzufragen. Die Anwendung kann diese Informationen wesentlich schneller dem Hauptspeicher des PCs entnehmen.

Zu umfangreich definierte Berichte

Im Falle des SAP®-EIS, bei dem als erster Schritt ein Bericht (siehe Seite 85) im Hauptspeicher des Servers aufgebaut wird, können umfangreich definierte Berichte zu Zeitproblemen führen. Jedoch sind die folgenden Antwortzeiten bei Abfragen an den aufbereiteten Bericht dann sehr kurz. Eine Verbesserung beim ersten Aufruf läßt sich durch Abspeichern des Berichts auf der Festplatte des Servers erzielen. Diese Option kann vom Systembetreiber entsprechend eingerichtet werden.

5.9 Erfolgskriterien

Beim Design einer Anwendung begibt man sich auf eine Gratwanderung zwischen höherem Bedienungskomfort und kürzerer Antwortzeit. Denn besonders das Füllen der Menüs dauert teilweise recht lang. Der eigentliche Datenabruf erfolgt dann meist sehr schnell und beansprucht in der Regel weniger als 10 % der Gesamtzeit. In den bisher mit inSight® erstellten Systemen fiel interessanterweise die Wahl immer zugunsten des Bedienungskomforts aus.

Weitere Störquellen

Bei einer Client-Server-Anwendung können auch andere, weniger beeinflußbare Faktoren die Anwendung zum Teil deutlich verlangsamen. Zu den häufigsten Ursachen zählen Netzprobleme und Überlastung des Datenservers. Die Folgen sind fatal: Da über ODBC auf die relationale Datenbank DB2 nur synchron zugegriffen werden kann, übergibt der PC bei der Abfrage die Kontrolle an die Datenbank und „wartet" so lange, bis die Datenbank antwortet. Das kann teilweise einige Minuten dauern, besonders dann, wenn jemand Änderungen an der Tabellenstruktur vornimmt. An dieser Stelle muß man durch organisatorische Maßnahmen sicherstellen, daß diese für ein MIS inakzeptable Datenbankmanipulationen zu normalen Zeiten unterbleiben.

5.9.5 Stabilität

Bei Client-Server-Anwendungen wirken oft eine Vielzahl Komponenten verschiedener Hersteller zusammen. Inzwischen hat das aber kaum noch Einfluß auf die Stabilität der Anwendung. Auf den meisten Client-PC´s laufen die Programme heute praktisch fehlerfrei. Ernste Probleme treten eigentlich nur noch bei der PC-Hardware in Form defekter Speicherbausteine auf. Mehr Sorgen bereiten die Netzverbindungen und der zentrale Datenbankserver. Durchschnittlich zweimal pro Monat muß bei derzeitigem Stand der Entwicklung mit einem Totalausfall, manchmal für mehrere Stunden, gerechnet werden. Dazu kommt, daß sich gelegentlich, leider nicht immer nachvollziehbar, die Antwortzeiten verzehnfachen. Es empfiehlt sich, derartige Probleme in einer Störungsdatei festzuhalten.

5.9.6 Quantifizierbarer Nutzen

Papierflut

In den Unternehmen beschäftigt sich eine große Anzahl von Mitarbeitern mit der Verteilung von Informationen. Die Aufgaben reichen dabei vom Ausdruck über das Verpacken und Beschriften von Umschlägen bis zum Transport der Unterlagen. Neben der firmeninternen Post erreichen die Dokumente in besonders eiligen Fällen per Boten ihr Ziel. Die Informationen gelangen in den Eingangskorb des Adressaten, oft vorher vom Sekretariat gesichtet und mit einem Eingangsstempel versehen. Nicht selten werden Kopien für Vorgesetzte, Mitarbeiter und Kollegen erstellt und entsprechend arbeitsintensiv versandt. Wenn Kopieren zu aufwendig ist, wählt man die Methode des Umlaufs, bei der aber nicht selten das Dokument „verloren" geht, weil es von einem Mitarbeiter nicht oder viel zu spät weitergeleitet wird.

Wirtschaftlichkeit schwer zu ermitteln

Es wird noch einige Jahre dauern, bis sich dieses aufwendige Verfahren vollständig durch ein DV-gestütztes Informationssystem ersetzen läßt. Bis dahin sehen Kosten/Nutzen-Rechnungen mager aus. Zum einen lassen sich nur schwer alle Kosten der internen Informationsbereitstellung genau ermitteln, zum anderen trifft man auf eine für diese Art der Informationsverteilung optimierte Infrastruktur, die bei der DV-gestützten Variante noch aufgebaut bzw. noch entwickelt werden muß. Denn neben den PC's in den Büros, die an schnelle Netze angebunden sein müssen, braucht man eine komfortable Lösung für „unterwegs". Die meisten Notebooks sind derzeit aber noch zu schwer.

5.9.7 Nicht quantifizierbarer Nutzen

Trotzdem sollte man die Umstellung auf DV-gestützte Informationsverteilung nicht zu lange hinauszögern, weil neben den technischen Voraussetzungen auch langwierige mentale und organisatorische Veränderungen erforderlich sind.

Zugewinn an Transparenz

Der nichtquantifizierbare Nutzen einer DV-gestützten Informationsversorgung kann für ein Unternehmen nicht hoch genug eingestuft werden. Die Daten erreichen schneller und genauer ihr Ziel. Die Informationsaufbereitung in einem Unternehmen gewinnt an Transparenz. Zahlenangaben lassen sich leichter nachvollziehen. Es kommt nicht mehr vor, daß zu dem gleichen Thema verschiedene Zahlen im Unternehmen kursieren. Heute läßt sich bereits in vielen Unternehmen erkennen, daß man dieses Konzept entsprechend umsetzen will.

Der direkte Kontakt mit den betrieblichen Informationsstrukturen versetzt die Manager (erstmals) in die Lage, den Einsatz der DV-Unterstützung in ihrem Unternehmen richtig zu steuern und zu bewerten. Die Berührungsängste gegenüber den neuen Medien verschwinden. Wichtige Aufgaben nehmen die Verantwortlichen dann wieder selbst in die Hand, anstatt sie dem „EDV-Guru" ihres Bereiches zu übertragen.

5.9 Erfolgskriterien

Kenntnis der Zusammenhänge

In Kenntnis der Zusammenhänge lassen sich, als wichtigem „Nebeneffekt" der DV-gestützten Informationsversorgung, die innerbetrieblichen Strukturen des Unternehmens vereinfachen und somit kostengünstiger gestalten. Das schafft Raum für wichtige Reengineering-Maßnahmen, deren erfolgreiche Umsetzung dann nicht mehr durch eine mangelnde DV-Unterstützung in Frage gestellt wird. So fokussiert sich der nichtquantifizierbare Nutzen auf die dringend notwendige Beschäftigung mit den neuen Technologien auch bei den Managern, die bis heute hierzu noch keinen Zugang gefunden haben.

5.9.8 Kosten, Wirtschaftlichkeit

Die Kosten für die Einführung eines Informationssystems hängen stark von den im Unternehmen vorhandenen Rahmenbedingungen ab. Der größte Kostenfaktor liegt bei der Bereitstellung der Daten. Oft müssen Eingriffe an den Basissystemen vorgenommen oder Register aufeinander abgestimmt werden. Dieser zu den Infrastrukturmaßnahmen zählende Aufwand zahlt sich für ein Unternehmen in jedem Falle aus, weil so die mehrfache Abstimmarbeit in den einzelnen Bereichen entfällt bzw. deutlich reduziert wird. Leider gibt es keine verläßlichen Zahlen über die heutigen Kosten, weil sie weder auf separaten Kostenstellen noch unter einer eigenen Kostenart verbucht werden. Eine sinnvolle Wirtschaftlichkeitsrechnung unter Einbeziehung der Infrastrukturmaßnahmen gelingt daher meist nicht.

Automatische Datenversorgung

Ein gut aufgebautes, unternehmensweites Informationssystem basiert auf einer soliden, automatischen Datenversorgung, die manuelle Eingriffe soweit als möglich vermeidet bzw. in die datenliefernden Bereiche vorverlagert. Ein derartiges System läßt sich mit ein bis zwei Personen betreiben, die dann aber auch die Anwendung weiterentwickeln können. Die gesamten Kosten liegen hier bei sehr großen Unternehmen mit mehreren hundert Anwendern zwischen 400 und 500 TDM/p.A.

Die Kosten für die Programmierung der Anwendung gestalten sich vergleichsweise gering. Intakte Datenlage vorausgesetzt, läßt sich ein normales Anwendungsmodul von einem erfahrenen Entwickler in zwei Arbeitstagen erstellen. Dazu kommt noch ein Tag für die Dokumentation. Die reine Pflege der Anwendung schlägt kaum zu Buche. Einen gewissen Aufwand bedeutet es allerdings, neue Funktionen einzubauen, die das Spektrum der Anwendung deutlich erweitern.

145

5 Aufbau eines Informationssystems

Nur der Anwender kann den Nutzen abschätzen

Für das Informationssystem selbst läßt sich aus grundsätzlichen Erwägungen heraus keine Wirtschaftlichkeit ermitteln. Nur ein Anwender, der daraus Nutzen zieht, kann diese Größe für sich errechnen. Da aber in größeren Unternehmen heute bereits - wenn auch noch mittels Papier - gut informiert wird, lassen sich letztlich nur die Kosten vergleichen, die für die verschiedenen Arten der Informationsversorgung anfallen. Wie oben bereits angedeutet, zeigt auch dieser Vergleich seine Tücken. Eine Firma ist deshalb sicherlich gut beraten, ein Kostenbudget für die DV-gestützte Informationsversorgung einzurichten und vorerst auf eine Wirtschaftlichkeitsrechnung zu verzichten. Information innerhalb des Unternehmens wird zwar mehr und mehr als „Ware" gesehen, aber nicht als solche gehandhabt. Es gibt kein pekuniäres Maß für eine Information. Die derzeit praktizierten Abrechnungsformen messen, unabhängig vom Wert der Information, die Sekunden, die der zentrale Rechner für den Informationsabruf benötigt. Aber nur die „Bezahlung" der Information stellt die einzig sinnvolle Bemessungsgröße für ihre Notwendigkeit dar (siehe auch Seite 168). Doch bis zu dieser Erkenntnis ist es in den meisten Firmen noch ein weiter Weg. Ein Informationssystem sollte aber bereits technisch so konzipiert sein, daß, falls erforderlich, „Verkaufspreise" für Informationen erhoben werden können.

6 Betrieb eines Informationssystems

6.1 Organisation

6.1.1 „Betriebsleiter"

Ein Informationssystem bedarf der ständigen Betreuung. Obwohl für die Richtigkeit der Informationen die einzelnen Fachabteilungen verantwortlich sind, möchte der Anwender oft nur einen Ansprechpartner. Er ist die erste Adresse für Lob und Tadel. Er sorgt dafür, daß „der Laden läuft".

Stellenbeschreibung fehlt

Leider findet man in der Literatur bisher noch keine Stellenbeschreibung für eine derartige Aufgabe. Selbst das Tätigkeitsspektrum eines Data Warehouse-Managers sucht man vergebens. Eine denkbare Aufgabenstellung könnte sein:

- Datenablage
    - Festlegen der Datenstrukturen
    - Optimierung der Dateistrukturen (Performance)
- Inhaltsmodell
    - inhaltliche Abstimmung mit Datenlieferanten
    - Beschreibung und Kontrolle der Inhalte
- Modulbibliothek
    - Erstellen und Verbessern von Auswertungsmodulen
    - Verteilen von Auswertungsmodulen
- Betrieb Data Warehouse
    - Einrichten von Tabellen
    - terminliche Abstimmung mit Datenlieferanten
    - Betrieb der Server
- Verwaltung und Dokumentation
    - Erstellen/Pflegen Benutzersichten
    - Erstellen eines Informationskataloges
    - Kostenabrechnung mit „Kunden" und „Lieferanten"

Möglicherweise fehlt eine derartige Beschreibung, weil die meisten Anbieter von Soft- und Hardware ein automatisches System suggerieren und damit ihre Empfehlungen bei der Inbetriebnah-

6 Betrieb eines Informationssystems

me enden. Doch dann beginnt erst die eigentliche, schwierige Aufgabe.

Herausgabe einer virtuellen Zeitung

Das Betreiben eines Informationssystems ähnelt in vielem der Herausgabe einer Zeitung, bei der ja auch nicht „intelligente" Computer die Presseagenturen durchforsten und dann automatisch die Zeitung erstellen. Jeder sieht ein, daß man dort ohne die Mithilfe von „menschlichen" Redakteuren nicht auskommt. Entsprechend verhält es sich bei einem Informationssystem, bei dem man ebenfalls auf einen Redakteur, hier „Betriebsleiter" genannt, nicht verzichten kann.

Der Begriff „Data Warehouse" kann die Aufgabenstellung der Informationsversorgung nicht umfassend genug beschreiben. Die Anwender sollen und können nicht aus dem Warehouse die Daten einfach „abholen". Bleibt man bei dem Vergleich, so gibt es keine „Selbstbedienung", sondern die Anwender kommunizieren ausschließlich über das Informationssystem mit dem „Data Warehouse". Der Zugriff erfolgt dabei in klaren, vordefinierten Bahnen. Der Anwender hat also niemals direkten Kontakt zu den Tabellen des Data Warehouses, ja er weiß im Normalfall noch nicht einmal von dessen Existenz.

Business Information Shop

Der Begriff des Business Information Shops (siehe Seite 37) wird der Situation wesentlich gerechter. Übrigens wäre nach dieser Begriffsbestimmung das Data Warehouse eine Lagerstelle des Business Information Shops. Sicherlich müssen nicht alle Funktionen in einer Hand liegen, jedoch sollte der „Betriebsleiter" die fachliche Oberaufsicht behalten.

Nun kann es kein sinnvolles Vorgehen sein, in einem großen Unternehmen den Aufbau eines Konzern Information Shops ohne Vorbereitung zu beginnen. Ein solches Unterfangen wäre aus vielen Gründen von vornherein zum Scheitern verurteilt. Vielmehr muß nach sinnvollen, kleineren Einheiten gesucht werden, an denen die Mitarbeiter Erfahrungen sammeln können. Dabei bieten sich zentrale und spezifische Shops an.

Zentrale Shops verteilen die Auswertungen der Basissysteme, vor allem Kosten- und Ergebnisrechnung sowie Informationen zu Vorräten, Forderungen und Personal. Auch die Marktforschung gehört zu den internen Informationsanbietern. Auf der anderen Seite stellen spezifische Shops Informationen bereit, die einen operativ tätigen Bereich des Unternehmens betreffen. Beispiele sind Kundeninformationen, Geschäftsanalysen eines Bereiches,

6.1 Organisation

Auszüge aus strategischen und logistischen Planungen, Rundschreiben und Protokolle.

Sicherlich darf man Aufbau und Betrieb dieser Business Information Shops nicht dem freien Spiel der Kräfte überlassen. Es gilt, die Vorgehensweisen abzustimmen und damit Doppelarbeit und unterschiedliche Begriffsdefinitionen zu vermeiden. Dies läßt sich mit einer Business Information Shop-„Normenstelle" regeln, die verbindliche Richtlinien für die einzelnen Shops vorgibt.

Aufgaben dieser „Normenstelle" sind:

- Aufbau und Pflege eines übergeordneten, mehrsprachigen Begriffskataloges
- Definition der Anforderungen an Inhalt und Funktionalität eines Business Information Shops
- Vorschläge für Aufbau und Organisation eines Business Information Shops (Vorgehensmodell)
- Definition der Anforderungen an die Informationsbereitstellung einschließlich der Anwendungs-Tools
- Definition der Anforderungen an die Informationsdarstellung (Styleguide)
- Richtlinien für das Betreiben eines Business Information Shops (Betriebshandbuch)
- Aufzeigen von Referenz-Beispielen
- Literaturverzeichnis

Ständig wechselnde Strukturen

In einem Unternehmen wechseln ständig Strukturen, die sich im Informationssystem widerspiegeln müssen. Vieles erfolgt datengetrieben, aber eben nicht alles. An diesen Stellen muß schnell eingegriffen werden. Deshalb sind kurze Wege wichtig.

Außerdem ist es überraschend, wieviel positive Anregungen aus dem Anwenderkreis kommen. Meist handelt es sich um Änderungen mit wenig Aufwand. Das muß ohne lange Abstimmungsprozeduren und umfangreiche Auftragsvergabe geschehen. Deshalb gehört es zu den entscheidenden Voraussetzungen für einen erfolgreichen „Betriebsleiter", direkten Zugriff auf die Techniken des Business Information Shops zu haben.

Das setzt ein umfangreiches Wissen sowohl auf der inhaltlichen als auch auf der technischen Seite voraus. So ausgebildete und zusätzlich noch erfahrene Mitarbeiter findet man in den Unternehmen höchst selten. Dazu kommt, daß nur selten die Rahmenbedingungen dazu angetan sind, wirklich gute Leute für die Auf-

149

6 Betrieb eines Informationssystems

gabe zu interessieren. Der Betrieb von Informationssystemen gilt heute noch als zweitrangige Aufgabenstellung, mit der man seiner Karriere eher schaden kann.

6.1.2 Inhaltsverantwortlicher

Wie jeder Produktionsbetrieb sollte der Business Information Shop Verträge mit seinen „Rohstoff"-Lieferanten abschließen. Dabei wird am besten für jedes Thema ein „Inhaltsverantwortlicher" bestimmt. Dieser steht den Anwendern auch für weiterführende Fragen zur Verfügung. Der „Inhaltsverantwortliche" bekleidet meist eine höhere Hierarchiestufe. Der zuständige Ressortleiter bestimmt ihn gemeinsam mit dem noch zu diskutierenden „Bereitstellungsverantwortlichen".

Verantwortung in den datenliefernden Bereichen

Die Einrichtung eines „Inhaltsverantwortlichen" hat sich überaus bewährt. Sie trägt dazu bei, die Akzeptanz für das Informationssystem bei den datenliefernden Bereichen zu erhöhen. Dabei bleibt das erklärte Ziel, immer mehr Verantwortung in die datenliefernden Bereiche zu verlagern, im Idealfall bis zur Einrichtung eines eigenständigen Business Information Shops (siehe Seite 37).

6.1.3 Bereitstellungsverantwortlicher

Der „Bereitstellungsverantwortliche" trägt, wie der Name bereits sagt, die Verantwortung dafür, daß die Daten seines Themas zum jeweils festgesetzten Termin vollständig und geprüft den Betreibern des Informationssystems zur Verfügung gestellt werden. Er wird, ebenso wie der oben erwähnte „Inhaltsverantwortliche", vom zuständigen Ressortleiter ernannt.

Diese Funktion zeigt ebenfalls die Verlagerung von Data Warehouse-Aktivitäten in den für die Informationsinhalte zuständigen Bereich. Das weicht den Gedanken an ein zentrales Data Warehouse auf. Ein noch weitergehender Ansatz besteht darin, auch die Erstellung des entsprechenden Anwendungsmoduls in die datenliefernden Bereiche zu verlagern und die Koordination bezüglich Technik und Layout der oben beschriebenen Normenstelle zu überlassen. Ein Informationssystem bestünde dann aus einer Zusammenstellung einzelner Themen, die jeweils Geschäftsmodulen entsprechen. Damit gehen große Teile der Aufgabenstellung eines „Betriebsleiters" in die informationsverantwortlichen Bereiche über. Doch diese Organisationsform sollte nicht beim Aufbau eines Informationssystems, sondern erst, wenn eine deutliche Verbreitung des Informationsum-

6.1 Organisation

fanges ansteht, zum Einsatz kommen. Bis dahin stammen die konkreten Vorgaben bezüglich des Formates der Daten und Art der Übertragung vom „Betriebsleiter" des Informationssystems.

Bei diesem Konzept bleibt es dem „Bereitstellungsverantwortlichen" selbst überlassen, wie er an die Daten seines Bereiches gelangt. Selbstverständlich erhält er bei der Einrichtung einer entsprechenden Datenpipeline sachkundige Unterstützung vom „Betriebsleiter", in dessen Interesse ja eine automatisch ablaufende Datenversorgung liegt.

6.1.4 Einbindung der Sekretariate

Auf den ersten Blick verwundert es, daß diesem Punkt ein eigenes Kapitel gewidmet ist. Aber die bisherigen Erfahrungen unterstreichen immer deutlicher den positiven Einfluß, den die Sekretariate beim Aufbau und Betrieb eines Informationssystems ausüben können.

Besonders wichtig wird die Einbindung der Sekretärinnen, wenn zum Zeitpunkt der Einführung in den Büros noch keine PC´s genutzt werden. Häufig führt die Installation eines PCs bei den Chefs zur emotionalen Ablehnung durch die Sekretärinnen, meist aus Angst vor der neuen Technologie und einer möglichen Beeinträchtigung des Arbeitsverhältnisses. Sie glauben, bei der neuen Technik nicht mitreden zu können. Nur selten lassen sich diese grundlosen Befürchtungen durch Aufklärung und intensive Gespräche aus dem Weg räumen.

Sekretariate verantwortlich mit einbeziehen

Es liegt daher nahe, die Sekretariate verantwortlich mit einzubeziehen. Sie sollten erste Anlaufstelle für Fragen, Probleme und Anregungen sein. Viele kleine technische Schwierigkeiten lassen sich mit einem Handgriff erledigen, wie z. B. einen Neustart des PCs. Dazu braucht kein Servicetechniker bemüht zu werden.

In einem konkreten Fall erhielten die Sekretariate einen nicht unerheblichen zeitlichen Vorlauf, der es ihnen gestattete, sich mit der neuen Technik umfassend vertraut zu machen. Gleichzeitig halfen die Betreiber des Informationssystems beim Aufbau einer PC-Infrastruktur in diesem Bereich. Noch heute bieten sie, gleichsam als „Dankeschön" für die Mitarbeit, den Sekretariaten einen Hotline-Service für alle Fragen rund um ihre PC´s an (siehe auch Seite 126).

Die so einbezogenen Sekretariate sind auch die beste Quelle für Rückmeldungen aus dem Anwenderbereich. Nur bei schneller Informaton kann auf kleinere Unzufriedenheiten direkt reagiert

151

werden. Andererseits ermuntert eine positive Rückmeldung dazu, die Arbeit mit unvermindertem Engagement fortzusetzen.

6.1.5 Einbindung der Assistenten

Es widerspricht den meisten veröffentlichten Ratschlägen, wenn bei der Einbeziehung der Assistenten und Controller zumindest beim Aufbau eines Informationssystems eine gewisse Zurückhaltung empfohlen wird. Zwar sind ihr fachliches Wissen und ihre Erfahrung in der Berichterstattung sehr gefragt, aber ein Großteil ihrer Tätigkeit resultiert nicht selten daraus, daß nur sie sich im Gestrüpp der Unternehmensdatenbanken auskennen und ihnen somit die Aufgabe zufällt, hier ein Reporting aufzubauen und zu betreiben. Da Assistenten und Controller nur in Ausnahmefällen über profunde Datenbankkenntnisse verfügen, nutzen sie PC-Programme, allen voran Microsoft Office Produkte, um die Daten herunterzuladen und lokal aufzubereiten. Im Normalfall präsentieren sie ihre Ergebnisse, grafisch ansprechend gestaltet, auf Papier oder in solchen DV-Systemen, deren Einsatz nur bei kleineren Mitarbeitergruppen sinnvoll ist. Ein Zurückschreiben der auf dem PC überarbeiteten Daten in die zentralen Tabellen findet nicht statt.

In vielen großen Unternehmen erlebte das neue Berufsbild des DV-gestützten Berichterstatters großen Aufschwung, als zentrale relationale Datenbanken zum Einsatz kamen, in die periodisch Daten aus den Basissystemen geladen wurden (siehe Seite 28).

Nun greift ein Informationssystem massiv in den Arbeitsablauf dieser Mitarbeitergruppe ein. Oftmals hört man die Befürchtung, ihre Arbeit würde in Zukunft von dem Informationssystem erledigt.

Chance für Controller und Assistenten

Sicherlich erspart das Informationssystem einen erheblichen Teil der Such- und Präsentationstätigkeit, und manch liebgewonnener Zopf wird dabei abgeschnitten. Aber die Gruppe der Assistenten und Controller wird sich dieser neuen Situation erfolgreich stellen. Ihr bleibt viel mehr Zeit für die eigentliche Aufgabe: das Analysieren der Daten und das Kommentieren wichtiger Sachverhalte.

Die Praxis hat die Schwierigkeiten aufgezeigt, Assistenten und Controller in ein umfassendes Informationskonzept einzubinden. Meist versperrt ihre Ausrichtung auf eine bestimmte Zielgruppe den Blick für größere Zusammenhänge. Die technische „Emanzipation" gegenüber der DV, deren formale Vorgehensweise den Controllern nie gefiel, verleiht ihnen das notwendige Selbstvertrauen. Zehn Controller aus zehn Bereichen bedeuten zehn unterschiedliche technische Lösungsansätze. Davon zeugt auch die Vielzahl der derzeit angebotenen Management-Informationssysteme, die fast ausnahmslos die heutige Arbeitsweise der Assistenten und Controller ansprechen.

Sinneswandel

Ohne einen Sinneswandel neigen die Assistenten und Controller möglicherweise unbewußt dazu, das System entweder an sich zu reißen oder es zu torpedieren. Beides wäre gleichermaßen fatal. So führte in der Vergangenheit der Aufbau eines unternehmensweiten Informationssystems durch eine Controlling-Abteilung meist zu „Konkurrenzdenken" in anderen Bereichen, was eine breite Unterstützung ausschloß.

Natürlich gibt es Ausnahmen. Aber oft „verstehen" sich DV und Controlling nicht mehr. Jeder benutzt eine Fachsprache, die den anderen unbewußt ausgrenzt. Man ist gezwungen, sich auf umständliche und lange formale Prozeduren wie das Lasten- bzw. das Pflichtenheft (siehe auch Seite 67) zurückzuziehen, um gemeinsame Ziele zu erreichen. Dabei hört man so wenig motivierende Sätze wie „der Anwender weiß ja nicht einmal, was er will" oder „die DV versteht nichts von unserem Geschäft". Vielleicht läßt sich ein Informationssystem auch als Chance verstehen, hier Brücken zu schlagen und mehr gegenseitiges Verständnis zu wecken. Denn man kann auf die fachliche Kompetenz beider Gruppen nicht verzichten.

Die Integration dieser durchaus verschiedenen Welten gehört zu den großen Herausforderungen beim Aufbau und Betrieb eines Informationssystems.

6.2 Erstellung einer produktiven Anwendung

6.2.1 Entwicklung neuer Module

6.2.1.1 Dimensions-Hierarchie-Definition

Liegen einer geplanten Anwendung Daten zugrunde, die sich Dimensionen und Hierarchien zuordnen lassen, empfiehlt sich eine Beschreibung dieses mehrdimensionalen Datenwürfels. In einem auf dieser Basis erstellten Modul können nur diese Inhalte des Datenwürfels und daraus abgeleitete Kennzahlen gezeigt werden. Bei zu hohen Erwartungshaltungen der Anwender ist dies gelegentlich als Diskussionsgrundlage hilfreich. Ein Beispiel findet sich auf Seite 13.

153

Selten mehr als acht Dimensionen

Nur sehr selten treten in Praxisbeispielen mehr als acht Dimensionen auf. Gelegentlich hört man in den Werbeveranstaltungen der Softwareanbieter von Modellen mit 20 und mehr Dimensionen. Hierbei zählt man aber unzulässigerweise die Hierarchiestufen mit.

6.2.1.2 Datenbrauchbarkeitsanalyse

Auf die Aussagekraft von Daten wurde schon an verschiedenen Stellen dieses Buches hingewiesen. Das Begriffspaar richtig/falsch trifft hier nicht den Kern des Problems. Echte Fehler lassen sich meistens ausschließen. Aber allein unterschiedliche Quellen für Zahlen, die man miteinander vergleichen will, bergen die Gefahr, daß man völlig unterschiedliche Dinge zueinander in Beziehung setzt. Auch Konsolidierungen, bei denen z. B. Innenumsätze eliminiert werden, können aus Sicht eines Konzerns anders aussehen als aus Sicht eines Geschäftsbereiches, der die internen Umsätze mit anderen Geschäftsbereichen als externe Maßzahl versteht.

Praktikabler Formalismus fehlt

Bisher fehlt noch ein praktikabler Formalismus für die Durchführung der Analyse. Man wird, bis genügend Erfahrungen vorliegen, anhand von Einzelproben die Brauchbarkeit des Datenbestandes für die geplante Zielgruppe überprüfen. Dies sollte unter Beteiligung der künftigen „Inhaltsverantwortlichen" (siehe Seite 150) für dieses Thema geschehen. Bei negativem Ausgang führt im einfachsten Fall eine Nachbearbeitung der Daten zum gewünschten Ziel. Erheblich langwieriger kann es aber werden, wenn die Informationsquellen angepaßt werden müssen. Neben möglichen technischen Schwierigkeiten wird man auch mit zwischenmenschlichen Problemen zu kämpfen haben, weil die Betreiber der Quellsysteme, in bezug einer späteren Auswertung im Rahmen eines MIS, noch nicht genug sensibilisiert und somit an Verbesserungsvorschlägen nicht interessiert sind.

6.2.1.3 Datenverfügbarkeitsanalyse

Ähnlich der Brauchbarkeitsuntersuchung läßt sich auch die Datenverfügbarkeitsanalyse noch nicht formalisieren. Dazu liegen zu wenig Erfahrungswerte vor. Das wichtigste Ziel der Analyse muß es sein, die „Datenbereitsteller" auf die große Bedeutung hinzuweisen. Die DV-gestützte Verfügbarkeit ist anzustreben. Auf manueller Eingabe beruhende Bereitstellung sollte so schnell wie möglich auf die elektronische Versorgung umgestellt werden.

6.2 Erstellung einer produktiven Anwendung

Im Anschluß an eine Analyse mit positivem Ergebnis empfiehlt es sich, mit dem Bereitstellungsverantwortlichen (siehe Seite 150) einen „Daten-Liefervertrag" abzuschließen, der genaue Angaben über Qualität, Art, Umfang und Termin der Datenbereitstellung enthält.

6.2.1.4 Prototyping

Als fehlgeschlagen muß man die Versuche einstufen, die geplanten Anwendersichten in Form eines Lastenheftes zu skizzieren. Den Anwendern und ihren DV-Vertretern fehlt das Gefühl dafür, was mit einer Software wie inSight® möglich ist, so daß die Vorschläge oftmals „zweidimensional" bleiben. Ein Entwickler hingegen kann, im Idealfall in Gegenwart der Anwender, direkt lauffähige Versionen am Bildschirm erstellen, die anschließend nur noch optisch und programmtechnisch verfeinert werden müssen. Dabei verläßt ein Entwickler die „normalen" Bahnen, bei denen ihm die künftige Anwendung bis ins Detail vorgeschrieben wird. Nun betätigt er sich als Designer, der Vorschläge unterbreitet. Mit einiger Übung gelingt dies auch erstaunlich gut. Regelmäßiger Erfahrungsaustausch mit anderen Entwicklern kann dazu beitragen, daß sich eine gute Wissensbasis für diese neue Vorgehensweise bildet. Das kann mit Online-Diskussionsforen und Erfahrungsbibliotheken ergänzt werden. Ein unternehmensweiter Entwicklungsguide (siehe Seite 106) hält die besten Lösungswege für häufig wiederkehrende Aufgabenstellungen fest. Als zusätzliche Maßnahme empfiehlt sich eine Art „Styleguide-Clearingstelle", die in anderen Bereichen erstellte Anwendungen gemeinsam mit den dortigen Entwicklern nach Styleguide-Regeln überarbeitet. Denn auch wenn nach den unternehmensweiten Layout-Empfehlungen gearbeitet wurde, beobachtet man doch unterschiedliche Auslegungen.

Gute Erfahrungswerte

Alle oben beschriebenen Vorgehensweisen haben sich sehr gut bewährt. Besonders der Verzicht auf ein Lastenheft erweist sich als sehr vorteilhaft. Interessant ist in diesem Zusammenhang, daß es bei der nachträglichen Erstellung eines Handbuches für ein sehr umfangreiches Informationssystem kaum mit vertretbaren Aufwand gelingt, alle vorhandenen Sichten und Varianten zu beschreiben. Das verdeutlicht, um wieviel schwerer ein derartiges Unterfangen vorher, d. h. im Rahmen eines Lasten- oder Pflichtenheftes, sein muß.

Erfolgreiche, mit den Methoden der Ablaufsystem-Entwicklung (siehe Seite 67) erstellte Informationssysteme sind bisher äußerst selten. Es besteht die berechtigte Hoffnung, daß sich die mancherorts noch als unsolide verschrieene iterative Vorgehensweise mit der Dimensions-/Hierarchiedefinition, der Analyse der Datenbrauchbarkeit und der Analyse der Datenverfügbarkeit (siehe Seite 154), durchsetzen und ihren Platz in den Standardwerken der DV finden wird.

6.2.2 Regeln für die Entwicklung von inSight®-Modellen

Bei der Entwicklung von inSight®-Anwendungen empfiehlt es sich, auf folgende Punkte zu achten:

- Falls Anwendungen geschrieben werden, die später auf Windows- und APPLE Macintosh-Rechnern laufen sollen, fällt der Auswahl der Zeichensätze eine besondere Bedeutung zu. Bewährt hat sich der Schrifttyp Arial. Allerdings ist es zweckmäßig, bei Spalten- und Tabellenobjekten generell die Zeilenhöhe genau festzulegen, weil sonst bei der im Normalfall automatisch eingestellten Zeilenhöhe Unterschiede zwischen den beiden Plattformen auftreten.
- Bei großen Anwendungen ist es sinnvoll, sich eine klare Nomenklatur der Dokumente zu überlegen (siehe Seite 113).
- Man sollte, wenn möglich, Rollbalken für das gesamte Blatt ebenso wie vertikale Rollbalken bei Tabellenobjekten vermeiden.
- So praktisch es ist, beinahe jedem inSight®-Objekt beliebig viele Formeln mitgeben zu können, die dann noch bei unterschiedlichen Ereignissen ausgeführt werden, so unlesbar kann aus Sicht eines Entwicklers eine komplexe Anwendung werden. Eine bei mehreren Objekten eingegebene, identische Formel, z. B. das Sortieren und Einfärben eines Tabellenobjektes nach bestimmten Kriterien, muß, falls erforderlich, in allen Objekten geändert werden. Deutlich einfacher und übersichtlicher entwickelt man, indem man diese Formel auf einen separaten, entsprechend beschrifteten Schaltknopf legt und diesen mit der Funktion AUSFÜHREN (siehe Seite 59) von den entsprechenden Objekten aus anstößt.
- Statt fest verdrahteter Texte in den Arbeitsblättern sollte die Anwendung möglichst datengetriebene Begriffe verwenden.
- Es empfiehlt sich ein sorgsamer Umgang mit der Verbindungs- und der Repositorydatei (siehe Seite 57). inSight® legt die Parameter für den Verbindungsaufbau in der Verbindungsdatei ab. Angaben, wie z. B. die Tabellenspalten, die von inSight® zu interpretieren sind, werden in die Repository-Datei geschrieben. Einer Verbindungsdatei kann jeweils nur eine Repository-Datei zugeordnet sein. Leider verhält es sich im Falle der lokalen, inSight®-eigenen Datenbank anders: Dort stehen die dateibeschreibenden Merkmale in der Verbindungsdatei, nicht in der Repository-Datei. Das ist bei

6.2 Erstellung einer produktiven Anwendung

der ansonsten unproblematischen Übertragung von Windows-Anwendungen auf Macintosh-Rechner zu beachten, da die Verbindungsdateien betriebssystemspezifisch ausgelegt sind.

Unternehmensweite Repository-Datei

- Bei der Repository-Datei stellt sich die Frage, ob man sie unternehmensweit einheitlich oder für jede Anwendung separat erstellt. Beide Vorgehensweisen lassen sich leidenschaftlich vertreten. Das einheitliche Repository zwingt alle Entwickler eines Unternehmens, sich gemeinsam festzulegen. Falls das organisatorisch umsetzbar ist, sollte man sich für diese Lösung entscheiden. Allerdings fehlen im Programm inSight® entsprechende Funktionen zur Unterstützung, wie z. B. der Abgleich oder das Mischen zweier Repository-Dateien. Die pragmatische Alternative zu der einheitlichen Lösung besteht in einzelnen Repository-Dateien. Um ihre Anzahl nicht zu groß werden zu lassen, sollte man pro Entwicklergruppe nur ein Repository verwenden. Es ist auf keinen Fall sinnvoll, jedes Anwendungsmodul mit einer eigenen Verbindungsdatei und einem eigenen Repository auszustatten. Es besteht die Gefahr, daß dies auf Dauer zu unübersichtlich wird.

6.2.3 Austesten der Anwendung

Das Austesten der Anwendung kann wegen der modularen Bauweise recht zügig erfolgen. Funktionale Fehler treten erfahrungsgemäß nur bei komplexen Konstruktionen auf. Zum Glück äußern sich diese Fehler seltener in Form falscher Zahlen (was fatal wäre), sondern sie lassen sich meistens der Kategorie „Schönheitsfehler" zuordnen. Bei inhaltlichen Unstimmigkeiten liegen die Ursachen meist in der Datenbasis.

Erfahrene Testpersonen

Deshalb besteht der Test einer Anwendung im mehrfachen Aufrufen aller Varianten, möglichst auf verschiedenartigen PC´s. Hier eignen sich als Testpersonen vertrauenswürdige und erfahrene Anwender („Minensucher"), die oft für den Vorteil der etwas früheren Nutzung bereit sind, mögliche Anfangsprobleme in Kauf zu nehmen.

Wesentlich mehr Beachtung verdient der Test neuer Kommunikationssoftware und nicht zuletzt neuer inSight®-Versionen. Hier sind in der Vergangenheit recht unschöne Überraschungen aufgetreten, so daß sich die Strategie, nur nach langen internen Tests neue Softwareversionen einzusetzen, durchaus bewährt hat. Beispielsweise sollte ein inSight®-Upgrade maximal zweimal pro Jahr erfolgen. Grobe Programmfehler, die einen sofortigen Austausch erforderlich machen würden, lassen sich nach inzwischen zweijährigem produktiven Einsatz des Programmes allerdings ausschließen.

157

6.2.4 Objektbibliothek

Eine der herausragenden Eigenschaften von inSight® liegt in der Möglichkeit, Objekte und Objektgruppen (Layouts) in einer Objektbibliothek abzulegen und zentral zu verwalten. Bis zu neun Format- und zwei Inhaltseigenschaften lassen sich pro Objekt global vergeben (siehe auch Seite 48).

Ablegen ganzer Funktionsteile

Eine zentrale Objektbibliothek verspricht einen deutlichen Vorteil, weil viele Teile wiederverwendbar sind. Bei Fortführung des Gedankens könnten ganze Funktionsgruppen abgelegt und eine Anwendung praktisch aus diesen zusammengesetzt werden. Das kann die Entwicklungszeiten drastisch verkürzen und Fehler nahezu ausschließen. Dann wären als Entwickler auch Personen denkbar, die über keine umfangreiche datenbanktechnische Erfahrung verfügen.

Vieles davon bietet sich beim Einsatz von inSight® an. Trotzdem fehlt diese Technik in den in diesem Buch beschriebenen Anwendungen fast völlig. Der Grund liegt in den möglichen Risiken, die besonders die globalen Objekte in sich bergen. Bei Zerstörung der Objektbibliothek z. B. lassen sich die Anwendungen nicht mehr öffnen, schlimmer noch: Man kann sie auch nicht mehr reparieren. Diese fatale Einschränkung und die fehlende Möglichkeit, die globale Vererbung wieder aufzuheben, lassen es bei größeren Anwendungen zunächst ratsam erscheinen, trotz der offenbaren Vorteile sehr sparsam mit der globalen Objektbibliothek umzugehen.

Dagegen kann man gegen eine Verwendung der Objektbibliothek als Vorlage für Styleguide-Elemente nichts einwenden. Sie sollte jedem Entwickler zur Verfügung stehen, der dann, ohne die oben beschriebene globale Verknüpfung, die Objekte in seine Anwendung kopieren kann. Natürlich geht damit die Möglichkeit verloren, diese Objekte zentral zu ändern.

6.2.5 Dokumentation

Skripts

inSight® unterstützt eine Reihe von Dokumentationsaspekten. Über die Funktion DOKUMENTENSKRIPT lassen sich alle Objekte mit Eigenschaften und Formeln auflisten, allerdings jeweils nur für jedes Anwendungsdokument einzeln. Diese Liste kann sehr lang und damit unübersichtlich sein. REPOSITORYSKRIPT zeigt analog die in inSight® vorgenommenen Datenbankdefinitionen. Dazu gehören die Vergabe von Aliasnamen (siehe Seite 57) für die automatische Verknüpfung unterschiedlich benannter

6.2 Erstellung einer produktiven Anwendung

Tabellenspalten und die Angabe, wie bestimmte Spalten in inSight® zu interpretieren sind.

Die Skript-Funktion „Programmablauf protokollieren" zeichnet alle Vorgänge beim Bedienen einer Anwendung zeitgenau auf. Es bewährt sich, anhand dieser Unterlage die Definition der Berichte in SAP®-EIS bzw. die Indexvergabe bei relationalen Tabellen zu überarbeiten, um bessere Zugriffszeiten zu erzielen.

Für eine umfassende Dokumentation reichen die Skripts allein aber nicht aus. Daher ist es sinnvoll, bereits in der Anwendung für eine gute Übersicht zu sorgen. So läßt sich die Anwendung leicht pflegen und dokumentieren.

3 Hilfsebenen

inSight® stellt zu jedem Anwendungsdokument drei Ebenen bereit, auf denen Hilfsobjekte plaziert werden können. Die Dokumente lassen sich dabei beliebig zwischen der Betrachtungs- und den drei Hilfsebenen bewegen, so daß man nach der eigentlichen Erstellung der Anwendung die zusammengehörenden Hilfsobjekte in Gruppen ordnen und entsprechend kommentieren kann. Das folgende Bild zeigt den Ausschnitt einer Hilfsebene. Diese Art der Dokumentation hilft bei der möglichen Fehlersuche und erleichtert anderen Entwicklern den Einstieg.

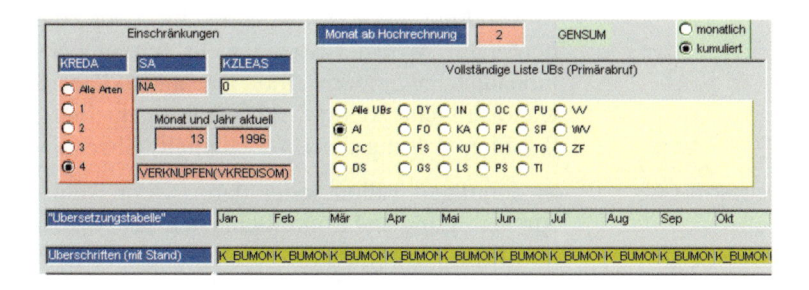

Abb. 41: Abbildung einer Hilfsebene in inSight®

6.2.6 Anpassungen, Erweiterungen

Ein Informationssystem lebt von den ständigen Anpassungen und kleineren Erweiterungen. Besonders nach der Einführung werden Wünsche geäußert, die von Anwenderseite verständlicherweise erst dann formulierbar sind, wenn sie eine Zeit lang mit dem System gearbeitet haben.

Mit inSight® geschriebene Anwendungen lassen sich schnell und unproblematisch anpassen, ohne Gefahr zu laufen, daß dies an

6   Betrieb eines Informationssystems

Kein großer Formalismus

einer anderen Stelle zu Fehlern führt. Der Zeitaufwand für die notwendigen Arbeiten liegt oft im Minutenbereich.

Ein großer Formalismus wäre hier eher hinderlich. Dieser sollte einschneidenden Änderungen und größeren Erweiterungen vorbehalten bleiben.

6.2.7   Verteilung von Programm und Anwendung

inSight® läßt sich nicht nur auf einem PC, sondern auch auf einem Anwendungsserver installieren. Auf die Weise kann sichergestellt werden, daß alle Anwender stets die neueste Programm- und Anwendungsversion nutzen.

Schreibrechte auf Server

Befinden sich in einem größeren Firmennetz mehrere Anwendungsserver, wobei es durchaus über 100 Server geben kann, entsteht das bisher nicht gelöste Problem, bei Bedarf Programm und Anwendung auf diesen Servern automatisch zu aktualisieren. Meist sind die Schreibrechte auf diesen Servern eingeschränkt. Gespräche mit den Betreibern der Server führen nicht immer zu befriedigenden Ansätzen. Auch gelingt es z. B. nicht, die an dieser Stelle überflüssige Paßwortabfrage des Anwendungsservers unterdrücken zu lassen. Man kann den Anwendern kaum vermitteln, daß sie ein Paßwort für das Öffnen der Anwendung und ein weiteres für den Zugriff auf die Daten benötigen, wobei beide, jeweils mit unterschiedlichen Regeln, monatlich zu ändern sind. Die an anderer Stelle mit viel Aufwand erreichte Benutzerakzeptanz geht hier an der oftmals unflexiblen Haltung der DV-Sicherheit teilweise wieder verloren.

„Pseudo-BLOB"

In derartigen Fällen, oder dann, wenn kein Anwendungsserver zur Verfügung steht, empfiehlt sich der Austausch von Programm und Anwendung über eine relationale Datenbank. inSight® kann über die „Pseudo-BLOB"-Technik (siehe Seite 52) eine Datei zeilenweise in eine zentrale Tabelle schreiben und umgekehrt auch wieder lesen und zusammensetzen. Zur Prüfung der Aktualität hilft im Falle der Dokumente ein interner Zähler, der sich bei jedem Abspeichern im Entwicklermodus automatisch um eins erhöht und von der Anwendung abgefragt werden kann. So läßt sich ein Blatt vor dem Öffnen auf seine Aktualität überprüfen und im Bedarfsfalle mit einer neueren, in der relationalen Datenbank abgelegten Version überschreiben. Ähnlich verfährt man mit dem inSight®-Programm, dessen Version mit der Funktion VERSION (INSIGHTTYP) abzufragen ist. Diese Technik ermöglicht, ständig eine aktuelle Programm- und Anwendungsversion auf dem PC zu haben.

6.2 Erstellung einer produktiven Anwendung

Leider läßt sich das Startblatt mit diesem Verfahren nicht austauschen, ebenso wie die Kommunikations- und Repositorydatei. Hier kann man sich mit einem einfachen Vorbereitungsblatt mit eigener Verbindungs- und Repositorydatei helfen, dessen einzige Aufgabe es ist, die Aktualität des Startblattes zu überprüfen. Das eigentliche Startblatt der Anwendung kann dann mit der Funktion STARTBLATTSETZEN definiert werden.

Diese in der Praxis zwar bewährte Vorgehensweise befriedigt wegen des erforderlichen Verwaltungsaufwandes nicht vollständig, besonders dann, wenn man mehrere inSight®-Anwendungen auf einem Rechner betreibt und ein gemeinsames Eröffnungsblatt aufgerufen werden soll. Außerdem fällt ein beträchtlicher Installationsaufwand an, weil sowohl inSight® als auch die Kommunikationskomponenten auf dem PC vorhanden sein müssen.

Erschwerend kommt hinzu, daß unter Windows NT die Möglichkeit des automatischen Programmaktualisierens ausscheidet, weil dort keine Programmdateien überschreibbar sind.

ActiveX wird „Pseudo-BLOBs" ablösen

Statt mit Hilfe der „Pseudo-BLOBs" werden in absehbarer Zeit Internet-Techniken wie ActiveX von Microsoft zur Aktualisierung von Programm und Anwendung eingesetzt, die eine Nutzung der inSight®-Anwendung über einen Internet-Browser gestattet. So entfällt die Notwendigkeit, inSight® auf dem PC oder einem Dateiserver zu installieren. Der Aufruf erfolgt über eine HTML-Seite auf einem HTTP-Server unter Windows NT.

Die ActiveX-Technik vereinfacht die Nutzung von inSight®-Anwendungen in nicht unerheblichem Maße. In Verbindung mit einer SecurID-Karte läßt sich, sicherheitstechnisch unbedenklich, auch außerhalb des Intranets auf die Anwendung zugreifen. Die SecurID-Karte (siehe Seite 99) hat dabei zwei Aufgaben: Sie prüft die Zugangsberechtigung des Teilnehmers zum Unternehmens-Intranet und überwacht den Abruf der Informationen vom Datenserver.

6 Betrieb eines Informationssystems

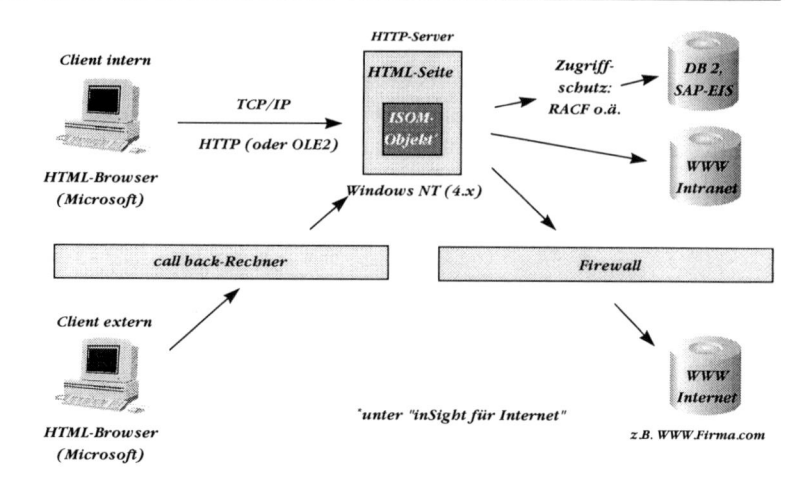

Abb. 42: Intranet-Zugriff über ActiveX-Technologie

6.2.8 Schutzklassen

Ein Informationssystem enthält Daten, die vor unberechtigtem Zugriff geschützt werden müssen. Die Einrichtung von Schutzklassen ist hier empfehlend anzuraten, um auch nach außen die unterschiedliche Schutzwürdigkeit der Informationen zu unterstreichen.

Höchster Schutz in Klasse 1

- Die **Schutzklasse 1** ist den Daten vorbehalten, die auch von den Betreibern des Systems nicht eingesehen werden dürfen. Dazu zählen Vorstandsprotokolle und Personaldaten über obere Führungskräfte. Informationen dieser Schutzklasse sollten in bereits verschlüsselter Form in die Server-Datenbanken geladen und in dieser „unleserlichen" Form über das Netz transportiert werden. Der Endanwender kann die Daten dann nur mit einer am PC angebrachten, speziellen Hardware entschlüsseln, wobei eine persönlich zugeordnete Karte in das Lesegerät eingeführt werden muß. Leider existiert diese Schutzvariante bisher nur in Form eines Prototyps.

SecurID-Karte

- Die **Schutzklasse 2** nimmt die Daten auf, die im Interesse des Unternehmens dem allgemeinen Zugriff entzogen werden sollen. Dazu zählen üblicherweise Angaben über Umsatz und Ergebnis, aber auch strategische Ausarbeitungen. Nach heutigen Erkenntnissen genügen hierfür durchaus die Schutzmechanismen der professionellen Datenbanken. Das Problem des monatlich zu ändernden Paßwortes, das die meisten Schutzsysteme erwarten, kann man mit der sog. SecurID-Karte (siehe Seite 99) umgehen, die in minütlichem Abstand eine mit dem zentralen System synchronisierte sechsstellige Nummer anzeigt. Diese Nummer gibt man an

Stelle des Paßwortes ein. Die Sicherheit dieses Verfahrens reicht nach Meinung von Experten auch für den Zugriff von außen auf das Unternehmens-Intranet aus.

HTML-Informationen

- Der **Schutzklasse 3** gehören im Unternehmen aufbereitete Informationen an, die einen gewissen redaktionellen Wert besitzen. Die Verfasser möchten diese Daten nur einem bestimmten Personenkreis anbieten, z. B. nur denjenigen, die für diesen Dienst bezahlen. Viele dieser Angebote werden auf Basis der HTML-Technik im Unternehmens-Intranet zur Verfügung stehen. Eine gute Technik wäre dann eine Verschlüsselung der Daten, die bei den berechtigten Personen automatisch decodiert werden. Auf diese Weise könnte man die aufwendige Speicherung von HTML-Informationen in relationalen Datenbanken umgehen. Dabei muß unbedingt auf eine zusätzliche Eingabe von Paßwörtern verzichtet werden. Die Freischaltung für die jeweils abonnierten Angebote muß automatisch nach einer entsprechenden, generellen Identifizierung des Anwenders erfolgen.

6.3 Internes Marketing

6.3.1 Markenname

ISOM

Ein Informationssystem braucht, besonders, wenn es unternehmensweit eingesetzt werden soll, einen einprägsamen Namen. Eine Typbezeichnung wie „MIS" für Management-Informationssystem reicht für diesen Zweck nicht aus. Je nach Geschmack und Firmenkultur kann der Name traditionell oder fortschrittlich sein. Aber er muß als eigenständiger, firmeninterner Markenname herhalten können. Im Idealfall kennt die Mehrheit eines Unternehmens diesen Begriff und weiß, ohne genauere Kenntnisse, daß er etwas Gutes bedeutet. Ein Beispiel ist der Name „ISOM" als Abkürzung für **I**nformations**S**ystem für das **O**bere **M**anagement. Er taucht derzeit in einigen Protokollen mit dem Hinweis auf, daß bestimmte Datenbestände „unbedingt in das ISOM eingestellt werden müssen".

Markenname hilft, Durststrecken zu überbrücken

Sicherlich benötigt man diese Art der Unterstützung nicht, wenn das System gut läuft. Aber wenn, aus welchen Gründen auch immer, Probleme auftauchen, so kann ein Qualitätsbegriff die notwendige Zeit, die man zur Beseitigung der Mißstände braucht, überbrücken helfen. Das gilt nicht nur für „technische" Durststrecken. Ein unternehmensweites Informationssystem steht ständig auf dem Prüfstand. Es dauert oft einige Jahre, bis ein wirklicher Nutzen nachgewiesen werden kann. Das ist für Auftraggeber und Informationslieferanten eine sehr lange Zeit. In dem heute schnell wechselnden Geschäft, verbunden mit einer nahezu explodierenden Innovation auf dem DV-Sektor, kann da schnell der Atem ausgehen und die anfangs positive Grundstimmung umschlagen. Alle internen Marketingmaßnahmen sollten daher mehr als Vorsorge für schwerere Zeiten gesehen werden.

Vermeidung von Richtungskämpfen

Nach den bisherigen Erfahrungen helfen die internen Marketingmaßnahmen auch, um die Mitarbeiter eines Unternehmens auf die neue Form der Informationsverbreitung einzustimmen. Nur eine durchgängige Akzeptanz garantiert die Einführung zu geringen Kosten, da die sehr teuren, internen „Richtungskämpfe" entfallen. Insofern sind die geringen Aufwendungen für das interne Marketing gut angelegt.

6.3.2 Logo

Als sehr werbewirksam erweist sich ein Logo für die Anwendung. Das folgende Bild stellt das Symbol für ISOM, das Informationssystem für das Obere Management, dar.

Abb. 43: ISOM-Logo

Mauspad oder Telefonkarte

Es sind viele Abbildungsmöglichkeiten für ein Logo denkbar, beispielsweise auf einem Mauspad oder einer Telefonkarte, beides auch als Präsent für die zahlreichen „ehrenamtlichen" Helfer aus den technischen und datenanliefernden Bereichen gedacht.

6.3.3 Benutzerhandbuch

Auch bei einer selbsterklärenden Anwendung sollte man auf ein Anwendungshandbuch nicht verzichten. Es gehört einfach zum „Lieferumfang". Nach Art und Aufmachung darf es dabei optisch nicht hinter dem Informationssystem zurückstehen.

Das Handbuch ist nicht nur bei den Anwendern begehrt. Selbst bei der Einführung eines unternehmensweiten Informationssystems mit anfangs 30 Teilnehmern lag die Auflage des Handbuches bei 250 Exemplaren, die sehr schnell Interessenten fanden. Inzwischen folgten zwei überarbeitete Fassungen mit jeweils 300 Exemplaren. Eine neue, höhere Auflage ist in Vorbereitung. Die bewußt klein gehaltene Teilnehmerzahl des Informationssystems liegt derzeit bei 300.

Große Werbewirkung

Ein Handbuch besitzt zweifellos die größte Werbewirkung. Es gilt als Prestigeobjekt, dessen Verbreitung zielgerichtet gesteuert werden sollte. Es empfiehlt sich, das Handbuch in einer stets aktuellen Fassung im Firmen-Intranet als HTML-Dokument zur Verfügung zu stellen. Dabei sollte es jedoch umgestaltet werden, um die spezifischen Navigationsmöglichkeiten der HTML-Technik nutzen zu können.

6.3.4 Informationskatalog

Ein frei zugänglicher Katalog über die Themenangebote im ISOM liegt in einer Kurzfassung vor. Derartige Kataloge haben dann einen besonderen Charme, wenn man aus verschiedenen Informationssystemen einzelne Themen online „bestellen" und so sein Informationssystem individuell zusammenstellen kann. Eine entsprechende technische Umsetzung wird aber noch ein bis zwei Jahre dauern. Sie sollte mit einer flächendeckenden Einführung der ActiveX- oder vergleichbaren Technik (siehe Seite 161) kombiniert werden.

6.3.5 Einrichten einer Hotline

Die Einführung eines Informationssystems sollte mit der Einrichtung einer telefonischen Hotline einhergehen. Unter einer bestimmten Telefonnummer kann dann der Anwender während der normalen Arbeitsstunden technische Störungen melden, aber auch inhaltliche Fragen zu dem System stellen. Nach Beendigung der normalen Arbeitszeit kann ein allgemeiner Dienst der DV Störungen annehmen.

Reaktionszeit eine Stunde

Gerade bei der Betreuung des Vorstandsbereiches eines weltweit tätigen Unternehmens taucht häufig die Frage auf, wieviel Zeit bis zur Fehlerbehebung verstreichen darf. Ein externer Service mit garantierten Reaktionszeiten von maximal einer Stunde kostet zwar etwas, ist aber im Falle störungsanfälliger Netze durchaus zu empfehlen. Bei stabilen Netzen und stabilem Datenserver genügt es nach den bisherigen Erfahrungen, einen komplett installierten PC als Austauschgerät zur Verfügung zu haben.

6.4 Weiterentwicklung

6.4.1 Erweiterungen, Verbesserungen

Betrachtet man drei Jahre alte MIS-Anwendungen, so stellt man fest, daß sie meist nicht mehr dem aktuellen Trend entsprechen. Auf der einen Seite hat sich die Erwartungshaltung der Anwender weiterentwickelt, und auf der anderen Seite stehen neue Techniken und ein Zugewinn an Entwicklungs-Know-how zur Verfügung. Man darf davon ausgehen, daß sich dieser Trend in Zukunft fortsetzen wird.

Ständige Weiterentwicklung

Richtete man anfangs für verschiedene Sichten jeweils ein neues inSight®-Anwendungsdokument ein, so arbeitet man heute mit blockweise sichtbar bzw. unsichtbar zu schaltenden Objektgruppen. Diese Technik verringert die Anzahl der Dokumente deutlich. Auch das styleguidegemäße Sortieren (siehe Seite 107) wird mittlerweile viel einfacher realisiert. Das inzwischen übliche Auslagern häufig benutzter Formeln auf Funktionsschaltfelder (siehe Seite 59) führt zu übersichtlicheren Anwendungen. Außerdem werden jetzt in größerem Umfang lokale Datenbankfunktionen eingesetzt. Ein in den Hauptspeicher des PCs geladener Datenblock erledigt dort sehr viel schneller und ressourcensparender Sortierungen, Abmischungen und die Anzeige verschiedener Datenausschnitte.

Performance-Verbesserung

Einige im Laufe der Zeit optimierte inSight®-Funktionen vereinfachen heute beispielsweise das datengetriebene Einfärben von Spalten und Tabellen oder die Möglichkeit wechselseitiger Abhängigkeiten der Benutzermenüs (siehe Seite 110). Aber es sind auch die Notwendigkeiten zur Performance-Verbesserung, die die Überarbeitung älterer Anwendungen veranlassen. So kommt es, daß jedes Arbeitsblatt alle zwei bis drei Jahre ein „Facelifting" erhält. Die notwendigen Arbeiten lassen sich meist in wenigen Stunden erledigen.

6.4.2 Einbau neuer inSight®-Funktionen

Etwa zweimal pro Jahr erscheint eine neue inSight®-Version mit zusätzlichen, meist sehr nützlichen Funktionen. Dazu zählen Techniken wie das Anzeigen in relationalen Datenbanken abgelegter OLE-Objekte oder die zentrale Speicherung formatierter Texte. Das eröffnet sehnsüchtig erwartete Entwicklungsmöglichkeiten. Nach den notwendigen Tests, die vor der internen Freigabe der neuen inSight®-Version durchgeführt werden müssen, erfolgt meist recht zügig der Einbau der entsprechenden Erweiterungen in die bestehenden Anwendungen.

6.4.3 Informationsakquirierung

Nur selten ergibt sich die Situation, daß Daten neuer Themen in einer präsentationsbereiten Form zur Verfügung stehen, so daß nur noch die entsprechende Anwendung zu erstellen ist. Die Wirklichkeit sieht leider meist anders aus. Dabei liegt es nicht am mangelnden Engagement einzelner Abteilungen, ihre Zahlen im Informationssystem zu präsentieren. Doch meist sind die Daten nicht vollständig oder von schlechter Qualität. Dabei bezieht sich der Qualitätsbegriff sowohl auf die Struktur als auch auf die Inhalte der Daten.

Deshalb steht normalerweise am Anfang eines Dialogs mit dem informationsliefernden Bereich das Dimensions-/Hierarchiediagramm (siehe Seite 153), um zunächst den Informationsinhalt festzulegen. Die Datenbrauchbarkeitsanalyse zeigt danach recht schnell, wie weit man noch von einer Veröffentlichung im Informationssystem entfernt ist. Die abschließende Datenverfügbarkeitsanalyse führt nicht selten zu einem Aufgabenpaket, dessen Abarbeitung durchaus zwei Jahre dauern kann. Für die Kunden eines MIS sind diese Zeiträume unverständlich und auch nach ausführlicher Diskussion meist nicht nachvollziehbar. Deshalb läßt ein erfahrener Betreiber eines Informationssystems mehrere derartiger Akquirierungsprojekte nebeneinander laufen, um dann etwa alle drei Monate ein neues Thema anbieten zu können.

6.4.4 MIS-Marktbeobachtung

Viele der mit inSight® erstellten Anwendungen können derzeit mit keiner anderen marktgängigen Software mit vertretbarem Aufwand nachgebaut werden, was zahlreiche Gespräche mit entsprechenden Anbietern bestätigen. Das heißt aber nicht, daß nicht irgendwann eine vergleichbare Software angeboten wird. Deshalb empfielt es sich, den Anbietermarkt ständig zu beobachten. Die besten Rückschlüsse bieten dabei bereits laufende Anwendungen, mit denen die Praxistauglichkeit anschaulich dargestellt werden kann.

Längerfristiger Zeitraum

Aber auch dann, wenn man mit einer Software wie inSight® ein Tool gefunden hat, das die augenblicklichen Anforderungen abdecken kann, hat man noch lange keine Lösung für einen längerfristigen Zeitraum. Die Erwartungen der Anwender entwickeln sich ständig weiter. Kann die Software diesem Trend nicht folgen, kommt das MIS stark unter Druck. Das geschah in einem Praxisfall mit einem MIS-System auf Basis einer Software mit dem Namen macControl II, die im Jahre 1993, bei der Einführung des MIS alle Wünsche erfüllte, dem Zwang zur Optimierung aber nicht folgen konnte (siehe Seite 129). Ein ähnliches Schicksal erwartet auch inSight®, wobei aber, wie die folgende Abbildung zeigt, nach oben hin noch etwas „Luft" ist.

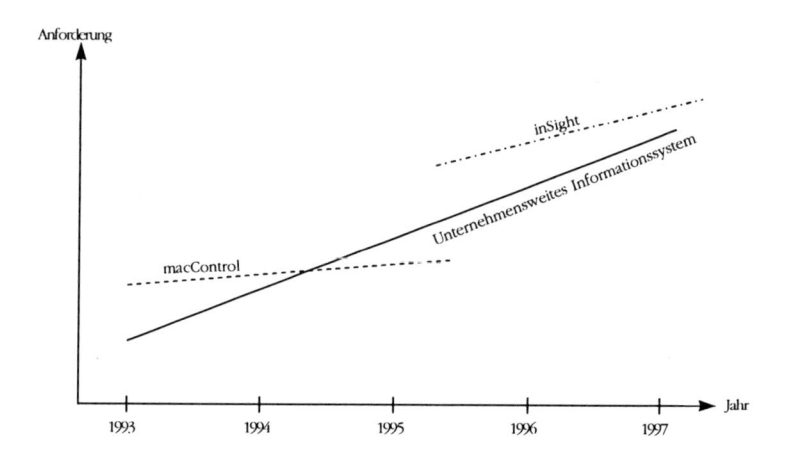

Abb. 44: Softwarefähigkeit und Erwartungshaltung

Neben dieser hat sich seit Jahresfrist eine zweite, völlig andere Art der Marktbeobachtung etabliert. Das Internet bietet weltweiten Zugriff auf Informationen, wobei man von vielen professionellen Anbietern bezüglich der Gestaltung einiges lernen kann. Das gilt besonders für den Bereich unstrukturierter Informationen wie formatierter Texte usw.

6.5 Abrechnung

Bei der Frage, welchen Datenumfang ein Manager oder ein Sachbearbeiter für die Bewältigung seiner Aufgabe benötigt, stößt man auf unterschiedliche Antworten. Sie reichen von „alles" bis „nichts" und orientieren sich nicht selten daran, was derzeit hohe Priorität hat. Beispielsweise muß bei geplantem Vorratsabbau das Informationsangebot diesen Punkt besonders berücksichtigen. Normalisiert sich die Vorratslage, sind detaillierte Daten darüber eher langweilig.

Deshalb sollte man eine Befragung in dieser Form vermeiden. Es fehlt außerdem eine wichtige Komponente, nämlich der Preis.

Ohne eine Abrechnung sind viele Befragte geneigt, erst einmal alles anzufordern, auch wenn man es später nicht braucht.

Derzeit erfolgt, wenn überhaupt, eine Kostenabrechnung entweder pro Abruf bzw. Prozessorsekunde oder pauschal für das gesamte Informationssystem. Das erscheint jedoch nicht mehr zeitgemäß, weil es den Wert der einzelnen Information nicht berücksichtigt. Im Rahmen eines künftigen Konzepts kann sich jeder Anwender den gewünschten Informationsinhalt, sofern er dafür zugelassen ist, selbst zusammenstellen. Dazu wählt er online die für ihn interessanten Themen anhand einer Liste aus. Die Kostenabrechnung erfolgt dann pro Thema (siehe Seite 130). Der Preis eines Themas sollte die Kosten für die Informationsaufbereitung berücksichtigen, um so den notwendigen Aufwand für die Präsentationsfähigkeit der Daten begleichen und damit ein gutes Kunden-Lieferanten-Verhältnis aufbauen zu können.

Ein ganzes Thema abonnieren

Es ist nicht ratsam, jeden Zugriff einzeln abzurechnen. Ähnlich einer Zeitung abonniert der Anwender das gesamte Thema, das er sich dann, so oft er will, ansehen kann. Das verhindert auch, daß aus „Kostengründen" Daten ausgedruckt werden, nur um nicht zum zweitenmal darauf zugreifen zu müssen.

Anwenderverhalten ändert sich

Ein interessantes Problem stellt sich, wenn hierarchisch hochgestellte Anwender dem Aufsichtsgremium für die Entwicklung eines Informationssystems angehören. Sie argumentieren im Vorfeld, daß das System einfach, preiswert und zweckgebunden sein soll. Das ist sicherlich ein richtiger Ansatz. Leider urteilen die gleichen Personen völlig anders, wenn sie sich später auf der Anwenderseite befinden. Dann wünschen sie eine optisch aufwendig gestaltete, eher luxuriöse Systemoberfläche.

6.6 Erfolgskontrolle

Wie kann man den Erfolg eines unternehmensweiten Informationssystems messen? Sollen Zugriffe mitgeschrieben und auf diese Weise der Nutzungsgrad berechnet werden?

Nicht die Häufigkeit der Aufrufe zählt

Beginnt man mit dem Vorstand eines Unternehmens als Anwendergruppe, so verbieten sich kontrollierende Akzeptanzprüfungen. Außerdem zählt nicht die Häufigkeit der Aufrufe, sondern die Überzeugung, mit der angestoßenen Entwicklung den richtigen Weg zu beschreiten.

Es läßt sich kaum messen, ob ein Unternehmen durch ein Informationssystem mehr Gewinn erwirtschaftet. Zwar liest man immer wieder von spektakulären Beispielen, aber hier sind

169

6 Betrieb eines Informationssystems

Zweifel angebracht. Dagegen läßt sich ermitteln, um wieviel billiger die elektronische Informationsversorgung gegenüber der heutigen, auf Papier basierenden Variante ist. Jedoch konkurriert man gegen eine über Jahrzehnte optimierte, mit einer guten Infrastruktur ausgestatteten Informationsverteilung. In den ersten Jahren wird der Vergleich zugunsten dieser herkömmlichen Methode ausfallen. Also kann der Erfolg nur darin liegen, die langfristigen Vorteile der neuen Konzeption deutlich zu machen. Dabei muß man beachten, daß zu viele technischen „Spielereien" einen eher negativen Effekt ausüben.

Professionalität

Ein fehlerfrei arbeitendes System fördert diese Überzeugungsarbeit. Sowohl inhaltlich wie auch technisch muß der Eindruck absoluter Professionalität entstehen. Alle Unzulänglichkeiten sollten erfaßt und möglichst schnell abgestellt werden. Leider äußern sich die Anwender oft nur gegenüber Dritten, was sie von dem System wirklich halten. Man muß versuchen, diese Bewertungen in Erfahrung zu bringen und dann von sich aus die unzufriedenen Benutzer ansprechen.

Die einzig verläßliche Erfolgskontrolle besteht, wie oben bereits angedeutet, darin, die Informationen gegen eine Gebühr anzubieten. Der Anwender kann dann die für ihn wichtigen Angebote aussuchen. Wenn er mit einem Thema nicht mehr zufrieden ist, wird er es kündigen. „Trägt" sich ein Thema nicht mehr und hat man alle Möglichkeiten, es interessanter zu gestalten, ausgeschöpft, sollte überlegt werden, dieses Angebot einzustellen.

Diese Vorgehensweise übt einen enormen Erfolgsdruck aus, aber nach einer gewissen „Schonzeit" muß sich ein Informationssystem dieser Herausforderung stellen.

6.7 Unternehmenszeitung

Langfristig wird sich das Bild einer MIS-Anwendung der virtuellen Zeitung nähern, die wichtige Informationen auf der Startseite präsentiert. Diese „Highlights" zeigen dann bei Anklicken den kompletten Text mit der Möglichkeit, auf weitere, interessante und vor allem neue Informationen zu verzweigen. Man kann sich durchaus vorstellen, daß es verschiedenartige virtuelle Zeitungen in einem Unternehmen gibt, die zwar auf die gleiche Informationsbasis zugreifen, aber jeder Abonnentengruppe andere Schwerpunkte liefern.

„OLINDA"

Technisch wäre eine derartige Lösung, zwar noch mit einem gewissen Aufwand, bereits heute realisierbar. Sie verstünde sich

6.7 Unternehmenszeitung

als Kombination der Techniken **OL**AP, **IN**ternet und **DA**ta Warehouse („OLINDA"). Jedoch fehlt auf der redaktionellen Seite die professionelle Unterstützung. Die heutigen Herausgeber unternehmensinterner Informationen sind den Umgang mit den neuen Medien noch nicht gewohnt. Andererseits mangelt es den „Technikern" oftmals am notwendigen redaktionellen Verständnis. Gefragt ist ein OLINDA-Redakteur, dessen Arbeit durch (noch zu entwickelnde) DV-Werkzeuge unterstützt wird.

Organisatorisch könnte eine zentrale Redaktion für Unternehmensinformationen wie in der Abbildung auf Seite 138 dargestellt aussehen.

Informationen abrechnen

Das MIS der klassischen Prägung würde in diesem Konzept aufgehen. Die zentrale Unternehmensredaktion entspräche in ihrer Funktion dem klassischen Information Broker (siehe Seite 7), jedoch mit dem Unterschied, daß sie neben den externen auch die unternehmensinternen Informationen anbietet.

171

7 Zusammenfassung

7.1 Leitsätze

Die wesentlichen Erfahrungen, die beim Aufbau und Betrieb eines unternehmensweiten Management-Informationssystems (MIS) gesammelt wurden, lassen sich wie folgt zusammenfassen:

- Grundprinzip: Der MIS-Anwender sollte sich bezüglich des Systems nichts merken müssen. Alles muß selbsterklärend und mit einem Mausklick zu bedienen sein. Der **Bedienungskomfort** ist als wichtigstes Kriterium anzusehen. Dazu benötigt man ein auf diese Belange ausgerichtetes Oberflächenprogramm wie **inSight**® von arcplan. MS Excel® verfügt zwar ebenfalls über mächtige Funktionen, es richtet sich aber mehr an die Controller und weniger an die MIS-Anwender (siehe Seite 47).
- **Änderungswünsche** sollten kurzfristig umsetzbar sein. Das System „lebt" (siehe Seite 105).
- Das **interne Marketing** ist sehr wichtig. Sinnvollerweise vergibt man einen eigenen Namen für das Informationssystem und erstellt ein eigenes Logo (siehe Seite 164).
- Es empfiehlt sich ein **modulares Konzept**, technisch, aber auch organisatorisch. Dadurch können die bestehenden Informationsstrukturen erhalten bleiben. Das MIS ist so gesehen „nur die technische Plattform", auf der die zuständigen Bereiche berichten (siehe Seite 130).
- Es ist besser, wenn statt eines MIS-„Sponsors" zwei gegenüber dem Gesamtvorstand **verantwortliche Vorstandsmitglieder** den Aufbau des MIS begleiten (siehe Seite 61).
- Bewährt hat sich eine zeitlich begrenzte organisatorische **Anbindung der MIS-Betreiber** direkt an die Leitung der DV. Eine entsprechende Gruppe zur Entwicklung eines MIS könnte z. B. aus zwei Controllern, einem Datenbank-Spezialisten und einem Anwendungsentwickler zusammengesetzt sein (siehe Seite 96).
- Eine „**Befragung**" der Anwender **sollte entfallen**. Statt dessen empfehlen sich intensive Diskussionen mit Controllern, Assistenten

usw., die ja die künftigen Betreiber unternehmensweiter MIS-Module sind (siehe Seite 70).
- Auf das übliche **Lastenheft** kann **verzichtet** werden. Das MIS unterbreitet „Angebote" (siehe Seite 155).
- Nützlich ist es, die **Sekretärinnen** hochrangiger Anwender als MIS-„Speerspitze" **einzubeziehen**. Sie sind erste Anlaufadresse bei Problemen (siehe Seite 126).
- Man muß darauf achten, das MIS in die **DV-technische Infrastruktur** des Unternehmens einzubinden (siehe Seite 26).
- Bei Datenbereitstellung in Form relationaler Tabellen sollte man **separate MIS-Tabellen** einrichten, die entweder Views auf vorhandene Tabellen oder Kopien sein können (siehe Seite 84).
- Mittelfristig ist eine Datenversorgung über die bereits betriebswirtschaftlich aufbereiteten Berichte des **SAP®-EIS** anzustreben (siehe Seite 45).

8 Anhang

8.1 Verzeichnis der Abbildungen

Abb. 1: Informationsstruktur _____ 5
Abb. 2: Informationssysteme - Unterschied MIS/OIS _____ 6
Abb. 3: Geschäftsorientierte Berichtssysteme _____ 7
Abb. 4: Struktur einer Berichterstattung _____ 13
Abb. 5: Verdichtungsebenen _____ 14
Abb. 6: Tools (DV-Werkzeuge) _____ 14
Abb. 7: Prozeßketten _____ 17
Abb. 8: Konzernstruktur _____ 18
Abb. 9: Unterschied stimmend/stimmig _____ 19
Abb. 10: Überleitungen zu Controllingsystemen _____ 19
Abb. 11: Unterschiedliche Regionendefinitionen _____ 20
Abb. 12: Zugriffsvarianten auf zentrale Daten _____ 27
Abb. 13: Probleme bei der Gewinnzuordnung _____ 31
Abb. 14: Informationstreppe _____ 34
Abb. 15: Medienbrüche bei der Berichterstattung _____ 35
Abb. 16: Business Information Architecture _____ 37
Abb. 17: Komponenten des Business Information Shop _____ 39
Abb. 18: inSight®-Tabellenobjekte _____ 51
Abb. 19: Zugriff von inSight® auf SAP®-EIS _____ 55
Abb. 20: Unterschiede in Entwicklung und Erwartung _____ 69
Abb. 21: Betrachtungsweisen _____ 71
Abb. 22: Styleguideelement „Sortieren" Firma aufwärts _____ 107
Abb. 23: Styleguideelement „Sortieren" Ort abwärts _____ 107
Abb. 24: Styleguideelement Indizieren _____ 108
Abb. 25: Styleguideelement Einfärben _____ 109
Abb. 26: Styleguideelement „Thermometergrafik" _____ 110
Abb. 27: Styleguideelement Menüabhängigkeiten _____ 112
Abb. 28: Startblatt einer Anwendung _____ 115
Abb. 29: Umsatz-/Ergebnisdarstellung _____ 116
Abb. 30: Umsatz-/Ergebnisdarstellung als Liste _____ 117
Abb. 31: Umsatz-/Ergebnisdarstellung nach Arbeitsgebieten _____ 118
Abb. 32: Organisationsplan hierarchisch _____ 118
Abb. 33: Organisationsplan, namentliche Suche _____ 119

8.1 Verzeichnis der Abbildungen

Abb. 34: Übersicht der Beteiligungsgesellschaften _____ 120
Abb. 35: Übersicht zu einer Person _____ 120
Abb. 36: Investitionen _____ 121
Abb. 37: Ampellogik _____ 125
Abb. 38: Verwaltungstabellen _____ 136
Abb. 39: Schwerpunkte der DV _____ 137
Abb. 40: Struktur der Unternehmensinformation _____ 138
Abb. 41: Abbildung einer Hilfsebene in inSight® _____ 159
Abb. 42: Intranet-Zugriff über ActiveX-Technologie _____ 162
Abb. 43: ISOM-Logo _____ 164
Abb. 44: Softwarefähigkeit und Erwartungshaltung _____ 168

8 Anhang

8.2 Glossar

Ablaufsysteme	Abwicklungssysteme. Systeme, die Daten periodisch nach fest einprogrammierten Regeln verarbeiten und anzeigen, ohne dem Anwender eigene Kombinationswünsche zu erfüllen.
Accountingsystem	Auftragskostenerfassung. Methode zur Ermittlung des Verbrauchs von Betriebsmitteln und Inanspruchnahme von Ressourcen.
ALE	Application Link Enabling. SAP-Schnittstelle zur Echtzeit-Datenversorgung der SAP-Fachinformationssysteme aus den operativen Systemen.
Alias	Sprechender „Ersatzname", beispielsweise „Region" für den sonst unverständlichen Spaltentitel "DR02".
arcplan	Softwarehaus in Düsseldorf, Entwickler und Anbieter von inSight®.
ActiveX	Microsoft-Produkt in Konkurrenz zu Java.
Aspekt	Von SAP®-EIS gebildeter Datenbereich, der Daten in betriebswirtschaftlich sinnvoller Weise zusammenstellt.
BLOB	Binary Large Object. Datenbank-Speichereinheit für Inhalte, die aus sehr vielen Zeichen bestehen, z. B. formatierte Texte, codierte Bilder, ganze Dateien.
Business Information Shop	Erweiterte Form des Data Warehouse.
Business Information Warehouse	Neuer Begriff der SAP für die Vereinheitlichung unterschiedlicher Informationsansätze (Open Information Warehouse und SAP®-EIS).
CfRoI	Cashflow Return on Investment. Wichtige Controlling-Kenngröße im operativen Geschäft.
Client-PC	PC mit einer bestimmten Software, die über ein Netzwerk den Zugriff auf zentral verfügbare Daten und Programme möglich macht.
Client-Server-Architektur	Systemaufbau, der dadurch gekennzeichnet ist, daß Server zentral Daten und Programme bereithalten, die von Client-PC´s aus genutzt werden.
COBOL	COmmon Business Oriented Language. Eine höhere Programmiersprache für betriebswirtschaftliche Programmierung.
Customizing	Anpassen von Standardsoftware an die Wünsche des Kunden durch Übergabe bestimmter Parameter.

8.2 Glossar

Data Mart	Bewußt redundant gehaltener Teilbereich eines Data Warehouses.
Data Mining	Automatisches Aufspüren von Auffälligkeiten in großen Datenbeständen.
Data Warehouse	Datenbank(en) mit speziell für EIS-Anwendungen aufbereiteten und abgelegten Daten, ihren Bezugs- und Pflegesystemen.
Datenmodell	Oft Bestandteil des Lastenheftes. Versuch, die Zusammenhänge zwischen den Begriffen (Entitätstypen) bzw. deren Inhalten (Attributen) zu skizzieren, wie sie später im Informationssystem gebraucht werden.
DB2-Datenbanken	Relationales Datenbanksystem von IBM auf Großrechnern.
Dimensionen	Ausrichtungen wie bspw. Zeit, Region, Produktgruppe. Land und Produkt bilden hier keine neuen Dimensionen, sondern stellen lediglich untergeordnete Hierarchiestufen von Region und Produktgruppe dar.
Drill-Down-Technik	Das Navigieren zu Daten auf der jeweils untergeordneten Hierarchiestufe.
DSS	Decision Support System, s. EUS.
DV	Datenverarbeitung.
DWH	s. Data Warehouse.
EIS	Executive Information System.
Entity Relationship	Das Entity Relationship-Modell geht davon aus, daß sich die zu modellierenden Systeme durch Objekte (entities) und Beziehungen (relationships) zwischen den Entitäten beschreiben lassen.
EUS	Entscheidungs-Unterstützungs-System. Informationssystem für obere Führungskräfte.
Fachinformationssysteme	Informationssysteme mit fachspezifischer Ausrichtung, z. B. Finanzen, Marketing.
FIS	Finanzinformationssystem.
GUI	Graphical User Interface. Grafische Benutzerführung im Unterschied zu zeichenorientierten Systemen.
Hierarchien	Stufen einer Dimension wie z. B. Abteilung, Ressort, Geschäftsbereich, Konzern.
HTML	Hyper Text Markup Language. Die Seitenbeschreibungssprache des WWW.
Hyperwürfel	In SAP-Systemen speziell abgespeicherte Dateneinheit. SAP-Begriff, der die Mehrdimensionalität dieser Betriebsdaten zu veranschaulichen

8   Anhang

	versucht. "Würfel" soll dabei suggerieren, wie einfach es ist, die Daten in allen Ausrichtungen zu betrachten.
Hyperlink	Sprachelement von HTML. Querverweis auf weitere Informationen im WWW, die durch Anklicken des Querverweises direkt aufgerufen werden. Ein Querverweis erscheint als hervorgehobener Text oder als grafisches Symbol. Auch Bilder oder Teile von Bildern können in dieser Weise aktive Elemente der HTML-Seite darstellen.
IMS-Datenbanken	Hierarchisches Datenbanksystem von IBM auf Großrechnern.
Index	Inhaltsverzeichnis auf Tabellen, die helfen, bestimmte Datensätze (Zeilen) der Tabelle schnell zu finden, so daß die Antwortzeiten gering bleiben.
Information Broker	"Makler" für Informationen. In großen Betrieben für die Informationsbeschaffung zuständige Person.
inSight®	MIS-Tool der Firma arcplan, Düsseldorf.
Internet	Weltweites öffentliches Computernetzwerk ohne zentrale Gesamt-Zuständigkeit.
Intranet	Firmeninternes Netzwerk, das mit Programmen und Protokollen des Internet arbeitet.
Java beans	Java-Variante von IBM.
Java	Eine von SUN entwickelte, objektorientierte, neue Programmiersprache, die speziell im Hinblick auf das Internet entwickelt wurde.
Lastenheft	Detaillierter Anforderungskatalog an ein DV-System, das programmiert werden soll.
Legacy-Systeme	Ältere Großrechnersysteme.
Legal Entities	Rechtliche Einheiten, hier: Konzerngesellschaften.
Link	s. Hyperlink.
LIS	Logistik-Informationssystem.
MIS	Management-Informationssystem.
Metadaten	Beschreibende Daten zum Verständnis von Datenbankinhalten (Daten über Daten).
MS Access®	PC-Datenbank von Microsoft.
MS Excel®	Umfangreiche Tabellenkalkulation von Microsoft.
MS Word®	Textverarbeitungsprogramm von Microsoft.
Multidimensionaler Datenwürfel	
	s. Hyperwürfel.

178

8.2 Glossar

Navigation	Das Wechseln zu anderen Inhalten innerhalb eines Informationssystems.
Normalizing	Normalisierung. Verfahren in der Relationentheorie zur Vermeidung von Redundanzen. Dazu werden Relationen aufgrund der funktionalen Abhängigkeiten ihrer Attribute zerlegt. Je nach Grad der Redundanz spricht man von erster bis fünfter Normalform (NF).
Objektorientierung	1. Programmtechnisch: Der Aufbau eines Quellcodes durch funktionale Objekte als Instanzen von Klassen, von denen andere Klassen abgeleitet werden können (Vererbung und Mehrfachvererbung).
	2. In der Entwicklung mit inSight®: Elemente, aus denen sich ein Dokument zusammensetzt.
Offenes DWH	DHW, in dem jeder Anwender mit eigenen Tools Abfragen formuliert.
OIS	Operatives Informationssystem.
OLAP	Online Analytical Processing. Auswertungsverfahren, die auf Online-Prozessen basieren.
OLINDA	Kombination aus OLap, INternet und DAta warehouse.
Online	Direkter Zugriff eines Dialogprogrammes auf eine Datenquelle, zu der eine Verbindung über ein Netzwerk aufgebaut ist.
Open Information Warehouse	Begriff des SAP. Das OIW greift direkt auf logistische Daten zu.
Operative Systeme	Systeme, die täglich anfallende Rohdaten aufnehmen und z. T. aufbereitet zur Verfügung stellen.
Pflichtenheft	Von einer Programmierabteilung erstelltes Dokument, das detailliert den Leistungsumfang zu einem Projekt beschreibt.
Proprietär	Auf bestimmte Software und Support eines einzelnen Anbieters angewiesen.
Pseudo-BLOB	Aus mehreren BLOBs zusammengesetzter BLOB.
Pull-Verfahren	Einspeisen von Daten durch periodische, automatische Kopieraktionen.
Push-Verfahren	Echtzeit-Datenversorgung, bei der neue Daten sofort, wenn sie anfallen, in das System geschrieben werden.
Query-Tool	Abfrage-Programm zum Erhalt von Daten aus einer Datenbank.
RAD-Tools	RAD = Rapid Application Development. Programme, die eine schnelle Programmierung von Systemen versprechen.
RFC	Remote Function Call. Direkter Zugriffsweg von inSight® auf (fertig bearbeitete) SAP®-EIS-Daten.

8 Anhang

Recherche-Tool	Hilfsprogramm zum Auffinden von Strukturen und Zusammenhängen.
Relationale Datenbank	Datenbank, in der Daten in 2-dimensionalen Tabellen gespeichert vorliegen, die über die Abfragesprache SQL ausgewertet werden.
Repository	Bibliothek von Metadaten.
Road Map	Darstellung, welche Datenquellen jeweils die Inhalte eines Dokuments liefern.
ROLAP	OLAP, gestützt auf relationale Datenbanken.
Runtime-Version	Im Gegensatz zur Entwickler-Version eine Version, die lediglich der Darstellung fertiger Systeme auf dem Client-PC dient.
SAP	Großes deutsches Softwarehaus.
SAP®-EIS	Executive Information System der SAP.
SAP® R/2	Älteres, Großrechner-gestütztes operatives SAP-System.
SAP® R/3	Neueres operatives SAP-System mit Client-Server-Architektur.
Shareholder-Value-Gedanke	Die Idee, daß das wichtigste "Produkt" einer Aktiengesellschaft, die Aktie selber sein kann.
SIS	Strategisches Informationssystem. Meint dasselbe wie MIS.
SQL	Structured Query Language.
Strukturierte Daten/Informationen	Tabellarisch vorliegende Daten/Informationen.
Styleguide	Richtlinie für die gleichartige Gestaltung von Anwendungen.
SVGA	Super Video Graphic Adapter.
TCP/IP	Transmission Control Protocol / Internet Protocol.
Unstrukturierte Daten/Informationen	Nicht tabellarisch vorliegende Daten/Informationen.
Vorsystem	System, daß Daten z. B. vorverdichtet und zwischen OIS und MIS angesiedelt ist.
VTAM	Datenhaltungssystem von IBM.
WWW	World Wide Web.

8.3 Sachwortverzeichnis

Abrechnen 31; 33; 41; 102; 124; 168; 169
Abwicklungssystemen 80
ActiveX 60; 139; 140; 161; 162; 165
Ampelfunktionen 25; 28; 125
Analysetool 25; 44
Anforderung 23; 25; 26; 28; 44; 64; 66; 67; 123; 127; 128; 137; 149; 167
Anforderungsprofil 66; 72
Antwortzeit 16; 23; 26; 88; 128; 142; 143
Anwahl 99; 117; 121; 122; 131; 134
Aspekt 46; 47; 85; 95 ; 130; 135
Auftraggeber 61; 62; 73
Auswahlmenüs 110
Auswertungsmodul 147
Benutzerführung 47; 68; 101; 140; 141
Benutzerhandbuch 164
Benutzeroberfläche 9; 81; 129; 140
Benutzersicht 147
Bereitstellungsverantwortlicher 136; 150
Berichtsfunktionen 60
Berichtsheft 85
Betriebssystem 60; 113
Betriebswirtschaftlich 3; 41; 46
Bewertung 32; 120
Bezahlung 38; 131; 146
Bildschirmdarstellung 105
Brauchbarkeitsuntersuchung 154
Bringschuld 11; 12
Broker 7; 171
Business Information Warehouse 46

Controller 27; 28; 32; 35; 36; 40; 41; 45; 47; 65; 93; 96; 129; 141; 152; 153; 172
Controllingsystem 19; 20
Data Mart 3; 8; 25; 100
Data Mining 1; 8
Data Warehouse (DWH) 1; 2; 3; 7; 11; 13; 17; 23 - 30; 36; 37; 38; 43 - 45; 55; 64; 80; 92 - 94; 97; 100; 101; 147; 148; 171
Dateistruktur 147
Datenbank 1; 2; 7; 11; 19; 26; 28; 35; 37; 40; 46- 49; 53; 54; 55; 56; 59; 62; 63; 65; 80 - 87; 91; 97; 112; 124; 129; 143; 152; 157; 160; 162; 163; 166
Datenbereitstellung 173
Datenbrauchbarkeit 68
Datenbrauchbarkeitsanalyse 154; 167
Datenlieferant 29; 147
Datenmodell 67; 80
Datenqualität 87
Datenquellen 2; 17; 37; 49; 80
Datenstruktur 17; 147
Datenveredlung 34; 35
Datenverfügbarkeit 42; 68; 98; 156
Datenverfügbarkeitsanalyse 154
Datenversorgung 44; 130; 145; 151
DB2-Datenbank 28; 56; 88; 143
Detailebene 125
Detailtiefe 13; 125
Dokumentation 43; 94; 145; 147; 158; 159

181

Einfärben 108; 109; 133; 156; 166
Eingabe 24; 40; 57; 88; 103; 106; 155; 163
Eingangskontrolle 28; 29
Einwahl 114
Einzelfeld 48; 50
Entwickler 12; 25; 54; 57; 58; 59; 81; 93; 128; 130; 132; 136; 145; 155; 157; 158; 159
Entwicklerwerkzeug 128
Entwicklungsguide 106 - 108; 155
Ereignis 48; 57; 58
Erfolgsfaktor 25; 43
Erfolgskontrolle 169; 170
Erfolgskriterium 68; 140
Executive Information System 1; 4; 45; 89
Fachinformationssystem 17
Fehlerliste 136
Freigabe 43; 167
Führungsinformation 4
Führungsinstrument 45
Geschwindigkeit 142
Grafikobjekt 53
Handbuch 41; 49; 59; 165
Handhabung 9
Hierarchie 56; 68; 118; 127; 153; 169
Hilfsebene 159
Hilfsprogramm 17; 93; 131
Holschuld 12
Home Page 90; 135
Hotline 130; 151; 165
HTML 9; 36 - 38; 48; 50; 53; 60; 89 - 92; 124; 139; 161; 163; 165
Index 82; 88; 120
Indizieren 108
Informationsangebot 1; 10; 81
Informationsbasis 4; 10; 171

Informationsbereitstellung 40; 101; 136; 144
Informationsbewertung 31
Informationsebene 14; 15; 124; 126
Informationsfreigabe 40
Informationskatalog 41; 165
Informationskonzept 12; 46; 87; 137; 138; 152
Informationsqualität 10; 68
Informationsquelle 21; 22; 25; 81; 100; 101; 103; 154
Informationssystem 1; 3; 4; 5; 6; 10; 11; 12; 13; 14; 15; 16; 17; 20; 21; 25 - 30; 37; 43; 45; 47; 61 - 66; 72; 73; 75 - 79; 81; 82; 84; 86 - 90; 92 - 98; 101; 103 - 105; 108; 113; 114; 124; 126 - 132; 134; 135; 137; 139 - 141; 145 - 153; 155; 159; 162 - 165; 167; 169; 170; 172
Informationstreppe 33; 34; 36
Informationsversorgung 7; 27; 37; 46; 53; 71; 145; 148; 170
Inhaltsmodell 147
Inhaltsverantwortlicher 74; 92; 136; 150; 154
inSight® 1; 37; 39; 44 -60; 80 - 83; 85 - 87; 89; 91; 96 - 100; 105; 109; 110; 112; 116; 124; 129; 130; 134 - 136; 141; 143; 155 - 161; 166; 167; 172
Installation 9; 135; 151
Internet 1; 8; 9; 11; 21; 23; 36 - 38; 60; 79; 90; 91; 97; 99; 101; 135; 137; 139; 161; 168
Intranet 8; 37; 38; 79; 90; 91; 97; 124; 137; 139; 161 - 163; 165

8.3 Sachwortverzeichnis

ISOM 163 - 165
Kommentar 24; 36; 76; 77
Kommunikation 79; 99; 113
Konzerninformation 138; 139
Korrektur 33; 35; 62; 86
Kostenabrechnung 42; 147; 169
Lastenheft 66; 67; 80; 155; 172
Layout 48; 49; 51; 58; 85; 92; 104 - 106; 140; 150; 155
Logistisch 67; 102; 103; 137; 148
Lokal 42; 56; 57; 66; 99; 166
Mächtigkeit 58; 59
Maccontrol 129; 168
Macintosh 48; 60; 99; 129; 156; 157
Management-Informationssystem (MIS) 1 - 4; 6; 12; 13; 17; 19; 23; 25; 28; 38; 40; 41; 43; 55; 66; 82; 84; 97; 98; 114; 117; 122; 128; 130; 131; 136; 139; 143; 154; 163; 166; 167; 168; 170 - 173
Managerarbeitsplatz 5
Marketingstrategie 97
Medienbruch 35
Mehrsprachigkeit 42; 98
Menü 48; 59; 110; 111; 122; 134; 140; 143
Menüabhängigkeit 112
Merkmal 4; 17; 85; 157
Metadaten 27; 42; 92; 93
Mobilität 99
Modulbibliothek 147
MS Access® 56
MS Excel® 47; 50; 51; 53; 62; 63; 65; 100; 124; 129; 172
MS Word® 50; 53; 100; 129
Multidimensional 52

Navigation 7; 11; 44; 91; 92; 105; 111; 141
Navigationsmenü 116
Navigationsteil 92; 116
Normenstelle 149
Objektart 50; 105
Objektbibliothek 158
Objekte 11; 44; 48; 49; 50; 52; 53; 56; 57; 60; 91; 112; 124; 140; 156; 158; 166
Objektorientiert 11; 48
Objekttyp 50
OIS 5; 6
OLAP 1; 7; 8; 52; 81; 93; 97; 171
OLINDA 171
Open Information Warehouse 43; 44; 46; 55
Optionsfeld 52; 91
Papierbericht 60; 62; 86
PC 7; 8; 34; 40; 41; 47; 52; 53; 59; 60; 62; 63; 65; 86; 87; 94; 98; 100; 104; 108; 112; 114; 124; 127; 129; 130; 131; 134; 135; 139 - 141; 143; 144; 151; 152; 157; 160 - 162; 166
Performance 38; 49; 68; 82; 147; 166
Pflichtenheft 34; 64; 66 - 68; 153; 155
Präsentationstechnik 101
Praxisbeispiel 32; 135
Praxiserfahrung 100; 134
Programmiersprache 16; 48; 57
Projektgruppe 62 - 65; 72; 93; 96
Projektleiter 65; 66; 96
Projektorganisation 61
Protokollieren 159
Prototyp 87; 94 - 98; 129; 162
Prozeßkette 17

183

Pseudo-BLOB 11; 161
Qualitätssicherung 16
Query 38; 47; 54; 87; 88; 92; 101
Rechercheebene 126
Recherchierbarkeit 126
Redundanz 3; 25; 38; 40
Redundanzfrei 25
Registertext 54
Relational 1; 7; 11; 26; 28; 34; 35; 37; 38; 46; 48; 49; 53 - 56; 62; 80 - 84; 86 - 88; 91; 97; 124; 143; 152; 159; 160; 163; 166; 173
Repository-Datei 57; 93; 157
Richtlinie 149
Richtungskampf 164
Road Map 42
Rohdaten 26; 38; 39; 40
Rohdatenbeschaffung 39
Rohstoffpreise 76
ROLAP 81
SAP 1; 6; 11; 15; 16; 26; 37; 43 - 49; 55; 56; 63; 67; 73; 80; 81; 85; 86; 88; 91; 96 - 98; 100; 102; 124; 129; 130; 135; 142; 159
SAP® R/2-System 15; 16; 44
SAP® R/3-System 15; 16; 44; 45; 56; 63; 97
SAP®-EIS 1; 4; 5; 7; 11; 26; 37; 43 - 49; 55; 73; 77; 80; 81; 85; 86; 88; 89; 91; 96 - 98; 100; 124; 129; 130; 135; 142; 159
Schnittstelle 17; 37; 45; 48; 53; 54; 56; 67; 86; 99; 129
Schutzklasse 162; 163
Schwerpunkt 70; 137; 171
Selbsterklärend 164
Server 7; 15; 16; 30; 49; 55; 56; 66; 88; 98; 109; 112; 114; 130; 139; 142; 143; 147; 160 - 162

Service 42; 109; 114; 133; 139; 151; 165
Serviceleistung 128
Softwareanbieter 12; 21; 81; 90; 154
Softwarefähigkeit 168
Softwarelösung 128
Softwarewerkzeug 30
Sondereinfluß 36
Sortieren 42; 107; 108; 156; 166
Sortierkriterium 36; 56
Sponsor 61; 62
Stammdaten 56; 67; 86; 138
Standard 1; 26; 128
Startblatt 79; 113 - 115; 122; 123; 130; 133; 135; 140 - 142; 161
Steuerungsfunktionen 59
Steuerungsmöglichkeit 59
Steuerungsobjekt 52
Stimmend 19
Stimmig 19; 23
Störquellen 143
Störungsliste 136
Stufenplan 122; 126; 137
Styleguide 43; 51; 76; 104; 106; 109; 122; 141; 149; 155; 158
Styleguideelement 107; 108; 109; 110; 112
Summenzeile 82; 83; 88
Support 4; 89; 128
Themenbereich 76; 77; 78; 92; 95; 114; 123; 136
Themenkreis 73; 74; 113; 114
Unsichtbar 112
Unternehmensinformation 5; 37; 138; 139; 171
Unternehmenssystem 20
Unternehmenszeitung 78; 92; 170; 171
URL-Adresse 91; 92; 124
Verdichtungsebene 14; 125

Verdichtungsstufe 13; 14; 24; 35; 55; 126
Verfügbarkeit 9; 24; 67; 90; 98; 127; 154
Vergleichsrichtig 24; 36; 40
Verwaltungstabelle 136
Verwaltungsteil 92
Verwaltungswerkzeug 91
Verwendung 56; 100; 103; 115; 158
View 83; 84; 173
Virtuell 36; 47; 81; 92; 133; 148; 170; 171
Vorgehensmodell 67
Vorgehensweise 1; 2; 27; 64; 66; 68; 72; 95; 100; 130; 139; 149; 152; 155; 157; 161; 170
Weiterentwicklung 166
Werbewirksam 164; 165
Werbung 140
Wertung 45
Wettbewerberdaten 75
Windows 48; 50; 56; 60; 99; 113; 129; 157; 161
Windows NT 56; 161
Wirtschaftlichkeit 144; 145; 146
World Wide Web 9
Zeitung 28; 36; 89; 105; 114; 133; 139; 148; 169; 170
Zugriffsklasse 127; 131; 132; 136
Zugriffsmethode 53
Zugriffsrecht 42; 84; 131
Zulassung 136
Zuständigkeit 95; 106; 123; 136
Zwischenspeicherung 100

185

8 Anhang

8.4 Literaturverzeichnis

[1] ECKERSON, WAYNE: Red Brick Systems enhances its data warehouse product, in: Network World, Vol. 10, Iss. 25 (June 21 1993), Seite 35

[2] BEHME, WOLFGANG: Das Data Warehouse-Konzept, MUCKSCH, HARRY; BEHME, WOLFGANG (Hrsg.): Gabler-Verlag, Wiesbaden (1996), Seite 35

[3] HABERLAND, K.H.: Zur Planung automatisierter Management-Informationssysteme, in Koller, H.; Kicherer, H.P. (Hrsg.): Probleme der Unternehmensführung, München 1971, Seite 102

[4] HEINZELBECKER, KLAUS: Ausbaustufen eines EDV-Informationssystems, in: io-Management-Zeitschrift Industrielle Organisation, 47 Jg. (1978), Seite 403

[5] MEYER, B.: Lexikon der Informatik und Datenverarbeitung, SCHNEIDER, HANS-JOACHIM (Hrsg.), 2. verb. u. erw. Aufl., München - Wien (1986), Seite 290

[6] BULLINGER (Hrsg.), KOLL, NIEMEIER: Führungs-Informationssysteme (FIS), FBO-Verlag Baden-Baden (1993), Seite 19

[7] MERTENS, PETER; GRIESE, JOACHIM: Integrierte Informationsverarbeitung 1 - Planungs- und Kontrollsysteme in der Industrie, 6., vollst. neu bearb. u. erw. Aufl., Wiesbaden (1991), Seite 43

[8] SCHEER, AUGUST-WILHELM: Wirtschaftsinformatik - Informationssysteme im Industriebetrieb, 3. neu bearb. Aufl., Berlin et. al., (1990), Seite 6

[9] MERTENS, PETER; GRIESE, JOACHIM: Integrierte Informationsverarbeitung 1 - Planungs- und Kontrollsysteme in der Industrie, 6., vollst. neu bearb. u. erw. Aufl., Wiesbaden (1991), Seite 5

[10] SCHEER, AUGUST-WILHELM: Wirtschaftsinformatik - Informationssysteme im Industriebetrieb, 3. neu bearb. Aufl., Berlin et. al., (1990), Seite 402

[11] MERTENS, PETER; GRIESE, JOACHIM: Integrierte Informationsverarbeitung 1 - Planungs- und Kontrollsysteme in der Industrie, 6., vollst. neu bearb. u. erw. Aufl., Wiesbaden (1991), Seite 1

8.4 Literaturverzeichnis

[12] MERTENS, PETER; GRIESE, JOACHIM: Integrierte Informationsverarbeitung 1 - Planungs- und Kontrollsysteme in der Industrie, 6., vollst. neu bearb. u. erw. Aufl., Wiesbaden (1991), Seite 10

[13] CONHAIM, WALLYS W.: Introduce yourself to an information professional, in: Link-Up, Vol 10, Iss. 6 (November/Dezember 1993) Seite 10-11

[14] übersetzt aus Computing, 9 June 1994

[15] CODD, E.F.; CODD, S.B.; SALLY, C.T.: Providing OPAP (On-Line Analytical Processing) to User-Analysts: An IT Mandat, E.F.Codd & Associates, White Paper (1993), Seite 5

[16] CHAMONIE, PETER: Das Data Warehouse-Konzept, MUCKSCH, HARRY; BEHME, WOLFGANG (Hrsg.): Gabler-Verlag, Wiesbaden (1996), Seite 49

[17] BRISSANTZ, NICOLAS; KÜPPERS, BERTRAM: PC Magazin Nr. 34 (21. August 1996), Seite 36 - 38

[18] WENZEL, PAUL: Betriebswirtschaftliche Anwendungen des integrierten Systems SAP® R/3, 2. Auflage, Vieweg-Verlag Braunschweig/Wiesbaden (1996), Seite 6

SAP Business Workflow® in der Logistik
Strategie und Implementierung in der Praxis

von Ulrich Strobel-Vogt

1997. IV, 123 S. mit 45 Abb. + CD-ROM
(Edition Business Computing, hrsg. von Paul Wenzel)
Geb. DM 198,00
ISBN 3-528-05599-5

Aus dem Inhalt: Workflow-Management-Systeme - Geschäftsprozeßoptimierung - Steuerung von Geschäftsprozessen mit SAP R/3 (Version 3.X) - Architektur und Funktionsweise von SAP Business Workflow - Workflow-Implementierung

Das Buch mit beigelegter CD-ROM vermittelt aktuell, verständlich und übersichtlich das notwendige Know-how für die erfolgreiche Implementierung von SAP Business Workflow in der Praxis. Beispielhaft wird die Realisierung in einem mittelständischen Unternehmen aufgezeigt. Hilfreich sind Video-Sequenzen, die einen systemnahen Bezug über die beiliegende CD direkt am Bildschirm vermitteln. Der Vorteil des Buches für den Leser ist die komplette Unterstützung bei Einführungsprojekten mittels SAP Business Navigator und Leitfaden-Präsentationen im Bereich Business Workflow - sozusagen Beraterwissen in Buchform. Insbesondere werden Fragen der Effizienz beantwortet und Kriterien für eine professionelle Implementierung an die Hand gegeben.

Stand 1.3.98
Änderungen vorbehalten.
Erhältlich im Buchhandel
oder beim Verlag.

Abraham-Lincoln-Str. 46, Postfach 1547, 65005 Wiesbaden
Fax: (06 11) 78 78-4 00, http://www.vieweg.de

vieweg